KB153403

**저스트. 킵. 바잉.**

**JUST KEEP BUYING**
: Proven ways to save money and build your wealth
by Nick Maggiulli

THESE 3 WORDS CAN MAKE YOU RICH

# JUST

당신을 부자로 만들어줄 3개의 단어

# KEEP

**저스트. 킵. 바잉.**

# BUYING

닉 매기울리 지음 | 오수원 옮김 | 이상건 감수

서삼독

## 이 책을 향한 찬사

• 파이어를 하려면 투자뿐만 아니라 저축과 소득 증가 등의 '종합재테크' 능력이 중요하다. 그러나 우리는 재테크의 세세한 부분에 집착하고 큰 그림을 놓치는 경우가 많다. 이 책을 보면서 재테크의 큰 그림을 파악한 후 세부 계획을 세우면 많은 시행착오를 방지할 수 있을 것이다.

—강환국, 《거인의 포트폴리오》, 《파이어》, 《하면 된다! 퀀트 투자》 저자

• 주식시장 등락이 커진 현시점, 이 책은 과거 데이터를 기반으로 효과적인 투자 방법을 제시해 나침반 역할을 할 수 있다. 또한 투자를 위해 필수적인 최적의 소비와 저축 방법을 개별 상황에 맞게 제시하고 있다.

—목대균, 케이글로벌자산운용 대표

• "할 수 있는 만큼만 저축하라!" "부채가 언제나 나쁜 것은 아니다!" "커피값을 줄여 자산을 늘리는 데는 근본적인 한계가 있다!" 저자의 조언은 저축과 소비, 부채와 투자에 관해 널리 알려진 통념을 다시 한번 곰곰이 생각하게 한다. 수많은 재테크 전문가들의 가르침이 넘쳐나는 시기에 가장 현실적이고 균형 잡힌 조언이 담긴 책이다.

—박성진, 이언투자자문 대표

• 많은 사람들이 저축과 투자에 관한 잘못된 고정관념으로 인해 부자가 되는 데 실패한다. 이 책의 저자는 데이터에 근거해 저축과 투자, 시간에 관한 효율적인 투자 방법이 무엇인지를 명쾌하게 제시하고

있다. 고물가, 고환율, 경기침체 우려로 주식, 부동산 시장이 불안한 이때 투자자들이 어떻게 대응해야 하는지에 대한 해답을 이 책에서 찾을 수 있기를 바란다.

—박세익, 체슬리투자자문 대표, 《투자의 본질》 저자

• 투자를 하는 이유를 물어보면 대부분 "돈을 모으기 위해"라고 답한다. 돈을 모으는 것은 모아둔 돈, 즉 저축을 늘리는 것인데 저축은 결국 벌어들인 돈에서 소비한 돈을 차감해서 결정된다. 이러한 저축을 극대화하기 위해서는 벌어들이는 돈을 최대화하고 소비를 최소화하는 것이 필요하다. 대부분의 재테크 서적은 주식이나 부동산 투자 등을 통해 최대한 많은 돈을 벌어들일 것을 제안한다. 그런데 이 책의 접근 방식은 새롭다. 저축의 개념이 무엇인지, 어떻게 소비를 해야 하는지, 소비를 소득 등의 투자와 어떻게 연결해야 하는지에서부터 시작한다. 그리고 소비는 줄일 수 없는 한계가 있지만 소득은 늘릴 수 있는 한계가 없음을 말한다. 더불어 긴 시간의 흐름 속에서 꾸준히 진행하는 투자가 최적의 솔루션임을 제시한다.
이 책은 마켓 타이밍, 혹은 종목을 고르는 방법, 미래에 대한 예측 등에 대한 소개가 주를 이루는 기존의 책들과는 다르다. 초심자 입장에서 어떻게 투자를 하는지가 아니라 어떻게 돈을 모아가면 되는지에 대한 소중한 참고서가 되어줄 것이다.

—오건영, 신한은행 WM그룹 부부장, 《인플레이션에서 살아남기》 저자

• 읽어라. 그냥 읽어라. 이 책은 이론과 실천의 완벽한 조합, 그 자체이다. 닉 매기울리는 여러 근거를 바탕으로 근사한 제안을 하고 있을 뿐만 아니라, 그 근거를 이해하기 쉽고 응용하기에 적절한 아이디어로 환원하는 데 특출한 재주를 보여준다.

—제임스 클리어, 《아주 작은 습관의 힘》 저자

• 좋은 데이터 과학자는 많다. 좋은 작가도 많다. 하지만 데이터를 이해한 후 이토록 훌륭한 스토리를 끌어내는 사람은 없다. 나는 진심으로 닉의 재능에 감탄했다. 반드시 읽어야 할 책이다.

—모건 하우절, 《돈의 심리학》 저자

• 당신이 모건 하우절의 《돈의 심리학》을 읽었다면, 닉의 책은 그렇게 얻은 지식을 실행에 옮기게끔 만든다. 감히 모건 하우절에 버금가는 최고의 작가라 할만하다. 대단히 실용적인 이 책은 모든 사람이 읽어야 한다. 특히 20~40대는 반드시 읽어야 한다. 당신이 20~40대에 이 책을 읽는다면 당신의 40~90대는 완전히 달라져 있을 것이기 때문이다. 그 점은 내가, 약속하겠다.

—앤드류 딕슨, 앨버트 브리지 캐피털 CIO

• 바로 지금이 기회다! 시장 변동성이 격렬한 이때, 이 책보다 더 좋은 지침은 없다. 닉의 책은 그야말로 '절호의 타이밍'에 우리 곁에 찾아왔다. 왜 지금 사야 하는지, 어떻게 실행할지에 대한 모든 것이 담겨 있다. 투자가들, 특히 젊은 투자가들은 무조건 이 책을 읽어야 한다.

—알렉스 채러키언, 레이크 애비뉴 설립자이자 CEO

• 닉 매기울리는 금융 재정과 자산 관리에 대한 통념을 철저하게 깨부순다. 그 결과 이 책은 무릎을 치게 만드는 깨달음의 순간, 그리고 실용적인 교훈으로 가득하다. 개인 금융을 전공으로 하는 동료 작가로서 여러 번 섬뜩한 질투심으로 몸을 떨게 만든 책이다. 닉은 '저축과 투자'라는 진부한 소재를 가지고 정말 신선한, 심지어 재미있는 책을 만들어냈다.

—크리스틴 벤츠, 모닝스타 개인 재무관리 이사

• 약세장에서 겁에 질려 주식을 팔기 직전인가? 그렇다면 닉에게 상담하라. 그의 트윗을 북마크하라. 그의 책을 읽어라. 그는 완벽한 멘토이다. 몇 번을 칭찬해도 부족해서 벌써 세 번째 추천글을 올리는 중이다.

—제임스 오쇼나시, OSAM LLC 설립자이자 회장,《월가에서 일한다는 것》 저자

• 이 책이 30년 전에 쓰였다면 오늘날 분명 최고의 '고전'이 되어 있을 것이다. 길이 남을 작품이다!

—머니베이터닷컴

• 고전《바빌론 부자들의 돈 버는 지혜》 옆에 나란히 놓일 책!

—대니얼 크로스비, 행동금융 전문가, 《제3의 부의 원칙》 저자

• 닉은 대단히 똑똑하다. 그리고 그의 통찰은 강력하다. 투자에 관한 어떤 논의에서도 닉은 차분하게 그의 날카로운 인사이트를 제시한다. 나는 그의 업적이 너무나 자랑스럽다.

—배리 리트홀츠, 리트홀츠 웰스 매니지먼트 CIO

• 《저스트 킵 바잉》은 환상적인 책이다! 증거와 데이터에 기반한 투자를 하고자 하는 이들에게 가장 기초적인 텍스트가 될 것이다.

—마이클 안토넬리, 베어드 전문이사, 시장 전략가

• 대단하다! 이 책은 결코 독자들을 실망시키지 않는다.

—애니 듀크, 하우아이디사이드 공동 창립자

• 이렇게 좋은 책은 오랜만이다. 돈에 관한 최고의 책 중 하나다. 나는 오늘부터 '저축과 투자를 위해 노력하는 모든 어른들에게 추천하는 책의 목록' 맨 위에 이 책을 놓을 것이다. 특히나 이 책은 독자들에게 무엇을 해야 하는지 지시하는 것이 아니라 '어떻게 생각해야 하

는지'를 지시한다. 주변 청년들에게 선물하기 위해 닉의 책을 몇 권을 더 구입했음을 고백한다.

—브라이언 포트노이,
행동금융 전문가, 국제공인재무분석사, 셰이핑 웰스 창립자

• 단연코 이 책은 올해 최고의 책이다! 만약 내가 개인금융에 관한 커리큘럼을 만든다면 이 책이 그 중심에 있을 것이다.

—로렌스 여, 크리에이터, 작가

• 가치 평가, 경기 침체, 시장 변동성이 높은 시기에도 장기투자는 분명 효과가 있다. 저스트 킵 바잉! 그냥 계속 사세요!

—사이먼 에릭슨, 세븐인베스팅 CEO

• 지난 5년간 개인금융에 관련된 책을 100권 넘게 읽었다. 닉의 책은 그중 가장 훌륭한 책이다.

—제이슨, 아마존 독자

• 이 책을 대학 다닐 때 읽을 수 있었더라면! 그랬다면 내 인생의 판도가 바뀌었을 것이다. 책의 모든 문장에 '펀치'가 들어 있다. 닉 매기울리의 다음 신작이 나오면 가장 먼저 달려가 사고 말 것이다.

—엘르B, 아마존 독자

• 닉은 철저한 데이터와 증거를 바탕으로 돈에 대한 철학과 투자의 비법을 제시한다. 대단한 능력이다! 글쓰기와 분석 능력의 절묘한 조화에 감탄했다.

—윌리엄 C 스콧, 아마존 독자

• 당신이 이미 개인금융에 대해 잘 안다 하더라도《저스트 킵 바잉》은 시간을 들여 읽을 가치가 충분하다. 오히려 '수년 전에 이 책을 읽

었더라면!' 하고 아쉬워하게 될 것이다. 의미 있고 가치 있는 지혜가 책 전체에 가득하다.

—매트 홀러바흐, 아마존 독자

• 닉은 대단한 이야기꾼이다. 《저스트 킵 바잉》은 《돈의 심리학》을 떠올리게 한다.

—JP 유진, 아마존 독자

• 투자에 관한 가장 현실적인 책! 독자들을 '평균'에서 '부자'의 길로 안내한다. 당신이 돈에 대해 더 이상 걱정하고 싶지 않다면, 당신 자신을 위해 이 책을 집어들어라. 이 책은 읽기 쉽다. 직설적이다. 명료하다. 어려운 금융용어나 비즈니스 용어가 없다.

—스티브 애드콕, 아마존 독자

• 대단히 통찰력 있고 실용적인 책! 나는 친구들과 친척들을 위해 추가로 몇 권 더 구입했다.

—존 몬테네그로, 아마존 독자

• 이 책은 '홈런'이다! 초보자는 물론이요 투자 전문가들에게도 똑같이 가치가 있다.

—필, 아마존 독자

• 지난 20년간 출간된 개인 금융에 관한 책 중 최고에 속한다.

—제프리 S. 클라인, 아마존 독자

• 저스트 킵 바잉! 계속 사라고? 다 아는 얘기라고 생각할지 모른다. 하지만 책을 펼쳐든 순간 그런 생각은 오만함이자 착각이었음을 알게 될 것이다.

—데니스, 아마존 독자

• 이 책을 잡아라. 정답이 있다. 언제 사야 하는가? 언제 팔아야 하는가? 매달 꾸준히 사는 사람보다 투자를 더 잘할 수 있는가? 이 모든 질문들, 그리고 그 외에 더 많은 것들에 대한 답을 구할 수 있다.

—아르제날, 아마존 독자

• 책장을 펼치기 전에는 그냥 장기투자에 대한 책이라고 생각했다. 그런데 내가 상상한 그 이상이 담겨 있다. 전통적인 금융책에서 말하던 것과는 다른 새로운 내용이 가득하다.

—제이크, 아마존 독자

## 감수의 글

# 이상건

미래에셋투자와연금센터 대표

'나이' 얘기를 하는 건 꼰대들이나 하는 짓이라고 하지만 어쩔 수 없이 나이 얘기를 하지 않을 수 없다. 이 책의 저자 닉 매기울리는 1989년생이다. 2022년 기준으로 33세이다. 필자와는 거의 20년 차이가 난다. 처음에는 저자의 나이를 생각하지 않고 읽다가 '혹시 몇 살이지?' 하는 궁금증이 마음 한구석에서 일렁거렸다. 변명을 하자면 나이를 가늠하는 것은 기자 생활을 했던 필자의 오래된 나쁜 생각 습관 중 하나이다. 때마침 저자의 나이가 문장 위에 등장했다. 1989년생이라고? 30대 초반이라고? '아…'와 '헐…'이라는 감탄사가 절로 나왔다.

사실 나이로 상대방이 가진 지혜나 능력을 가늠하는 것은 매우 위험천만한 일이다. 상대방의 진정한 가치를 나이로 훼손할 수 있기 때문이다. 부처님도 29세에 깨달음을 얻으셨고,

예수님도 30대 중후반에 돌아가셨다고 하니, 나이로 한 사람의 깊이와 넓음을 측정하는 것은 결정적인 오류로 이어질 개연성이 매우 높은 일이다. 그럼에도 필자와 같은 범부는 나이를 자주 판단의 잣대로 사용하곤 한다. 잘못된 것인 줄 알면서도 말이다. 생각의 관성이 이래서 무섭다.

저자의 나이가 궁금했던 가장 큰 이유는 책의 내용 중 90퍼센트가 나와 생각이 똑같았기 때문이다. 30대 초반에 우연히 투자 바닥에 발을 담근 후 20여 년 세월 동안 같은 분야에서 일용할 양식을 해결하고 있다. 그런데 나름의 생각, 또는 소신 같은 것이 생긴 것은 불과 몇 년 되지 않는다. 어떤 투자 고수를 만나면 그 사람의 생각이 맞는 거 같고, 다른 고수와 대화하면 또 그에게 끌렸다. 결국에 도달한 생각은 사람마다 자신에게 맞는 투자법이 있고 그것을 고수하는 것이 가장 중요하다는 것, 거창한 방법보다는 단순하게 실행할 수 있는 방법이 가장 좋은 방법이라고는 것이었다. 특히 후회스러울 정도로 아쉬웠던 것은 주식과 같은 수익형 자산은 사고파는 것이 아니라 사서 모으는 것임을 너무 깨달은 점이다.

그런데 나보다 무려 스무 살가량 어린 이 책의 저자는 여기에서부터 얘기를 시작하고 있는 게 아닌가. 필자와 생각이 같았다.

"부자가 되고 싶다면 다양한 수익창출자산을 '그냥 계속 사라'."

대표적인 수익창출자산은 주식이다. 주식은 자본주의 사회의 동력인 기업의 지분을 의미한다. 자본주의가 망하지 않는 한 주식은 우상향하고, 우리는 주식을 그냥 사서 모으면 되는 것이다. 주식은 거래하는 것이 아니라 미술품 수집상처럼 사서 모아 나가는 것이라는 주장을 각종 통계를 통해 보여주는 저자의 솜씨가 놀라웠다.

투자 대상도 심플하다. 굳이 종목 투자를 할 필요가 없다는 게 저자의 목소리이다. 물론 사람마다 생각이 다를 수 있다. 하지만 필자 역시 이 책의 저자처럼 종목을 고르지 않아도 일정 수준의 부(富)는 축적할 수 있다고 생각한다. 워런 버핏의 조언처럼 그냥 S&P500 같은 인덱스에 투자하면 된다.

그럼 언제 사야 할까? 타이밍도 필요 없다. 빠르면 빠를수록 좋다. 가격이 떨어지면 더 사면 된다. 어차피 사서 모아나갈 요량인데 가격이 떨어지면 같은 돈으로 더 많이 사서 모을 수 있으니 좋은 일 아닌가. 목돈을 투자하는 방법과 매월 적립식으로 투자하는 방법이 있는데 어느 것이든 좋다. 중요한 건 하루라도 빨리 시작하는 것이다.

저자의 주장을 필자가 20년 전부터 실천했다면 아마 지금보다 더 많은 돈을 가지고 있을 것이다. 그냥 사서 모으는 것만으로도 상당한 자산을 축적할 수 있었다는 얘기이다. 20년 동안 수많은 일이 있었다. 외환위기, 카드사 유동성 위기, 인터넷 버블, 이라크 전쟁, 9·11테러, 금융위기, 코로나 팬데믹 등. 금융위기에서 전쟁까지, 경제적 사건에서 정치적 이벤트까지, 세상을 무너뜨릴 것 같은 엄청난 사건들이 있었지만 주식은 장기적으로 올랐다. 이런 사건에 위축되지 않고, 워런 버핏의 조언처럼 묵묵히 자기 일을 열심히 하면서 S&P500 인덱스펀드나 ETF(상장지수펀드)를 모아갔다면, 매월 일정액을 알뜰살뜰 아낀 돈으로 계속 적립식 투자를 했다면, 아마 그 사람은 지금 상당한 자산을 가지고 있을 것이다. 큰 부자는 아니더라도 작은 부자가 되는 데 이보다 간단하고 확실한 방법이 어디 있단 말인가.

나이가 오십줄에 들어서다 보니 당연한 얘기지만 같이 일하는 직원들은 필자보다 나이가 어리다. 필자는 후배 직원들에게 200년간의 S&P500 지수 그래프를 출력해서 나누어 준다. 그리고 다음과 같은 잔소리(?)를 늘어놓는다.

"주가가 떨어져서 주식을 팔고 싶을 때, 마음이 흔들릴 때, 이 그래프를 봐라. 200년 동안 주가는 계속 올랐다. 이걸 믿어야 한다. 그리고 가혹한 약세장이 와도 10년만 버티면 무조건 이긴다. 역사상 가장 힘든 시기였던 대공황 시기 10년을 제외하고 나머지는 모두 2~3년 안에 약세장이 끝났다. 당신들은 나이가 어리다. 아무리 망가져도 10년 버티면 무조건 이긴다. 10년 금방 흘러간다. 적립식으로 넣으면 더 좋다. 하락장 이후에 더 빨리 원금을 회복할 수 있다."

이 책은 주식을 바라보는 관점과 태도뿐만 아니라 일반 투자자들을 위한 다양한 가이드라인을 제시한다. 그중에서도 꼭 새겨 읽으라고 권하고 싶은 부분은 '매도의 원칙'이다. 사실 투자는 사는 것보다 파는 것이 훨씬 어렵다. 때로는 너무 일찍 팔아서 후회하게 되고, 때로는 너무 늦게 팔아 땅을 치는 게 우리네 평범한 투자자들의 모습이다. 개인적으로 일류 투자자는 못 되더라도 좋은 투자자가 되기 위해서는 매도에 대한 자신만의 가이드라인이 있는 것이 좋다고 생각한다. 저자 닉 매기울리는 여러 가지 대안을 검토해본 끝에 오로지 다음의 세 가지 경우만이 매도를 정당화할 수 있다고 말한다(구체적인 내용은 본문에서 꼭, 반드시 읽길 바란다).

첫째, 포트폴리오 재조정rebalance을 위해
둘째, 편중된(손실을 보는) 포지션position에서 빠져나오기 위해
셋째, 재정적인 필요needs가 있을 때

필자는 이 책을 읽으면서 연신 고개를 끄덕였다. '지난날 나는 왜 그렇게 했을까?' 하는 생각에 후회도 했다. 마지막 페이지를 덮었을 때는 즐거움이 남았다. 그리고 이 시대에, 젊은 이들이 이 책을 꼭 읽었으면 좋겠다고 생각했다. 최근 몇 년간

자산가격의 폭등으로 현실의 삶이 초라해 보인다면 이 책을 통해 희망을 발견하라고 말하고 싶다.

워런 버핏의 책을 읽는다고 해도 뛰어난 투자가가 되는 것은 참으로 어려운 일이다. 비트코인으로 큰돈을 벌기 위해서는 엄청난 행운이 따라야 하는데, 그런 행운은 아무나 가질 수 있는 것이 아니다. 부모의 도움 없이 폭등한 아파트 한 채를 당장 사는 것도 결코 쉬운 일이 아니다.

그래도 우리에게는 희망이 있다. 저자의 말처럼 '그냥, 계속, 사라', 이 간단한 세 단어에는 엄청난 힘이 숨겨져 있다. 무소의 뿔처럼 흔들리지 말고, 주변에 누가 부자가 됐다는 소리에 상처받지 말고, 그냥 계속 사면서 앞으로 나아가는 것. 이 심플한 투자 원칙을 지켜간다면 우리처럼 평범한 사람들도 어느 정도의 경제적 자유를 얻을 것이라고 믿는다. 그래서 이 책이 돈으로 고통받은 젊은이들에게 교과서로 자리 잡았으면 하는 바람이다.

## 이 책을 읽기 전에

이 책은 저축과 투자, 두 부분으로 나뉘어 있다. 1부 저축 부분에서는 돈을 '모으는' 모든 측면을 다룬다. 수입 대비 저축의 적절한 비율, 저축을 더 많이 하는 방법, 죄책감 없이 소비하는 방법 등에 관한 것이다. 2부 투자 부분에서는 투자의 이유, 투자처, 투자 빈도 등을 포함해 '돈이 돈을 벌게 하는' 메커니즘을 다룬다.

이 책의 중요한 목적 중 하나는 독자 여러분이 시간을 최대한 효율적으로 사용하도록 돕는 것이다. 그러니 처음부터 순서대로 읽어나가도 좋지만, 현재 각자의 재정 상태에 따라 필요한 부분을 먼저 읽어도 괜찮다. 예를 들어 저축할 필요를 느끼지 않는 사람이라면 1부는 건너뛰어도 좋다.

마지막으로 에필로그에서 핵심 내용을 요약했으니 결론을 먼저 알고 싶은 사람은 그 부분에서부터 시작해도 좋다. 무엇이 되었든 여러분 각자가 실용적이고 가치 있는 정보와 깨달음을 얻길 바랄 뿐이다.

**일러두기**

- 외국 인명과 단체명 등은 외래어표기법에 따라 표기하되 일부는 관례적인 표현을 따랐다.
- 도서의 경우 국내에 번역 출간되지 않은 경우에만 원서명을 병기했다.
- 본문의 각주는 모두 옮긴이가 붙인 주석이다.

프롤로그

# 당신을 부자로 만들어줄 마법의 주문

돌아가신 할아버지는 경마 중독이셨다. 어릴 때 할아버지와 함께 로스앤젤레스에서 열리는 지역축제인 카운티 페어에 가서 매그니피센트 마크스나 제일 브레이크와 같은 근사한 이름을 가진 경주마들의 질주를 구경하고는 했다. 그때 난 경마를 그저 재미난 오락거리로 생각했지만, 할아버지에겐 평생에 걸친 투쟁이었다는 사실을 나중에야 알게 되었다.

할아버지의 중독은 처음엔 경마로 시작해서 결국에 카드 게임으로 옮겨갔다. 블랙잭, 바카라, 파이고우 등 어떤 게임이건 마다하지 않고 하셨다. 나는 이름도 처음 들어보는 게임이 많았지만 할아버지는 모르는 게임이 없었다. 할아버지는 카드 게임을 할 때마다 돈을 걸었다. 한 판에 25달러, 그다음 판에는 50달러를 걸었다. 때로는 한 판에 75달러씩이나 걸기도 했다. 카드 게임으로 날려버리기엔 상당한 금액이었다.

당시 할아버지는 이미 은퇴해서 당신의 어머니(나에겐 증조할머니)와 함께 살고 있었다. 모든 식비와 생활비는 증조할머니가 책임져야 했다. 55세에 은퇴한 할아버지는 매월 1,000달러를 연금으로 받았다. 7년 후부터는 사회보장연금으로 한 달에 1,200달러를 추가로 수령했다.

매달 2,200달러의 수입이 있었던 데다 딱히 돈 들어갈 일이 없었음에도 2019년 5월에 할아버지는 한 푼도 남기지 않은 채 돌아가셨다. 은퇴 후 26년에 걸쳐 받은 연금을 모두 도박으로 날려버렸던 것이다.

할아버지가 도박으로 모두 날려버리지 않고 연금의 절반이라도 떼서 미국 주식시장에 투자했다면 어땠을까? 어떤 일이 일어났을까? 아마 돌아가실 즈음엔 백만장자 소릴 들으셨을 것이다. 나머지 연금의 절반을 도박으로 탕진했더라도 충분히 부를 축적하셨을 것이다. 주식에 투자한 절반의 돈이 계속 불어났을 테니 말이다.

할아버지가 살아생전에 주식투자를 하셨다면 미국 주식시장 역사상 최악의 시기(2000~2009년)를 겪어야 했겠지만, 그 시기는 사실 그렇게 절대적인 영향을 미치진 않았을 것이다. 그저 연금의 절반을 매달 멈추지 않고 계속 투자했더라면, 할아버지는 도박으로 잃은 돈을 상쇄하고도 남을 만큼의 부를 축적했을 것이 틀림없다.

내가 진짜 하고 싶은 얘기는 지금부터다. 이 글을 읽는 여러분은 내 할아버지처럼 도박에 중독되지 않았을 테니, 다음의 단순한 원칙만 따른다면 훨씬 더 수월하게 부를 축적할 수 있을 것이다.

**"그냥, 계속, 사라."**

할아버지가 돌아가시기 몇 년 전에 나는 우연히 세 단어로 된 이 문장을 생각하게 되었다. 이 문장은 내 삶을 바꿔놓은 마법의 주문이고, 여러분을 부자로 만들어줄 주문이기도 하다.

어린 시절 나는 부유하다는 것이 어떤 의미인지, 어떻게 하면 부자가 될 수 있는지 알지 못했다. 나는 '여름summer'이라는 명사가 '여름을 나다'라는 동사로도 쓰인다는 것조차 몰랐다. 배당금이 뭔지는 당연히 몰랐다. 빕스나 아웃백이 최고의 레스토랑인 줄만 알고 살았다.

부모님은 언제나 열심히 일하는 분들이었다. 두 분 모두 대학을 중퇴했고 투자에 관해 배운 적도 없었다. 나도 마찬가지였다. 대학에 들어가서야 주식이 뭔지 이해했을 정도였다.

투자에 관해 배우긴 했지만 내 재정적 고민을 모두 해결해줄 만큼 충분하진 않았다. 대학 졸업 후에도 나의 재정적 삶은 여러 불확실성과 압박으로 가득했다. 나는 돈 문제에 관한 결정을 내려야 할 때마다 갈팡질팡하면서 질문을 던졌다.

- 나는 어디에 투자해야 할까?
- 지금 저축은 충분히 하는 걸까?
- 지금 사야 할까, 아니면 조금 더 기다려야 할까?

돈 문제에 관한 노이로제는 20대 중반이 된 다음에도 전혀 줄어들지 않았다. 성인답게 인생을 통제하며 나름의 경력을 시작할 나이였는데도 말이다. 머릿속에서 또 다른 누군가가 계속 지껄여댔다. 돈 문제에 관한 불확실성은 나를 끊임없이 불안으로 몰고 갔다.

결국에 나는 돈과 투자와 관련된 글을 닥치는 대로 읽기 시작했다. 온라인 투자 사이트에 올라오는 글들을 빠짐없이 읽으며 가끔은 비난하는 댓글도 달았다. 버크셔해서웨이Berkshire Hathaway에서 주주들에게 보내는 편지도 빼놓지 않고 읽었다. 금융의 역사에 관한 그다지 유명하지 않은 책들조차 각주까지 샅샅이 뒤지며 읽었다. 어느 정도 도움은 되었다. 하지만 정작 무엇을 해야 하는가와 관련한 두려움은 여전히 사라지지 않았다.

2017년 초 나는 개인금융 및 투자를 주제로 블로그를 시작했다. 그러다 보니 억지로라도 돈 문제를 제대로 파악해야만 했다. 그러다 얼마 지나지 않아 케이시 네이스탯Casey Neistat의 유튜브 동영상을 보았고, 그 후로 모든 것이 변했다.

'300만 구독자를 있게 한 세 단어'라는 제목의 동영상은 네이스탯이 동료 유튜버 로먼 애트우드Roman Atwood의 충고를 따랐더니 자신의 유튜브 구독자가 300만 명으로 늘어났다는 내용이었다. 그 충고는 바로 "그냥, 계속, 올려라."였다. 네이스탯은 유튜브 이야기를 하는 것이었지만, 나는 그 세 단어의 충고를 투자와 부의 축적이라는 주제에도 적용할 수 있겠다고 생각했다.

사실 나는 그 동영상을 보기 전 몇 주 동안 미국 주식시장을 분석하다가 놀라운 깨달음을 얻었었다. 주식투자로 돈을 벌려고 할 때 주식을 '언제' 사는가는 중요하지 않다는 사실이었다. 다만 주식을 사고, 또 사고, 계속 사는 게 중요했다. 기업가치 분석을 해서 저평가된 주식을 찾아내는 것도 전혀 중요하지 않았다. 강세시장인지 약세시장인지 따지는 것도 마찬가지였다. 오직 계속 사는 것만이 중요했다.

이러한 깨달음을 네이스탯이 말한 세 단어의 충고와 결합하니 "그냥 계속 사라."는 문장이 만들어졌다. 이 문장은 여러분이 따르기만 한다면 확실하게 지금의 재정 상태를 뒤바꿔놓을 기적의 주문이다.

내가 계속 사들이라고 권하는 것은 다양한 수익창출자산 income-producing assets이다. 수익창출자산이란 장차 수익을 창출할 것이라 예상되는 자산이다. 여기엔 주식, 펀드, 채권, 부동산 등 많은 것들이 포함된다.

구체적인 전략은 그다지 중요하지 않다. 중요한 것은 언제, 얼마나, 무엇을 살까 하는 것이 아니라 '그냥 계속 사는 것'뿐이기 때문이다. 이 조언은 너무나 간단해서 뭔가 부족해 보일 수도 있다. 하지만 그렇지 않다. 내용이 단순한 만큼 실천도 단순하게 하면 된다. 매월 집세를 내거나 대출금을 갚듯이 그렇게 습관처럼 투자하라. 매일 음식을 먹는 것처럼 투자를 습관으로 만들어라. 그만큼 자주 하라는 이야기다.

이러한 투자법을 가리키는 공식 명칭은 평균단가분할매입법(Dollar Cost Averaging, DCA)이다. 다른 말로는 정기자산매입법이라고 부르기도 한다. 목표로 하는 자산을 일정 기간 동안 나누어 꾸준히 사들임으로써 매입 평균 단가를 낮추는 투자법이다. 이 투자법과 '그냥 계속 사기' 사이에 차이가 있다면 '그냥 계속 사기'는 심리적 동기부여를 내재하고 있다는 점밖에 없다.

'그냥 계속 사기'는 쉽게 부를 축적할 수 있는 적극적인 투자법이다. 작은 눈뭉치가 언덕 아래로 굴러가면서 저절로 커다란 눈덩이가 되는 것을 상상해보자. 여러분은 그냥 계속 사면서 눈덩이가 커지는 것을 지켜보기만 하면 된다.

사실 '그냥 계속 사기'는 그 어느 때보다 현시점에서 매우 유리한 전략이다. 왜 그럴까?

만일 20년 전에 여러분이 이 조언을 실천에 옮겼다면, 아마도 엄청난 수수료와 거래 비용을 내야 했을 것이다. 1990년대에는 거래당 수수료가 8달러였으므로 그냥 계속 사는 전략을 채택하기에는 비용이 너무 많이 들었을 것이다.

하지만 이후 상황은 바뀌었다. 대다수 주요 투자 플랫폼에서의 무료 거래, 기업가치의 부분적 소유권인 주식가격의 상승, 적은 돈으로 가능한 분산투자처의 증가 등으로 인해 '그냥 계속 사기' 전략의 장점이 그 어느 때보다 두드러지고 있다.

오늘날 여러분은 S&P500지수 연동형 펀드를 매입함으로써 미국의 대기업에서 일하는 사람들이 여러분을 더 부유하게 만드는 일을 하게 만들 수 있다. 혹은 글로벌인덱스펀드를 매입함으로써 세계의 모든 기업이, 혹은 많은 사람들이 여러분을 위해 일하게 할 수도 있다.

얼마 되지 않는 금액으로 여러분은 미래 경제 성장의 일부를 소유할 수 있다. 앞으로 수십 년간 전 인류의 경제는 계속 성장하면서 여러분이 부를 축적할 수 있도록 해줄 것이다. 이는 그저 나만의 생각이 아니다. 세계 곳곳의 크고 작은 투자와 관련해 100년 이상 축적된 데이터가 뒷받침해주고 있는 사실이다.

물론 '그냥 계속 사기' 전략은 여러분의 투자 여정에서 첫걸음에 지나지 않는다. 단순하면서 강력한 조언이긴 하지만 앞으로 여러분이 투자와 관련해 갖게 될 모든 의문에 대한 답으로는 충분하지 않을 것이다. 내가 이 책을 쓰게 된 것도 바로 그런 이유에서다.

이제부터 개인금융과 투자 부분에서 가장 많은 질문을 받는 문제들에 대한 답을 풀어놓으려 한다. 각 장에서 하나의 주제를 깊이 있게 다루되 여러분이 당장 실행에 옮길 수 있는 핵심 지침을 제안할 것이다.

책의 모든 내용은 개인적인 믿음이나 추측보다는 엄밀한 데이터와 증거에 기반을 두고 있다. 그러다 보니 흔히 듣는 (개인적인) 재정적 충고들과 어긋나는 지침들도 있을 것이다. 어떤 지침은 여러분을 경악하게 할 수도 있다.

이제부터 설명할 내용에는 다음과 같은 것들도 포함된다.

- 자신이 생각하는 것보다 저축을 덜 해야 하는 이유

- 신용카드 부채가 반드시 나쁘지만은 않은 이유
- 하락장에서 매수 타이밍을 잡기 위한 현금보유가 바람직하지 않은 이유
- 개별 종목 주식을 사지 말아야 하는 이유
- 대규모 조정장이 좋은 매수 기회인 이유

내 목표는 논란을 부추기려는 것이 아니라 데이터를 근거로 진실을 찾아내는 것이다. 그 진실이 어디에 있든 말이다.

궁극적으로 이 책의 목표는 돈을 저축하고 부를 축적하는 검증된 방법들을 예시를 통해 상세히 설명하는 것이다. 이 책에 제시된 전략과 지침들을 실천한다면 여러분은 더 똑똑하게 투자하고 더 부유하게 살 수 있을 것이다.

제1부 제1장에서는 저축에 초점을 맞춰야 하는지, 아니면 투자에 초점을 맞춰야 하는지부터 논의해보려 한다. 그 기준은 각자의 재정 상태이다.

차례

# 제2부 **투자**

# 제1부 **저축**

# SAVING

# 제1장

# 무엇부터 시작해야 할까

가난한 사람은 저축을 하고,
부유한 사람은 투자를 한다

"가난한 사람은 저축을 하고, 부유한 사람은 투자를 한다."

내가 스물세 살에 이 사실을 깨우쳤더라면

투자와 관련한 결정을 내리는 데 오랜 시간 골치를 앓는 대신

경력을 개발하고 소득을 늘리는 데 더 많은 시간을 썼을 것이다.

스물세 살에 나는 부자가 되는 비결을 깨우쳤다고 생각했다. "수수료를 절약하라.", "분산투자하라.", "오래 보유하라." 등 워런 버핏Warren Buffett, 윌리엄 번스타인William Bernstein, 그리고 이제는 고인이 된 잭 보글Jack Bogle과 같은 투자의 전설들로부터 이런 조언을 수도 없이 들었다. 그들의 조언 자체가 틀렸다고는 할 수 없다. 하지만 한편으론 대학을 갓 졸업한 나 같은 사람이 잘못된 전략에 집중하도록 이끌었던 것도 사실이다.

당시 내 계좌에는 겨우 1,000달러밖에 없었지만, 나는 내년도 투자를 결정하기 위해 수백 시간을 들여 분석에 분석을 거듭했다. 엑셀 파일은 순자산 추정치 및 기대수익을 나타내는 숫자들로 가득 채워졌다. 매일 계좌 잔액을 점검했다. 거의 노이로제에 걸릴 정도로 포트폴리오 구성 비율을 고민했다. 채권에 15퍼센트를 투자해야 하나? 20퍼센트로 늘릴까? 10퍼센트로 줄일까? 모든 것이 혼란스러웠다.

투자에는 이렇게 지독히 집착하면서도 수입과 지출 분석에는 전혀 시간을 할애하지 않았다. 정기적으로 친구들과 저녁 먹으러 나가서는 곤죽이 되도록 술을 마시고는 우버를 불러 귀가하곤 했다. 샌프란시스코에서는 하룻밤에 100달러쯤 쓰는 것은 별일이 아니었다.

정말 멍청한 행동이었다. 투자자산이 겨우 1,000달러밖에 되지 않으니 연간 수익률이 10퍼센트라고 치더라도 1년에 100달러밖에 안 되는 투자수익을 올리는 녀석이 친구들과 외출할 때마다 100달러씩을 날린다니 말이다! 하룻밤의 저녁식사와 음주와 교통비로 수익률이 괜찮은 해의 1년간 투자수익을 고스란히 갖다버렸다.

## 무엇에 집중할 것인가

샌프란시스코에서 단 하룻밤의 파티만 포기해도 당시 1년간의 투자수익에 버금가는 돈을 벌 수 있었다. 내 재정관리의 우선순위가 이토록 엉망진창이었던 이유는 무엇일까? 세상의 모든 버핏, 번스타인, 보글을 합친 사람이 있다 해도 당시 내겐 아무런 도움이 되지 않았을 것이다.

이번에는 투자자산이 1,000만 달러인 사람들과 내 경우를 비교해보자. 투자자산이 1,000만 달러라면 포트폴리오에서 10퍼센트만 줄어들어도 100만 달러의 손실을 보게 된다. 이들이 한 해에 100만 달러를 저축할 수 있을까? 그럴 가능성은 매우 작다. 수입이 대단히 많은 사람이 아니라면, 이들의 연간 저축액은 투자 포트폴리오의 규칙적인 변동에 비하면 보잘것없는 수준일 것이다. 1,000만 달러를 가진 사람이 1,000달러밖에 없는 사람보다 투자에 대해 고민하는 시간이 훨씬 길 수밖에 없는 이유다.

내가 언급한 예들은 각자의 재정 상태에 따라 집중해야 하는 대상이 달라져야 함을 보여준다. 투자할 돈이 많지 않다면 일단 저축을 늘리는 데 초점을 맞춰 투자자금을 마련해야 한다. 이미 규모가 꽤 큰 투자 포트폴리오를 운영하고 있다면 투자 계획의 세부 내용까지 따지는 데 더 많은 시간을 할애해야 한다.

좀 더 간단히 말해보자. 가난한 사람은 저축을 해야 하고, 부유한 사람은 투자를 해야 한다. 이 말을 지나치게 문자 그대로 받아들여선 안 된다. '가난하다'나 '부유하다'라는 단어의 의미는 절대적이면서도 상대적이다. 예를 들어 대학을 갓 졸업하고 샌프란시스코에서 파티나 즐기던 시절의 나는 절대적인 의미에선 가난하지 않았지만, 미래의 나와 비교하면 상대적으로 가난했다. 이러한 생각의 프레임으로 바라보면 가난한 사람은 먼저 저축을 해야 하고 부자라면 투자에 집중해야 하는 이유가 훨씬 더 쉽게 이해된다.

"가난한 사람은 저축을 하고, 부유한 사람은 투자를 한다."

내가 스물세 살에 이 사실을 깨우쳤더라면 투자와 관련한 결정을 내리는 데 오랜 시간 골치를 앓는 대신 경력을 개발하고 소득을 늘리는 데 더 많은 시간을 썼을 것이다. 일단 투자 자산을 충분히 늘린 후라면 포트폴리오 재조정은 얼마든지 가능하니 말이다.

## 저축을 해야 할까, 투자를 해야 할까

내가 저축-투자 연속선이라고 부르는 것에서 여러분 각자는 어디쯤 자리 잡고 있을까? 즉 지금 저축을 해야 할 때일까, 투자를 해야 할 때일까? 다음의 간단한 계산법을 통해 살펴보도록 하자.

우선 내년에 '편하게' 저축할 수 있는 금액이 어느 정도인지 가늠해보라. '편하게'를 기준으로 삼는 이유는 그래야 쉽게 실천할 수 있기 때문이다. 이를 '기대 저축액'이라 부르겠다. 예를 들어 한 달에 1,000달러를 저축할 수 있다면, 1년의 기대 저축액은 1만 2,000달러가 될 것이다.

다음으로 내년에 투자자산이 어느 정도 불어날지 예측해보라. 예를 들어 1만 달러 가치의 투자자산이 있고 수익률을 10퍼센트로 예측한다면 늘어나는 투자자산은 1,000달러가 될 것이다. 이를 '기대 투자증가액'이라 부르자.

자, 이제 두 수치를 비교해보자. 여러분의 '기대 저축액'과 '기대 투자증가액' 중에서 어느 것이 더 큰가? 기대 저축액이 더 크다면 저축을 늘리고 투자자금을 확보하는 데 집중해야 한다. 기대 투자증가액이 더 크다면 투자자산의 수익률을 높일 방안을 고민하는 데 더 많은 시간을 할애해야 한다. 두 금액이 비슷하다면 양쪽에 비슷한 시간을 써야 한다.

다만 한 가지 염두에 둘 것은 나이가 들면 저축에서 투자로 관심을 옮겨가야 한다는 점이다. 기대하는 저축액과 투자증가액 중 어느 쪽이 더 많든 상관없이 말이다. 예를 들어 40년 동안 일하면서 매년 1만 달러를 저축하는 사람이 있는데 그의 연간 투자수익률이 5퍼센트 정도 된다고 가정해보자.

그는 해마다 1만 달러를 투자하게 될 것이고 이 투자에서 500달러의 수익을 올릴 것이다. 이때 저축을 통한 연간 자산변동액(1만 달러)은 투자로 인한 연간 자산변동액(500달러)의 20배이다.

이제 시간을 돌려 빠르게 30년 후로 가보자. 총자산은 62만

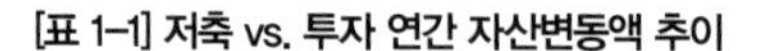
[표 1-1] 저축 vs. 투자 연간 자산변동액 추이

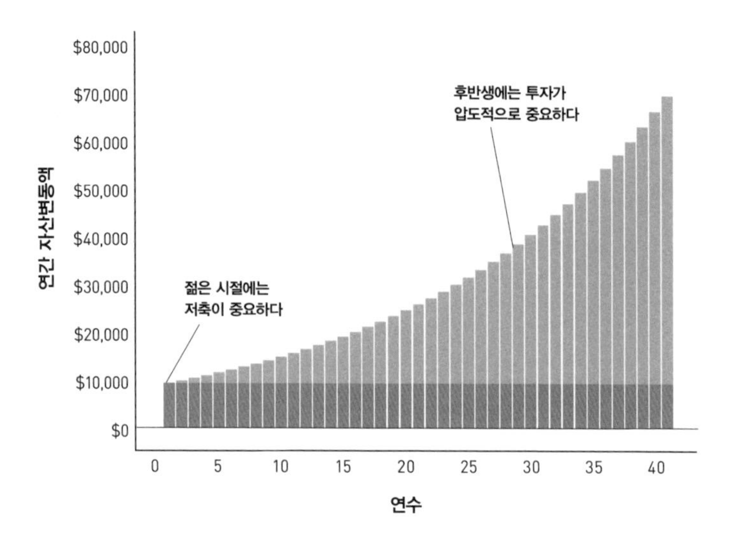


3,227달러가 되었을 것이다. 이것을 투자하면 3만 1,161달러의 수익이 발생한다. 저축을 통한 연간 자산변동액이 투자로 인한 연간 자산변동액보다 3배나 적다.

유형별로 분류된 연간 자산변동 추이를 나타내는 [표 1-1]에서 이러한 차이를 분명히 볼 수 있다.

[표 1-1]에서 보듯이 일을 시작하고 처음 수십 년 동안은 저축을 통한 자산변동액이 더 크다. 하지만 인생 후반기의 수십 년 동안에는 투자가 연간 자산변동에서 더 큰 역할을 한다. 이러한 변화는 점차 두드러져서 직장생활이 끝날 때쯤 되

면 총자산의 거의 70퍼센트가 저축이 아닌 투자수익에서 나온다. 이러한 이유로 자신이 현재 시점에서 저축과 투자 가운데 어느 쪽에 더 관심을 두어야 최고의 수익을 올릴지 결정하는 것이 매우 중요하다.

만약 양극단에 있다면 어디에 비중을 둬야 하는지는 명백하다. 투자자산이 없다면 저축에 초점을 맞춰야 한다. 이미 은퇴했다면 투자에 좀 더 많은 시간을 쏟아야 한다. 양극단의 어느 쪽도 아니라면 어디에 좀 더 시간을 쓸지 결정하는 것이 어려울 수 있다. 이 책이 저축과 투자, 두 부분으로 이뤄진 것도 바로 그 해답을 제시하기 위해서이다.

자, 그러면 우선 저축에 대해 어떻게 생각해야 할지, 어떻게 실행하는 것이 좋을지에 대해 살펴보기로 하자.

The Just Keep Buying's rules

## No.1

# 가난한 사람은 저축을 하고,
# 부유한 사람은 투자를 한다

나는 지금 저축이 필요한 시점인가,
투자가 필요한 상황인가?

*

어디에 시간과 에너지의 초점을 맞출지를 결정하는 것은 중요하다.
하지만 그 전에 자산을 축적하고 부자가 되기 위한 여정에서
현재 여러분이 서 있는 각자의 정확한 위치를 파악해야 한다.

*

여러분의 예상 저축이 예상 투자수익보다 크다면 저축에 집중하고,
그렇지 않다면 투자에 집중하라.
양쪽이 비슷하다면 둘 다에 집중하는 것이 좋다.

제2장

# 얼마나 저축해야 할까

## 당신의 생각보다는 적을 것이다

저축에 관해 가장 좋은 충고는 이것이다.

"할 수 있는 만큼만 저축하라."

이 단순한 충고를 따르면 스트레스는 훨씬 더 줄어들고

행복은 훨씬 더 늘어날 것이다.

나는 수많은 사람들이 충분한 돈을 가졌음에도

전전긍긍하며 지내는 것을 지켜본 끝에 이 사실을 깨우쳤다.

알래스카 남부에서 낚시를 해본 사람이라면 맑은 물에 북극곤들매기 수백 마리가 헤엄치는 모습을 본 적이 있을 것이다. 하지만 그 무리들 가운데 무언가를 먹고 있는 북극곤들매기를 본 적은 많지 않을 것이다. 북극곤들매기들은 한 해의 대부분을 거의 굶주리며 지낸다. 이른 여름부터는 연어라는 먹잇감이 등장한다. 알로 가득 찬 먹잇감을 만나는 순간부터 북극곤들매기는 미친 듯이 식탐을 분출한다.

"정말 알에 미친 놈들이죠. 위가 알로 가득 찰 때까지 먹고 또 먹어요. 알을 빼먹느라 온통 여기저기 두들겨 맞고 긁혀도 개의치 않아요."

와이오밍대학 데이비드스미스보존연구소 연구원 조니 암스트롱Jonny Armstrong의 말이다.

연어가 사라져버리고 난 후엔 먹을 것이 많지 않은데도 몇

몇 북극곤들매기는 이동하지 않고 그대로 남는다. 암스트롱은 이를 두고 "한 해에 얻을 수 있는 먹이의 양을 계산해보면 당연히 북극해에 그대로 머물러선 안 되죠. 그런데도 그냥 남는 북극곤들매기들이 있어요."라고 설명한다.

북극곤들매기는 그렇게 배고픈 상황을 어떻게 견뎌낼까? 암스트롱과 그의 동료 연구원 모건 본드Morgan Bond가 발견한 바에 따르면, 북극곤들매기는 먹이를 구하기 힘든 시기에는 소화기관을 수축시켜 에너지 소비량을 줄인다. 그러다가 먹잇감인 연어가 돌아오면 소화기관 크기를 평상시보다 2배까지 키운다.[1]

생물학에서는 이러한 현상을 '표현형 가소성phenotypic plasticity'이라는 개념으로 설명한다. 생명체가 환경에 적응하기 위해 자신의 생리작용을 변화시키는 능력을 가리키는 말이다. 표현형 가소성은 식물, 새, 물고기가 주변 환경 변화에 적응하기 위해 스스로 변화하는 방식을 이해하는 데 도움을 준다. 그리고 또한 우리가 얼마나 저축해야 할지를 결정하는 데도 도움이 된다.

## 저축에 관한 조언들의 문제점

구글 검색창에 "얼마나 저축해야 할까?"를 쳐본 적이 있는가? 무려 15만 건에 달하는 결과를 볼 수 있다. 첫 페이지를 훑어보다 보면 다음과 같은 조언을 만나게 될 것이다.

"소득의 20퍼센트를 저축하라."

"소득의 10퍼센트는 무조건 저축해야 한다. 그다음 더 노력해서 20퍼센트를 저축하고, 또 그다음에는 30퍼센트를 저축하라."

"30세까지 소득의 10퍼센트, 35세까지는 소득의 20퍼센트를, 40세까지는 소득의 30퍼센트를 저축해야 한다."

이러한 조언들은 잘못된 가정을 공유하고 있다. 일단 장기적으로 안정된 수입이 있을 것이라 가정하고 있다. 두 번째는 모든 소득수준에 있는 사람이 똑같은 비율을 저축할 수 있는 능력을 가졌을 것이라 가정한다. 이 두 가정 모두 연구를 통해 틀린 것으로 증명되었다.

첫째, 미시간대학 소득역학패널연구PSID의 자료에 따르면, 소득은 시간이 지남에 따라 안정되기보다는 오히려 불안정해지는 경향을 보인다. 연구자들은 1968년에서 2005년까지 "가계소득 변동성이 25퍼센트에서 50퍼센트까지 증가했다."라고 설명했다.[2]

가계소득 변동성이 커지는 추세는 논리적으로도 당연한 일이다. 외벌이 가구보다 맞벌이 가구가 더 많아진다는 것은 대개의 가정에서 한 사람이 아니라 두 사람이 일자리를 잃는 경우를 걱정해야 한다는 의미이기 때문이다.

둘째, 개인의 저축률을 결정하는 가장 결정적인 요인은 소득수준이다. 이 사실은 여러 문헌을 통해 이미 입증되었다. 예를 들어 연방준비제도이사회FRB와 전미경제연구소NBER의 연구자들에 따르면 하위 20퍼센트 소득자는 해마다 소득의 1퍼센트를 저축하고, 상위 20퍼센트 소득자는 해마다 소득의 24퍼센트를 저축한다. 또 상위 5퍼센트는 매년 37퍼센트를 저축하고, 상위 1퍼센트는 매년 51퍼센트를 저축한다.[3]

버클리대학교의 두 경제학자에 따르면, 미국 역사상 1910년부터 2010년에 이르기까지 저축률은 소득과 긍정적인 상관관계를 보였다. 다만 대공황기였던 1930년대만은 예외였다.[4]

이런 이유들로 볼 때 "소득의 20퍼센트를 저축하라."라는 규칙은 틀렸다. 이러한 충고는 개인의 소득이 해마다 달라질 수 있다는 점을 간과할 뿐 아니라 소득수준에 상관없이 모든 사람이 똑같은 비율로 저축할 수 있다고 전제하고 있다. 하지만 이는 많은 연구결과가 보여주듯 현실적으로 불가능한 가정이다.

이 대목에서 북극곤들매기와 표현형 가소성에 관해 다시 한번 생각해보자. 북극곤들매기는 일 년 내내 똑같은 양의 에너지를 소비하는 대신 구할 수 있는 먹이의 양에 따라 필요한 에너지 양과 신진대사를 조절한다.

저축도 그렇게 해야 한다. 저축 능력이 있을 때는 더 많이 저축해야 한다. 소득수준이 줄어들었을 때는 그만큼 덜 저축해야 한다.

변하지 않는 고정된 규칙은 대체로 쓸모없는 규칙이다. 우리의 재정 상태가 아무런 변동 없이 일정한 경우는 매우 드물기 때문이다.

개인적으로도 보스턴에 살던 때는 40퍼센트에 육박했던 저축률이 뉴욕에서 지내는 첫해에는 4퍼센트까지 떨어졌던 경험이 있다. 저축률이 떨어진 이유는 뉴욕으로 이사하며 하던 일도 달라지고 룸메이트와 헤어져 혼자 살기 시작했기 때문이다.

무슨 일이 있더라도 반드시 소득의 20퍼센트를 저축하기로 맹세했다면 아마 뉴욕에서 보낸 첫해는 자책으로 점철된 끔찍한 해가 되었을 것이다. 그렇게 살아서는 안 된다. 저축에 관해 가장 좋은 충고는 이것이다.

"할 수 있는 만큼만 저축하라."

이 단순한 충고를 따르면 스트레스는 훨씬 더 줄어들고 행복은 훨씬 더 늘어날 것이다. 나는 수많은 사람들이 충분한 돈을 가졌음에도 전전긍긍하며 지내는 것을 지켜본 끝에 이 사실을 깨우쳤다. 미국심리학회APA는 "2007년 최초로 미국스트레스조사Stress in AmericaTM Survey가 시작된 이래 개인의 재무 상태와 상관없이 돈은 언제나 미국인들의 스트레스 목록에서 1위를 차지해왔다."[5] 고 말한다.

그리고 돈에 관한 가장 흔한 스트레스 중 하나는 바로 "충분히 저축하고 있느냐?"이다. 미국 최대 금융서비스회사 노스웨스턴뮤추얼Northwestern Mutual이 2018년 발표한 보고서에 따르면 미국 성인 중 48퍼센트가 자신의 저축 수준에 대해 '높은' 혹은 '중간' 정도의 불안감을 경험한다고 한다.[6]

사람들이 저축이라는 문제로 걱정이 많다는 사실은 여러 연구자료를 통해서 분명히 밝혀졌다. 안타까운 일이지만, 저축을 충분히 하지 못하고 있다는 스트레스는 불충분한 저축 그 자체보다 더 나쁜 영향을 주고 있다. 브루킹스연구소Brookings Institute의 연구원들은 갤럽Gallup 자료를 분석한 다음, "스트레스의 부정적 효과가 수입이나 건강이 주는 긍정적 효과보다 더 강하다."고 말했다.[7]

다시 말해 건강에 도움을 주는 유일한 저축 방법은 '할 수 있는 만큼만 하는 것'이다. 그렇게 하지 않고 스트레스를 받으면서 저축률을 높이는 것은 득보다 실이 더 많을 수 있다.

나는 개인적인 경험을 통해 그러한 이치를 깨달았다. 언젠가 스스로 만든 엄격한 규칙에 따라 저축하는 것을 그만두었더니 더 이상 돈에 대한 강박에 시달리지 않게 되었다.

할 수 있는 만큼만 저축을 하자. 그때부터 재정적인 결정에 끝없이 의문을 제기하는 일은 그만두게 되었고, 제대로 돈을 즐길 수 있었다.

저축과 관련해 이러한 획기적 변화를 경험하고 싶은가? 그렇다면 우선 자기 재무 상태에 비추어 저축의 적정 수준이 어느 정도인지 판단해야 한다.

## 얼마나 저축할 수 있는지 판단하기

다음과 같은 간단한 등식을 풀어보면 여러분이 얼마나 저축할 수 있는지 알 수 있다.

**저축 = 소득 - 지출**

여러분이 번 돈에서 지출한 돈을 빼고 남은 금액이 바로 저축할 수 있는 돈이다. 각 항에 들어갈 두 개의 숫자만 알면 이 등식을 풀 수 있다.

1. 나의 소득
2. 나의 지출

매월 발생하는 월급, 집세, 대출상환금, 구독료 등의 재정적 사건들을 기록하고 위의 두 가지를 계산해볼 것을 권하고 싶다. 예를 들어 한 달에 두 번 (세후) 2,000달러를 받는다고 치면 월간 소득은 4,000달러가 된다. 그리고 한 달에 3,000달러를 쓰면 월간 저축액은 1,000달러이다.

대부분의 사람에게 소득 계산은 그다지 어렵지 않은 반면에 지출 계산은 훨씬 힘들다. 지출은 변동이 심하기 때문이다.

이상적으로는 단 한 푼까지 정확한 지출 내역을 알아야 한다고 요구하고 싶다. 하지만 그것이 매우 많은 시간이 소요되는 일이란 점도 알고 있다. 지출 내역을 정확히 파악해야 한다고 가르치는 책을 읽을 때마다 나 역시 책을 집어던지고 싶어진다. 여러분도 그럴 것으로 짐작되므로 훨씬 더 편한 접근 방식을 제시하겠다.

단 한 푼까지 꼼꼼하게 지출 내역을 계산하는 대신 굵직굵직한 고정지출을 정리한 다음 나머지 지출에 대해서는 추정치를 계산하라. 고정지출이란 매달 바뀌지 않는 지출이다. 집세, 대출상환금, 인터넷 요금, 구독 서비스 요금, 자동차 할부금 등이 포함될 것이다. 이 모든 수치를 더했다면 매달 고정지출 비용을 계산한 셈이다. 그다음에는 변동 지출 비용을 추정해야 한다. 예를 들어 일주일에 한 번 마트에 가서 100달러씩 지출한다면 매달 식비로 400달러를 사용하는 셈이다. 외식비, 여행비 등도 이런 방식으로 계산해보라.

지출을 관리하는 또 다른 쉬운 방법은 모든 변동 비용의 지출을 하나의 신용카드로 처리하는 것이다. 나는 매월 말에 신용카드 대금을 결제하며 그달의 모든 변동 비용을 계산한다. 이런 방식이 포인트 적립에 최선은 아닐 수 있지만, 한 달 동안의 지출 추적은 훨씬 쉬워진다. 어떤 방법을 쓰든 간에 이 과정을 거치면 한 달에 대략 얼마를 저축할 수 있는지 알게 될 것이다. 이런 방법을 추천하는 이유는 돈이 충분하지 않다고 걱정만 하다가는 결국 아무 일도 하지 못하기 때문이다.

다음의 질문을 던져보겠다.

"남들에게 부자로 인정받으려면 얼마나 돈이 필요할까?"

이 질문을 일반적인 미국 성인 1,000명에게 물으면 그들의 대답은 '230만 달러'일 것이다.[8] 하지만 같은 질문을 가구당 최소 100만 달러 이상의 투자자산을 가진 백만장자 1,000명에게 묻는다면, 그 숫자는 '750만 달러'로 급격히 늘어날 것이다.[9]

우리는 부유해지고 있음에도 여전히 부족하다고 생각한다. 더 저축할 수 있고 더 해야만 한다고 압박을 느낀다. 하지만 여러 연구결과의 데이터는 전혀 다른 사실을 보여준다. 여러분은 이미 지나칠 정도로 많이 저축하고 있는지도 모른다.

## 당신의 생각보다 '덜' 저축해야 하는 이유

이제 막 은퇴한 사람들에게 가장 큰 걱정은 무엇일까? 바로 언젠가 돈이 바닥날지도 모른다는 점이다. 하지만 현실은 그 반대이다. 은퇴하고 나서 충분할 만큼 돈을 쓰더라도 은퇴자금이 부족한 경우는 그리 많지 않다는 강력한 증거가 있다.

텍사스테크대학의 연구자들은 이렇게 말했다.

"여러 연구에 따르면 대개의 사람은 은퇴 후 저축한 돈을 다 써버리기보다는 은퇴자산의 가치를 꾸준히 유지하거나 시간이 지날수록 키워나갔다."[10]

연구자들은 이러한 현상의 원인을 대다수 은퇴자가 사회보장연금, 투자 포트폴리오 등에서 나오는 연간 소득 금액 이상의 지출은 하지 않기 때문이라고 지적했다. 또 그들은 투자 포트폴리오의 자산을 매각하거나 원금을 인출하는 셀다운sell down을 하지 않기 때문에 일반적으로 시간이 지남에 따라 자산이 증가하게 마련이다.

연금계좌의 셀다운을 강제하는 최소인출규정RMD●에도 불구하고 은퇴자산이 증가한다는 사실에는 변함이 없다. 연구자들은 그 이유를 이렇게 설명한다.

"은퇴자들이 최소인출규정에 따라 인출한 퇴직연금의 일부를 다른 금융자산에 재투자하기 때문이다."

투자 포트폴리오에서 자산을 셀다운하는 은퇴자는 과연 한 해에 몇 퍼센트나 될까? 투자자산연구소Investments&Wealth Institute의 보고서는 이렇게 말한다.

"자산 수준과 상관없이 모든 은퇴자의 58퍼센트는 투자수

● 미국에서 세금공제를 받는 401(k) 등 퇴직연금의 경우 72세가 되면 정해진 최소금액의 인출을 시작해야 하는 의무 조항이 있다. 이러한 최소인출금액은 연방국세청(IRS)에서 나이와 기대수명 등을 고려해서 계산한다. 최소인출규정을 어길 시에는 최소인출금액의 50퍼센트 페널티가 부과된다.

익보다 적은 돈을 인출한다. 26퍼센트는 포트폴리오를 통해 버는 금액까지만 인출을 하며, 14퍼센트 정도만 원금까지 인출을 한다."[11]

이러한 행동의 최종 결과는 무엇일까? 많은 돈이 상속된다는 것이다. 유나이티드인컴United Income의 연구에 따르면 "60대에 사망한 은퇴자는 순자산 29만 6,000달러, 70대 사망자는 31만 3,000달러, 80대 사망자는 31만 5,000달러, 90대 사망자는 23만 8,000만 달러를 남겼다."[12]

이 자료가 말하는 바는 분명하다. 실제로 돈이 바닥나는 것보다 돈이 바닥날지도 모른다는 두려움이 퇴직자들에게 더 큰 위협을 안겨주는 것이다.

물론 미래의 은퇴자들이 현재의 은퇴자들보다 훨씬 적은 자산과 소득을 갖게 될 가능성도 있다. 하지만 유나이티드인컴의 자료에 따르면 이 가능성도 사실이 될 것 같지 않다.

예를 들어 연방준비제도이사회의 인구통계그룹별 자산 통계에 따르면, 밀레니얼 세대의 1인당 자산 규모는 X세대와 거의 같다. 또 X세대의 1인당 자산 역시 이전 세대인 베이비붐 세대와 거의 비슷한 수준이다. 모두 같은 나이라고 가정하고 가격상승률을 적용하고 난 후의 수치를 비교했을 때 나온 결과이다.[13]

[표 2-1]이 보여주는 것처럼 각 세대의 1인당 자산 규모는

[표 2-1] 연령별 및 세대별 가격변동률 적용 후 순자산 규모 추이

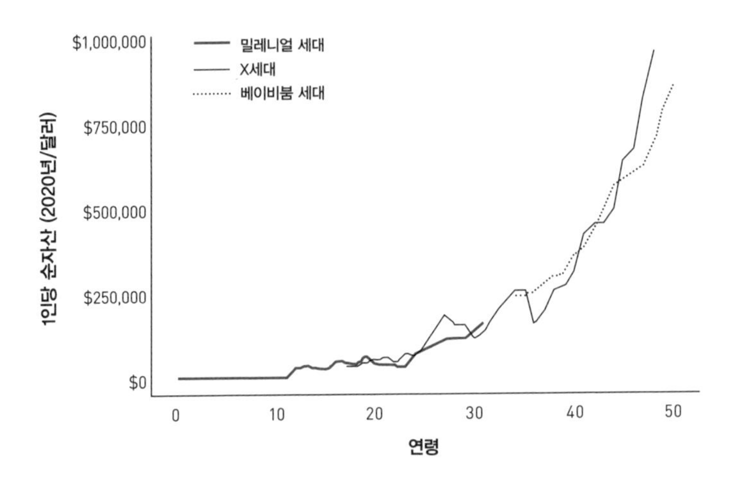


시간의 흐름에 따라 비슷한 궤적을 그리는 것으로 보인다.

[표 2-1]은 밀레니얼 세대가 이전 세대보다 더 느리게 자산을 축적하는 것은 아니라는 증거도 제시한다. 형평성에 맞지 않는 '부의 분배' 문제나 일부 밀레니얼 세대의 과도한 부채 문제도 언론에서 말하는 것만큼 그렇게까지 심각하지 않다.

사회보장제도 역시 그렇게 암담하진 않다. 한 조사에 따르면 77퍼센트의 직장인이 자신이 은퇴하기 전에 사회보장제도가 없어질 것이라 믿고 있다. 하지만 사회보장 자체가 완전히 사라질 가능성은 그리 크지 않을 것으로 보인다.[14] 2020년 4월에 발표된 '사회보장신탁기금의 보험수리적 현황'에 관한 연

례 보고서에 따르면 2035년경 기금이 바닥난 후에도 '약속된 연금의 79퍼센트'를 지급할 만한 자금은 충분히 확보될 것이다.[15] 미국 경제가 현재의 노선을 유지한다고 해도 향후 은퇴자들은 여전히 예상 혜택의 약 80퍼센트는 받을 수 있다는 의미다. 비록 이상적인 결과는 아닐지라도 많은 사람이 생각하는 것보다는 훨씬 더 나은 상황이다.

여러 실증적 연구결과들을 감안할 때 현재와 미래의 은퇴자를 위한 사회보장기금이 바닥날 위험은 그다지 크지 않다. 바로 이런 이유로 여러분은 자신이 생각하는 것보다 덜 저축해도 된다. "얼마나 저축해야 하는가?"라는 질문에는 "할 수 있는 만큼만 저축하라."는 대답을 이미 제시한 바 있다. 그리고 이제 또 두 가지 중요한 답도 얻었다. 우리는 생각보다 저축을 많이 하고 있으며 사회보장기금과 퇴직연금도 생각보다 안전하다. 따라서 생각보다 덜 저축해도 괜찮다.

하지만 그럼에도 지금보다 좀 더 저축을 많이 해야 하는 사람이 있을 것이다. 그들을 위해 다음 장에서 그 방법을 들여다보기로 한다.

The Just Keep Buying's rules

## No.2

# 할 수 있는 만큼만 하는 것이 저축이다

돈을 모으는 것은 중요하다.
상속 부자가 아닌 이상, 어떤 부자든
돈을 모아 목돈을 만드는 것에서부터 모든 것이 시작된다.

*

하지만 혹시 그러한 저축의 굴레가
여러분의 발목을 잡고 있진 않은지 확인해보자.
이미 충분히 저축을 하고 있음에도 중압감에 시달리고 있진 않은가?
미래에 대한 과도한 불안으로 저축률을 높이느라
'저축과 투자'에 대한 현명한 판단을 내리지 못하고 있는 것은 아닌가?

*

스트레스를 쉽게 보지 마라.
재테크를 함에 있어 스트레스를 관리하는 것은
여러분의 생각 이상으로 중요하다.
따라서 그러한 중압감을 줄이기 위해서는 '할 수 있는 만큼만' 저축하라.
그때그때의 상황에 맞추어 무리하지 않는 것이
길고 긴 투자의 여정에서 오래 살아남는 길이다.

제3장

# 더 많은 돈을 모으고 싶다면

## 재테크에 관한 가장 큰 거짓말

금융 관련 매체들은 여전히
하루에 커피 마시는 데 쓰는 5달러만 줄여도
백만장자가 될 수 있다는 거짓말을 퍼뜨리고 있다.
그런 거짓말을 퍼뜨리는 금융전문가들은
연간 12퍼센트의 투자수익률을 얻을 때에만
그런 일이 가능함을 언급하지 않는다.

공중보건에서의 통념에 따르면 오늘날 늘어나고 있는 비만은 부적절한 식습관과 운동 부족이라는 두 가지 요인 때문이다. 즉 우리가 살이 더 찌는 이유가 먹을거리를 얻기 위해 사냥하던 선조들에 비해 열량이 높은 음식을 훨씬 더 자주 먹고 책상에 앉아 훨씬 더 적은 열량을 소모하기 때문이라는 것이다.

이런 통념에 비춰볼 때 인류학자들이 탄자니아 북부에 사는 원시부족 하자족의 일일 에너지 소비를 연구한 결과는 다소 충격적이다. 하자족의 생활 방식을 보면 일반적인 서구인에 비해 훨씬 더 신체 활동량이 많았다. 그들은 커다란 동물을 사냥했고 나무를 베어 집을 지었으며 먹을거리를 찾기 위해 바위땅을 파헤치기도 했다. 그런데 문제는 신체 활동이 많은 데 비해 에너지 소비는 그만큼 많지 않았다는 점이다. 동일한 신체 조건을 전제로 비교했을 때 하자족은 앉아 있는 시간이 압도적으로 많은 오늘날 서구인과 거의 같은 수준의 열량을 소비했다.[16] 어떻게 된 일일까?

이 연구가 시사하는 바는 이렇다. 우리 몸은 움직임의 양에 따른 에너지 소비량을 시간이 지남에 따라 조정한다는 것이다. 매일 1킬로미터를 달리기 시작한 사람의 몸은 꽤 많은 열량을 소비한다. 하지만 얼마간의 시간이 지나면 일상생활의 움직임과 비교해 거의 비슷한 수준의 열량만을 소비하게 된다. 우리 몸은 활동량의 변화에 차츰 적응하게 되고 이에 따라 에너지 소비량을 조정하게 되는 것이다.

우리 몸의 이러한 적응력은 수십 년에 걸쳐 과학 문헌을 통해서도 입증된 것이다. 1966년에서 2000년까지 운동과 지방 감소 간의 관계를 연구한 모든 논문을 살펴본 결과, 신체 활동의 증가는 단기적으로만 지방 감소라는 결과를 낳았다. 장기적으로는 그러한 관계를 찾아볼 수 없었다.[17]

운동했을 때 얻을 수 있는 건강상의 여러 가지 이점은 이미 검증된 바 있다. 하지만 이러한 몸의 적응력으로 인해 운동만으로 체중을 감량하는 데는 분명 한계가 있다. 체중 감량을 위해선 신체 활동보다 식단의 변화가 훨씬 더 중요한 이유가 여기에 있다.

## 지출이 문제일까, 소득이 문제일까

다이어트 커뮤니티에서 식단이냐 운동이냐를 놓고 벌어지는 논쟁과 마찬가지로 재테크 커뮤니티에서도 돈을 더 저축하는 방법을 놓고 두 가지 입장이 첨예한 대립을 보인다. 하나의 입장은 거의 종교적인 수준으로 지출 통제에 초점을 맞춰야 한다는 것이고, 다른 하나는 소득을 늘리는 것이 더 중요하다는 주장이다.

지출을 통제해야 한다는 쪽의 사람들은 스타벅스에서 커피를 사 마시지 말고 집에서 커피를 만들어 마시면 평생 100만 달러까지 저축할 수 있다고 주장한다. 반면에 소득을 늘려야 한다는 쪽의 사람들은 돈을 쓸 때마다 일일이 계산하느라 에너지를 쓰느니 차라리 부업을 통해 돈을 더 버는 편이 훨씬 더 쉽다고 주장한다.

엄밀히 따지면 두 입장 모두 옳다. 앞 장에서 논의했던 등식으로 돌아가 생각해보자. 저축의 정의는 다음과 같다.

**저축 = 소득 - 지출**

저축을 늘리기 위해서는 소득을 증가시키거나 지출을 줄여야 한다. 혹은 둘 다를 해야 한다. 하지만 연구자료에 따르면

[표 3-1] 소득 하위 20퍼센트 가구의 세후소득과 기본생활비 지출 규모

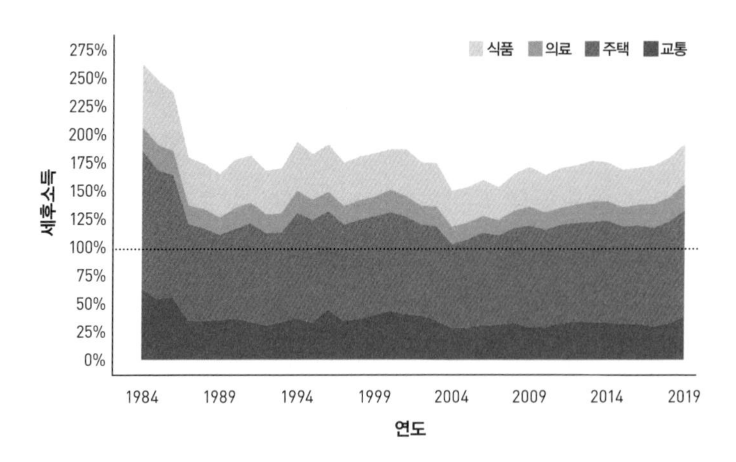


운동의 체중 감량 효과와 마찬가지로 지출을 줄여 저축을 늘리는 데는 근본적인 한계가 있다.

일례로 미국 가구별 구매습관에 관한 정보를 수집하고 분석하는 소비자지출조사CES 보고서를 보더라도 상당수 가구에서는 지출을 줄이는 것이 아예 선택 불가능한 선택지라는 점을 알 수 있다. 각 가구를 소득수준에 따라 5개 분위로 나누었을 때 소득이 가장 낮은 구간인 하위 20퍼센트에 해당하는 가구에서는 버는 돈보다 더 많은 돈을 식비, 집세, 의료비 등의 기본생활비에 지출했다.

미국의 소득 하위 20퍼센트 가구는 1984년부터 이미 식품·의료·주택·교통이라는 네 가지 주요 항목에 실질소득의 100퍼

센트 이상을 지출해왔다. 여기에 교육과 의복은 물론 여가를 위한 비용도 포함되지 않았음에 주목하라. 단지 안 쓰면 안 되는 기본생활비에 버는 돈을 모두 쏟아붓는데도 부족했던 것이다.

2019년 소득 하위 20퍼센트 가구의 평균 세후소득이 1만 2,236달러였으므로 이 가구들이 매월 소비할 수 있는 돈은 1,020달러였다. 하지만 2019년 이들이 매월 식품·의료·주택·교통에 지출한 돈은 평균 1,947달러였다.

지출액을 항목별로 나눠보면, 매월 항목별로 비슷한 금액을 지출했다는 사실을 알 수 있다.

- **식품** : 367달러
- **의료** : 238달러
- **주택** : 960달러
- **교통** : 382달러

혹시 이 정도의 지출 규모가 지나치다고 생각하는 사람이 있다면 어느 항목에서 줄일 수 있는지 의견을 말해주길 바란다. 내가 보기에는 지출을 줄일 수 있는 여지가 전혀 없어 보인다.

소득 하위 20퍼센트 가구는 매달 1,020달러를 벌어 평균

[표 3-2] 소득 하위 20~40퍼센트 가구의 세후소득과 기본생활비 지출 규모

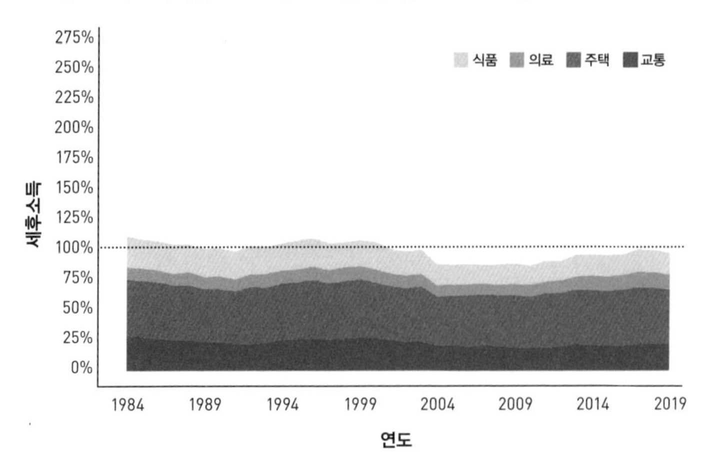


1,947달러를 지출한다는 사실을 기억하라. 이들이 저축하기 위해서는 지출을 절반으로 줄여야 한다! 나로서는 비현실적으로 느껴지는 해결책이다. 특히 지출이 이미 낮은 수준이라는 사실을 고려하면 더더욱 그렇다.

이러한 논리는 소득 하위 20퍼센트 이상의 가구에도 적용된다. 예를 들어 5개 소득분위 중 하위 20~40퍼센트 구간에 해당하는 가구의 현황도 크게 다르지 않다. 이 소득분위에 해당하는 가구들은 2019년 평균 세후소득으로 3만 2,945달러를 벌었다. 소득 하위 20퍼센트 가구들의 평균 세후소득과 비교해 거의 세 배 많은 금액이다. 하지만 그들 역시 버는 돈 대부분을 생필품 구매와 같은 기본생활비에 지출했다.

[표 3-2]를 보면 기본생활비에 소득의 거의 전부를 쓰고 있음을 확인할 수 있다. 그런데 지출 규모 자체를 봤을 때 하나의 패턴을 발견할 수 있다. 하위 20~40퍼센트 가구의 평균 소득은 하위 20퍼센트 가구와 비교해 거의 200퍼센트 이상 많지만 지출은 겨우 40퍼센트 더 많을 뿐이다. 이는 '지출 통제 대 소득 늘리기' 논쟁에서 무엇이 관건인지를 잘 보여준다.

소득 증가는 반드시 지출 증가로 이어지지 않는다. 물론 여러분은 개인적으로 많은 돈을 벌고 있음에도 저축을 거의 하지 않고 남김없이 써버리는 사람을 알고 있을지도 모른다. 그런 사람이 존재하지 않는다고 말하려는 것이 아니다. 중요한 것은 그러한 사람들은 예외적이라는 점이다. 실제 조사자료가 그렇게 말해주고 있다. 전반적으로 볼 때는 고소득 가구의 소득 대비 지출률이 저소득 가구와 비교해 더 낮다.

이러한 현상은 20퍼센트의 가구에서 가장 뚜렷하게 나타난다. 이 가구들의 2019년 평균 세후소득은 17만 4,777달러지만, 그중 절반 정도만 기본생활비에 지출했다.

소득 하위 20퍼센트 가구와 비교하면 상위 20퍼센트 가구는 기본생활비를 3.3배 더 많이 지출했다. 하지만 그들의 세후소득은 14배나 더 많았다!

왜 지출은 소득에 비례해 증가하지 않을까? 경제학자들은 '한계효용체감의 법칙'으로 이를 설명한다. 이는 어떤 재화나

[표 3-3] 소득 상위 20퍼센트 가구의 세후소득과 기본생활비 지출 규모

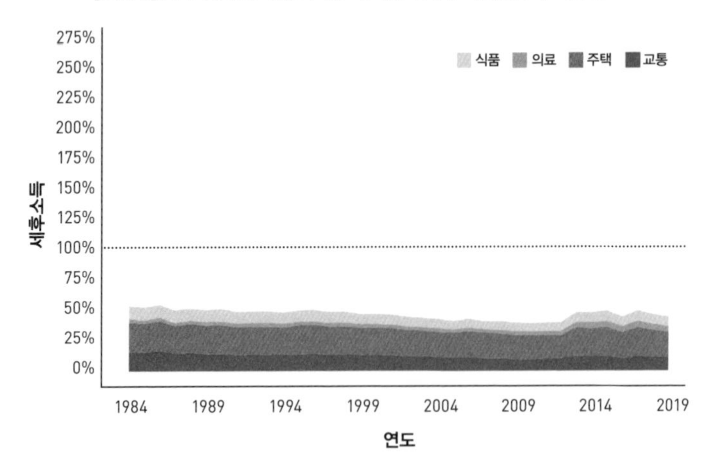


서비스의 소비량이 증가해도 그에 따른 효용, 즉 만족도는 계속 증가하지 않고 단계별로 점차 줄어든다는 의미다.

개인적으로 나는 이를 '위장(胃腸)의 법칙the law of the stomach'이라고 부른다. 여러분이 배고픈 상태에서 피자를 먹는다고 상상해보라. 첫 번째 조각은 대단히 맛있을 것이다. 한 입만 베어 물어도 풍미가 폭발하고 두뇌에 바로 쾌락 신호가 전달될 것이다. 피자를 먹기 전과 비교해보면 피자 한 조각으로 얻는 효용은 엄청나다. 두 번째 조각을 먹을 때는 어떨까. 여전히 매우 맛있겠지만 처음 한 조각 먹었을 때보다 더 훌륭하진 않을 것이다. 그리고 이는 세 번째, 네 번째 피자 조각을 먹을 때도 마찬가지일 것이다.

지금 먹는 피자 조각은 이전에 먹었던 피자 조각보다 더 적은 기쁨을 가져다준다. 게다가 어떤 시점이 되면 배가 너무 불러서 피자를 한 조각 더 먹는 것이 오히려 기분 나쁜 일이 될 수도 있다.

지출과 관련해서도 마찬가지다. 여러분의 소득이 10배로 늘어난다고 치자. 그렇다고 해도 식비, 집세, 의료비, 교통비 등 기본생활비에 10배를 더 쓸 가능성은 매우 적다. 음식과 주택의 질은 좋아지겠지만 아무리 좋아지더라도 10배의 돈이 들진 않기 마련이다. 이것이 바로 고소득 가구에서 저축이 훨씬 더 쉬운 까닭이다. 이들은 저소득 가구와 소득 대비 같은 비율로 기본생활비를 쓰지 않기 때문이다.

그러나 금융 분야의 여러 주류 매체에선 이를 인정하려 들지 않는다. 그들은 더 많이 저축을 해야 부자가 될 수 있다며 똑같은 거짓말만 늘어놓고 있다.

## 재테크에 관한 가장 큰 거짓말

재테크에 관한 글을 읽다 보면 부자가 되는 법, 혹은 이른 나이에 은퇴하는 방법 등과 관련해 수없이 많은 충고와 조언을 만나게 된다. 그들은 올바른 마음가짐을 가지라고, 목표를 세우라고, 검증된 체계를 따르라고 이야기한다. 하지만 그들의 글에서 절대 말해주지 않는 것이 있다. 바로 글을 쓴 당사자가 실제로 부자가 된 방법이다.

글을 깊이 파고들어 읽어보면 그들이 부자가 될 수 있었던 방법은 실제로는 엄청난 소득 덕분이거나 이해하기 어려운 수준의 적은 지출, 혹은 둘의 결합이라는 사실을 알게 될 것이다.

그렇다. 트레일러에서 산다면 35세에도 은퇴할 수 있을 것이다.

그렇다. 10년 넘게 투자은행에서 거액을 받으며 일하면 부자가 될 수도 있다.

하지만 여러분이 아무리 올바른 마음가짐을 가진다 해도 그것만으로 이른 나이에 은퇴하거나 부자가 될 수는 없다. 아무리 열심히 따져서 지출을 통제하고 목표를 잘 설정하더라도 부족한 은퇴자금을 보충할 수는 없는 노릇이다.

물론 어려운 재정 상황을 개선하기 위한 지식이나 올바른 소비습관, 마음가짐을 가지고 있지 않은 사람들도 있다. 여러분 주위에도 그런 사람이 분명 있을 것이다. 하지만 다시 강조하건대 그들은 '예외'에 속하는 사람들이다. 잘못된 습관이나 마음가짐으로 인해 재정적 어려움을 겪는 사람도 있지만, 재정 상황을 개선할 좋은 습관을 지녔음에도 소득이 충분하지 않아 재정적으로 어려운 사람이 훨씬 더 많다는 것이다. 이는 전 세계를 대상으로 한 실증적 연구들에 따르면 의심의 여지가 없는 결론이다.

런던정경대학의 연구자들이 〈왜 사람들은 계속 가난할까?〉라는 논문을 발표했다. 이 논문은 사람들이 가난한 상태에서 벗어나지 못하는 근본 원인은 동기부여나 재능이 부족해서가 아니라 초기 자산의 부족에 있다고 주장한다. 연구자들은 이 가설을 검증해보기로 했다.

그들은 방글라데시의 한 마을에 사는 여성들에게 가축과 같은 자산을 무작위로 나눠주고 그 자산이 미래의 재정 상황에 어떤 영향을 미치는지를 지켜보았다. 논문은 이렇게 설명한다.

> 프로그램을 통해 초기 자산의 문턱을 넘어선 사람들은 빈곤에서 벗어날 수 있었다. 초기 자산의 문턱을 넘지 못하면 다시금 가난으로 빠져들었다. 우리의 연구결과는 사람들이 더 생산적인 직업을 가지도록 해주는 큰 규모의 일회성 자산 증가가 지속적인 빈곤 완화에 도움을 줄 수 있음을 보여준다.[18]

가난한 사람들이 빈곤 상태에서 벗어나지 못하는 이유는 재능이 없어서도 동기부여가 부족해서도 아니다. 살아남기 위해서 어쩔 수 없이 할 수밖에 없는 저임금 노동 때문이다.

가난한 사람들은 근본적으로 '빈곤의 덫'에 빠져 있다. 돈이 없다 보니 고소득 노동에 종사하기 위한 교육을 받거나 자본을 얻을 기회가 없다. 이것이 바로 빈곤의 덫이다. 이러한 발견에 회의적인 사람들도 있겠지만, 케냐의 시골마을 1만 500가구에 1,000달러의 현금을 송금하는 실험을 했던 연구자들도 비슷한 결론을 도출했다.[19]

재테크와 관련한 가장 큰 거짓말은 "씀씀이만 줄이면 부자가 될 수 있다."는 말이다. 이것이 거짓말일 수밖에 없는 이유는 바로 '빈곤의 덫' 때문이다.

금융 관련 매체들은 여전히 하루에 커피 마시는 데 쓰는 5달러만 줄여도 백만장자가 될 수 있다는 거짓말을 퍼뜨리고 있다. 그런 거짓말을 퍼뜨리는 금융전문가들은 연간 12퍼센트의 투자수익률을 얻을 때에만 그런 일이 가능함을 언급하지 않는다(연간 시장평균 투자수익률은 8~10퍼센트이다).

설령 연간 수익률 12퍼센트를 달성한다고 해도 주식투자 포트폴리오를 수십 년 동안 어떤 상황에서도 당황하지 않고 보유하며 계속해서 수익을 창출해야 한다. 말은 쉽지만 실천하기는 어려운 일이다.

직접 비누를 만들거나 치실을 재사용하면서 돈을 절약할 수 있다는 기사 역시 거짓말이다. 이러한 사례를 '지출을 줄이면 부자가 될 수 있다'는 증거랍시고 떠들어대는 기사를 보노라면 치솟는 화를 참을 수가 없다.

이러한 기사를 쓰는 어떤 사람은 "여러분이 재정적으로 여유롭지 않은 이유는 비싼 세탁세제를 계속 사기 때문입니다!"라고 말할 수도 있다. 이런 메시지는 그들이 대다수 일반적인 가정을 우습게 여기고 있음을 보여준다. 그들은 평균치에서 크게 벗어나는 사례를 가지고 우리를 설득하려 들고 있다. 하지만 그들이 내세우는 사례는 실제 사실과는 크게 동떨어진 이야기다.

부자가 되는 가장 확실하면서도 한결같은 방법은 일단 소득을 늘리는 것, 그리고 그다음에 수익창출자산에 꾸준히 투자하는 것이다.

그렇다고 해서 지출을 완전히 무시해도 좋다는 말은 아니다. 정기적으로 지출을 점검해서 낭비가 없는지 확인해야 한다(불필요한 고가의 물품을 샀다든지 정기구독료를 제때 내지 않아 연체료가 발생했다든지 등등). 그렇다고 해서 커피까지 끊어야 할 필요는 없다.

저축을 더 많이 하길 원한다면 주어진 상황에서 스트레스 없는 정도로만 허리띠를 졸라매고 소득을 늘리는 데 집중해야 한다.

## 그렇다면 어떻게 소득을 늘릴 것인가

가장 먼저 짚어볼 점은 이것이다. 최소한 초기에는 지출을 줄이는 것보다 소득을 늘리는 것이 훨씬 더 어렵다는 점이다. 하지만 더 많이 저축하고 부를 축적하는 지속가능한 길을 원한다면 다른 방법은 없다.

소득을 늘리는 가장 좋은 방법은 이미 여러분이 가진 훌륭한 재정적 가치, 즉 능력·지식·시간 등의 인적자본을 적극적으로 활용하는 것이다.

그렇다면 여러분이 지닌 인적자본을 금융자산으로 전환하려면 어떻게 해야 할까? 여기에는 다음과 같은 다섯 가지 방법이 있다.

1. 시간/전문지식의 판매
2. 기술/서비스의 판매
3. 다른 사람 가르치기
4. 제품 판매하기
5. 조직에서 승진하기

다섯 가지 방법 모두 소득을 늘리는 확실한 방법이다. 각각 장단점이 있으니 하나씩 논의해보도록 하겠다.

**1. 시간/전문지식의 판매**

"시간은 돈이다."라는 속담이 있다. 돈을 벌기 위해서라면 여러분의 시간/전문지식을 팔아야 한다. 여기에는 다양한 방법이 있는데, 그전에 자신의 전문지식이나 능력이 어디에 가장 잘 활용될 수 있는지 알아보기를 바란다. 처음에는 이 방법으로 많은 돈을 벌지 못할 수도 있다. 하지만 시간이 지남에 따라서 전문성이 쌓이고 가치가 높아지면 더 많은 돈을 벌 수 있게 될 것이다.

시간을 파는 방법에 유일한 단점이 있다면 '규모의 경제'가 불가능하다는 점이다. 시간의 생산성을 확장하는 것은 불가능하기 때문이다. 한 시간 일하면 한 시간의 비용만 받을 수 있다. 따라서 시간을 파는 것만으로는 대단한 부자가 될 수 없다.

처음에는 자신의 시간을 파는 방법으로 돈을 벌게 되겠지만, 나중에는 일하지 않아도 수입이 들어오는 구조를 만들고 싶어질 것이다. 이 문제는 뒤에서 다시 다루도록 하겠다.

- **장점** : 쉽다. 초기비용이 적다.
- **단점** : 시간은 제약되어 있다. 확장할 수 없다.

**2. 기술/서비스의 판매**

기술/서비스 판매는 판매 가능한 기술/서비스를 개발해 온라인 플랫폼 등의 채널을 통해서 판매하는 것이다. 예를 들어 포토그래퍼라면 지역생활정보 사이트인 크레이그리스트Craigslist와 같은 플랫폼에 사진 촬영 서비스를 제공한다는 광고를 올릴 수 있다. 또 어떤 사람은 프리랜서 플랫폼인 업워크Upwork에서 그래픽 디자이너로 활동할 수도 있다. 이는 온라인에서 거래되는 수백 가지가 넘는 판매 가능한 기술/서비스의 몇 가지 예에 지나지 않는다.

기술/서비스 판매는 시간/전문지식 판매보다는 더 많은 수입을 보장해줄 수도 있다. 판매하는 기술/서비스가 시간당 비용을 받는 구조가 아니라면, 특히 자기 브랜드를 구축해 프리미엄 가격을 부과할 수 있다면 더욱 그럴 것이다.

불행하게도 시간/전문지식이 그런 것처럼 개인의 기술/서비스 판매 역시 규모의 경제가 적용되지 않는다. 모든 기술/서비스에는 절대적인 양의 노동이 투입되어야 하기 때문이다. 자신과 비슷한 능력을 지닌 사람을 고용해 전체 노동량을 늘릴 수는 있겠지만, 이는 또 다른 복잡한 문제를 낳는 일이다.

- **장점** : 수입이 많다. 자기 브랜드를 구축할 수 있다.
- **단점** : 판매 가능한 기술/서비스를 개발하기 위해선 시간 투자가 필요하다. 쉽게 확장되지 않는다.

### 3. 다른 사람 가르치기

"무언가를 아는 사람은 실천한다. 이해하는 사람은 가르친다."

아리스토텔레스의 말이다. 특히 온라인 강의는 확장 가능한 소득을 올리는 최고의 방법 가운데 하나다. 유튜브를 이용하든 티처블Teachable과 같은 학습 플랫폼을 이용하든 무언가 유용한 것을 가르치는 일은 소득을 늘리는 훌륭한 방법이다.

온라인 강의를 하는 방법은 여러 가지다. 미리 녹화한 강의 동영상을 제공하는 자율학습self-paced 프로그램도 있고, 여러 사람이 화상회의 플랫폼을 활용해 실시간 스트리밍으로 공동 주제를 학습하는 코호트 주도형cohort-based 프로그램도 있다. 자율학습 프로그램은 확장이 쉬운 데 반해 코호트 프로그램에 비하면 수업료가 저렴한 편이다.

그렇다면 무엇을 가르치는 것이 좋을까? 사람들이 기꺼이 돈을 내고 배우려는 것이면 아무것이나 좋다. 글쓰기, 프로그래밍, 동영상 편집 등등 리스트는 끝이 없다. 다른 사람을 가르치는 일의 묘미는 향후 수년간 마케팅할 수 있는 브랜드를 만들 수 있다는 점에 있다.

유감스럽지만 온라인 교육에도 난점이 있다. 여러분이 틈새시장을 공략하는 게 아니라면 이미 거의 모든 분야에는 가르치는 사람들이 넘쳐난다. 그들과 경쟁하기 위해서는 자신이 두드러져 보일 차별화 방안을 찾아내야 한다.

- **장점 :** 확장이 쉽다.
- **단점 :** 경쟁이 심하다. 수강생 확보는 끝나지 않는 전쟁이다.

**4. 제품 판매하기**

무언가 다른 사람을 가르칠 만한 것이 없다면 다른 사람에게 도움이 될 만한 제품을 만드는 것도 고려해볼 만하다. 가장 좋은 방법은 어떤 문제점을 파악하고 그 문제를 해결하는 제품을 만드는 것이다.

문제는 감정적이거나 정신적인 것일 수도 있고 신체적인 것일 수도 있다. 혹은 재정적인 문제도 있다. 어떤 문제든 제품을 통해 해결할 수 있다면 여러분은 확장성이 매우 높은 가치를 얻을 수 있다. 그 이유는 제품은 한 번 만들면 원하는 만큼 계속 많이 팔 수 있기 때문이다. 특히 적은 부가비용으로 온라인에서 무제한으로 판매할 수 있는 디지털 제품의 경우라면 더욱 그렇다.

물론 이러한 제품 제작을 위해서는 많은 선행 투자가 필요하다. 게다가 제품을 팔기 위해선 홍보에 여러 노력을 기울여야 한다. 쉽지 않은 일이지만, 사람들이 좋아하는 제품을 찾을 수만 있다면 상당히 오랫동안 그 제품을 통해 소득을 올릴 수 있다.

- **장점 :** 확장 가능하다.
- **단점 :** 많은 선행 투자와 지속적인 홍보가 필요하다.

### 5. 조직에서 승진하기

조직에 들어가 차근차근 단계를 밟아 승진하는 것은 소득을 더 올리는 여러 방법 가운데 가장 일반적인 방법인데도 한편으론 가장 간과되는 방법이기도 하다. 회사에 매일 출근해 일하는 정규직 노동자는 자영업자나 사업가 심지어 투잡을 하는 사람보다 인기가 없다.

하지만 자료를 보면 알 수 있듯이 조직에 들어가 정규직 노동을 하는 것이야말로 자산을 축적하는 가장 흔한 방법이다. 사실 미국인이 백만장자가 되는 가장 쉬운 방법은 의사나 변호사 등 전문학위를 취득하는 것이다. 《이웃집 백만장자》는 1990년대 후반 백만장자들에 대한 연구조사 결과를 이렇게 설명하고 있다.

> 하나의 집단으로 볼 때, 백만장자들은 고학력자들이었다. 5분의 1 정도만이 대졸 이하였다. 많은 사람이 대졸 이상의 학력을 갖고 있었다. 18퍼센트는 석사학위를, 8퍼센트는 법률 학위를, 6퍼센트는 의학 학위를, 6퍼센트는 박사학위를 갖고 있었다.[20]

이렇듯 백만장자들은 전통적인 교육과 경력경로를 따르는 사람들이다. 이들은 하룻밤 사이에 백만장자가 된 것이 아니었다. 전형적인 자수성가형 백만장자가 그만큼의 부를 축적하는 데는 무려 32년이 걸렸다.[21]

나는 바로 이러한 이유로 특히 젊거나 경험이 별로 없는 사람들에게 전통적인 경력경로를 따르는 방법이 소득을 증가시키는 가장 좋은 방법이라고 조언한다. 물론 조직에 소속되어 일하는 정규직 노동만으로 엄청난 부자가 되기는 힘들다. 하지만 사람들과 어울리며 일하는 방법을 배우고 자기 능력을 키울 수 있으므로 경력 개발을 통해 소득을 증가시키는 것은 최고의 방법이기도 하다.

제품을 만들어 파는 일을 하려고 해도 그전에 먼저 정규직 노동자로 일하며 경험을 쌓는 것이 일반적이다. 기업인의 평균 연령이 40세 정도인 것도 그런 이유 때문이다.[22] 40세 정도가 되면 22세 때는 가지지 못했던 것이 두 가지 생긴다. 경험과 돈이다. 그 경험과 돈은 어디에서 왔는가? 전통적인 경력, 다시 말해 다른 사람을 위한 노동에서 나온 것일 가능성이 크다.

- **장점 :** 기술과 경험을 얻을 수 있다. 소득 증가에 따른 리스크가 적다.
- **단점 :** 시간과 일을 마음대로 통제할 수 없다.

앞에서 언급한 어떤 방법을 시도하든 그것이 최종 목표가 되어선 안 되며 일시적인 수단으로 간주해야 한다. 왜냐하면 더 많아진 소득과 저축은 수익창출자산을 사들이는 데 다시 사용되어야 하기 때문이다. 그것이야말로 저축에 날개를 달아주는 방법이다.

## 더 많이 모으려면 결국 사업이나 자산을 소유해야 한다

역사상 가장 부유한 미식축구 선수는 누구일까? 톰 브래디? 페이튼 매닝? 존 매든? 아니다. 모두 틀렸다. 역사상 가장 부유한 미식축구 선수는 제리 리처드슨Jerry Richardson이다. 아마 여러분은 이 이름을 들어본 적이 없을 것이다. 나도 그랬으니 말이다. 하지만 그는 미식축구 역사상 유일한 억만장자 선수였다.

리처드슨은 어떻게 돈을 벌었을까? 미식축구가 아닌 다른 방법을 통해서였다. 리처드슨은 일류 선수는 아니었다. 그의 최고 경력은 1959년 미식축구 프로리그 우승에 일조했다는 정도다.

그는 미국 전역에 하디스 패스트푸드 레스토랑을 열어 엄청난 돈을 벌었다. 이렇게 충분한 자본을 모은 리처드슨은 1993년에 프로미식축구팀 캐롤라이나 팬서스를 창단했다. 리처드슨은 노동에 따른 수입이 아니라 사업 소유권을 통해 엄청난 부자가 될 수 있었다.

여러분도 같은 방식으로 소득을 늘린다고 생각해보라. 물론 시간/전문지식, 기술/서비스, 제품을 파는 일은 정말 훌륭하다. 하지만 그것이 부자가 되기 위한 여정의 최종 목적지가 되어서는 안 된다.

최종 목적은 직접 소유가 되어야 한다. 즉 오너십, 즉 어떤 사업이나 자산을 '소유'하는 것이 돼야 한다. 그러니 여러분은 추가 소득을 이용해 수익창출자산을 계속 사들여야 한다.

자기 회사를 차려 투자하든 다른 회사에 투자하든 장기적으로 부를 축적하려면 인적자본을 금융자산으로 전환해야만 한다. 그러기 위해서는 먼저 오너십을 가져야 한다.

지금까지 어떻게 하면 저축을 더 늘릴 수 있는지에 대해 논의했다. 다음 장부터는 죄책감을 느끼지 않으면서 돈을 '잘' 쓰는 방법을 알아보려 한다.

The Just Keep Buying's rules

## No.3

# 지출을 줄이는 것이 아닌,
# 소득을 늘리는 것에 집중하라

더 많은 돈을 모으고 싶은가?
저축을 늘리기 위해 지출을 줄일 것인지, 소득을 높일 것인지
이 끝나지 않는 논쟁에 대해 이 지면을 빌려 확실히 단언하겠다.

*

저축을 늘리고 싶다면 소득에 집중하라.
지출을 줄이는 데는 한계가 있지만, 소득을 늘리는 데는 한계가 없다.
오늘 당장 소득을 늘리기 위한 작은 방법부터 찾아보자.

*

그리고 미국의 미식축구 선수 제리 리처드슨이
노동(미식축구)이 아닌 사업 소유권(하디스 레스토랑)을 통해
미국 역사상 가장 부유한 미식축구 선수가 되었음을 기억하길 바란다.

# 제4장

# 죄책감 없이 돈을 쓰는 방법

2배의 규칙과 성취감 최대화하기

꼭 저 차를 사야 할까?

저 정도 비싼 옷은 괜찮지 않을까?

매일 라떼 한 잔 정도는 안 될까?

이러한 종류의 충고들은 끊임없이 자신을 되돌아보도록 강요하고

지출에 대한 불안감을 불러일으킨다.

돈을 더 많이 번다고 해서 불안감이 사라지는 것도 아니다.

남미에서 공부한 친구가 어느 날 자기 친구 제임스는 '가격 개념'이 전혀 없다는 이야기를 했다(제임스란 이름은 물론 실명은 아니다). 처음에는 무슨 소린지 이해하기가 어려웠다.

"가격 개념이 없다니 무슨 소리야?"

"레스토랑에 앉아서 메뉴판을 펼쳤을 때 너라면 두 가지를 보겠지. 하나는 어떤 음식을 파는지를, 그다음으론 음식의 가격을 보겠지. 가격이 메뉴를 결정하는 데 아무런 영향을 미치지 않을 수도 있지만, 어쨌든 가격이 있다는 건 당연히 인정하는 거잖아. 가격을 인정하는지 아닌지 알아보는 가장 간단한 방법은 가격이 적혀 있지 않은 메뉴판을 본다면 어떤 느낌이 들지 상상해보는 거야."

여기까지 설명한 친구는 제임스는 바로 이런 가격 개념이 전혀 없다고 설명했다. 하지만 제임스는 분명하게 가지고 있는 게 있었다. 자기 아버지의 신용카드였다.

지녁식사? 제임스가. 클럽 입장? 제임스가. 고급 술집에서 한턱내기? 제임스가. 한번은 페루에서 여럿이 함께 마추픽추를 오르다 길을 잃었는데 제임스가 위성전화로 헬리콥터를 전세 내려고 한 적도 있었다고 한다. 다행히 함께 있던 사람들이 괜찮다고 제임스를 설득했고, 결국엔 길을 찾아서 별 탈 없이 산행을 끝냈다고 한다.

제임스는 돈을 지출하는 데 아무런 죄책감을 느끼지 않는 전형적인 인물이다. 물론 제임스와 정반대인 사람도 있다.

샌프란시스코에서 데니스라는 친구와 함께 일한 적이 있는데 이 친구는 좀 심할 정도로 돈을 절약하려 들었다(데니스라는 이름도 실명이 아니다). 데니스가 돈을 절약하는 방법 가운데 하나는 우버 앱과 게임을 벌여 어떻게든 서지프라이스surge price● 를 피하는 것이었다.

잘 모르는 분들을 위해 설명하자면, 우버가 처음 도입되었을 때 이용요금 대신 서지지표surge indicator가 제시되었다. 예를 들어 서지지표가 '2×'로 표시되면 이용요금이 보통 때의 2배라는 것을 의미했다. 우버는 앱에서 이용자가 위치한 장소에 핀을 떨어뜨리라는 요구를 하는데 이 핀은 우버 운전자에게

● 서지프라이스에서 서지(surge)의 의미는 '급등', '급증'이다. 수요가 많은 특정 시간대에 혹은 특정 지역에서 일시적으로 상승하는 동적 가격을 가리킨다.

이용자 위치를 알려줄 뿐만 아니라 서지프라이스 청구 여부도 결정했다.

우연히도 데니스는 우버 앱에서 사소한 버그를 발견한 듯했다. 그는 핀을 서지지표가 낮은 지역에 떨어트려 가격을 먼저 결정한 다음 다시 핀을 움직여 운전자를 자신이 실제 있는 장소까지 오도록 했다. 데니스는 그렇게 해서 우버를 한 번 이용할 때마다 최소 5~10달러까지 절약하곤 했다.

데니스가 어떻게 우버 앱의 결함을 눈치채고 그런 게임을 벌였는지는 모르지만 나는 우버가 그 정도 버그는 곧 수정할 테니 조심하라고 경고했다. 실제로 우버는 이 버그를 수정했다.

2015년 새해 그믐날 데니스는 '우버 핀 속임수'를 또다시 시도했다. 새벽 두 시경 술에 취해 집에 가는 길이었다. 서지프라이스는 8.9배를 가리켰다. 하지만 그는 이 돈을 내고 싶지 않았다.

우버 핀 속임수는 더는 통하지 않았고 다음날 우버는 그에게 264달러를 청구했다. 데니스는 돈을 내지 않겠다고 몇 주나 싸우더니 결국에는 사무실 사람들 앞에서 "우버가 나에게 바가질 씌웠어."라고 소리소리를 질렀다. 살면서 누군가의 불행을 보며 행복감을 느꼈던 것은 그때가 처음이었다.

## 지출에 관한 결정을 내릴 때 유용한 2가지 방법

제임스와 데니스는 지출의 극단적인 양면을 보여주는 사람들이다. 둘 다 이상적이라고 하긴 어렵다. 제임스는 죄책감 없이 돈을 썼지만 신중하지 못하다. 데니스는 돈 관리는 잘했을지 몰라도 돈을 쓸 때마다 걱정이 가득했다.

불행히도 재테크 관련 커뮤니티 대다수는 제임스보다는 데니스 편을 들어준다. 지출 통제를 강조하든 소득 증가를 강조하든 모든 재테크 커뮤니티의 접근 방식은 일반적으로 공통된 한 가지, 즉 '죄책감'을 기반으로 한다.

커피를 사서 마시는 행위는 "100만 달러를 낭비하는 것과 같다."고 말한 수지 오먼Suzie Orman이나 "정말 열심히 일하고 있는가?"라고 질문하는 게리 베이너척Gary Vaynerchuk과 같은 사람들이 하는 조언들은 지출과 관련한 결정을 할 때마다 죄책감을 느끼도록 하는 데서 출발한다.[23]

- 꼭 저 차를 사야 할까?
- 저 정도 비싼 옷은 괜찮지 않을까?
- 매일 라떼 한 잔 정도는 안 될까?

이러한 종류의 충고들은 끊임없이 자신을 되돌아보도록 강요하고 지출에 대한 불안감을 불러일으킨다. 돈을 더 많이 번다고 해서 불안감이 사라지는 것도 아니다.

2017년 리서치회사 스펙트렘그룹Spectrem Group의 설문조사 결과에 따르면 500만~2,500만 달러의 자산가치를 보유한 투자자 중 무려 20퍼센트가 엄청난 자산을 가졌음에도 불구하고 은퇴 후에도 버틸 수 있는 충분한 돈이 있는지를 걱정했다.[24] 이렇게 사는 건 결코 잘사는 게 아니다.

돈이 중요한 건 사실이다. 하지만 가격표를 볼 때마다 머릿속에 경보가 울려선 안 된다. 충분한 돈이 있을 때조차 무언가를 살 만한 여력이 되는지 스스로 따져본 적이 있다면 '돈을 어떻게 쓸 것인가'에 관한 생각의 프레임을 되돌아봐야 한다. 중요한 것은 어떤 우려나 불안 없이 스스로 재정적인 결정을 하는 것이다.

지금부터 두 가지 조언을 하려고 한다. 이 둘을 결합하면 불필요한 죄책감 없이 지출에 관한 결정을 할 수 있을 것이다. 두 가지 조언은 다음과 같다.

1. 2배의 규칙을 따르라.
2. 성취감을 최대화하는 데 집중하라.

### 1. 2배의 규칙

2배의 규칙은 간단하다. 어떤 고가의 물건을 사들이는 데 돈을 쓰고 싶을 때마다 같은 금액을 수익창출자산에 투자하는 것이다. 예를 들어 400달러짜리 신상 구두를 사고 싶다면 그만큼의 돈을 투자하면 된다. 이런 규칙은 어떤 물건을 자신이 얼마나 진심으로 원하는지 다시 생각해보는 계기를 제공한다. 400달러를 투자하고 싶지 않다면 아마도 그 신상 구두를 꼭 사지 않아도 된다는 쪽으로 마음이 변할 것이다.

내가 이 규칙을 선호하는 이유는 과소비를 할 때 들게 마련인 죄책감을 없애주기 때문이다. 비싼 물건을 살 때마다 같은 금액을 수익창출자산에 투자하게 되므로 자신이 과소비를 하는 것은 아닌지 걱정하지 않아도 된다.

과소비를 할 때 흔히 "돈을 흥청망청 쓴다."고 말한다. 그렇다면 도대체 어느 정도가 되어야 '흥청망청' 돈을 쓰는 과소비라고 할 수 있을까?

이에 대한 답은 사람마다 다르고 시대에 따라서도 달라질 테지만, 여러분 각자에게는 나름의 기준이 분명하게 있을 것이다. 예를 들어 내가 스물두 살 때는 돈이 지금보다 훨씬 없었다. 불필요한 물건에 100달러를 지출하는 것도 흥청망청에 해당했다. 지금은 그 기준이 400달러쯤이지 않을까 싶다.

사실 금액 자체는 중요하지 않다. 중요한 것은 어떤 물건을 사들였을 때 여러분이 갖는 주관적 느낌이다. 10달러를 소비할 때조차 흥청망청으로 느껴지는 사람이 있을 수 있다. 과소비라고 느끼는 기준이 되는 금액이 10달러이든 400달러이든 2배의 규칙대로 하면 죄책감을 극복하면서 자신의 돈을 즐겁게 쓸 수 있을 것이다.

한 가지 더 중요한 것이 있다. 지출한 금액만큼 반드시 수익창출자산에 투자하지 않아도 된다. 자선기관에 기부하는 것도 방법이다. 400달러짜리 구두를 사면서 과소비라고 느껴진다면 같은 금액을 자선기관에 기부함으로써 죄책감에서 벗어나는 것이다. 기부를 하면 다른 사람들을 돕기도 하지만, 여러분 자신이 흥청망청 돈을 쓰고 있다고 느낄 때 지나친 자책을 하지 않게 해주기도 한다.

투자를 하든 기부를 하든 2배의 규칙은 여러분을 불안과 죄책감이라는 감옥에서 구해줄 것이다.

### 2. 성취감 최대화하기

죄책감 없이 돈을 쓰기 위한 두 번째 충고는 장기적인 성취감을 최대화하는 데 초점을 맞추라는 것이다. 행복이 아니다. '성취감'이라고 한 것에 주목하라. 이 차이는 중요하다.

예를 들어 마라톤 완주를 하면 성취감은 높겠지만 행복하진 않을 수 있다. 마라톤 완주에 필요한 노력과 수고는 당장은 행복을 주지 않는다. 하지만 마라톤을 완주한 후에는 깊은 성취감과 만족감을 줄 수 있다.

물론 행복이 중요하지 않다는 말은 아니다. 당연히 중요하다. 《당신이 지갑을 열기 전에 알아야 할 것들》을 쓴 마이클 노튼Michael Norton과 엘리자베스 던Elizabeth Dunn은 다음과 같은 지출을할 때 행복이 증가할 가능성이 크다고 말한다.[25]

- 경험을 산다.
- (이따금) 자신에게 한턱낸다.
- 여분의 시간을 산다.
- 선불로 낸다(이를테면 숙박, 식사, 교통 등 모든 일정을 포함하는 휴가).
- 다른 사람에게 쓴다.

사실 이 항목들은 일반적으로 돈을 더 많이 쓸수록 행복을 더 많이 느낄 수 있는 것들이다. 하지만 이런 훌륭한 조언도 만병통치약은 아니다. 아무리 최고의 경험을 사고 여분의 시간을 갖더라도 성취감을 느끼지 못할 수도 있다.

그렇다면 더 많은 성취감을 줄 수 있는 것은 무엇일까? 대답하기 쉽지 않은 질문이다. 다니엘 핑크Daniel Pink는 《드라이브》에서 인간의 '동기'를 이해하기 위한 하나의 체계를 제시한다. 다니엘 핑크는 스스로 나아갈 방향을 결정하는 자율성,

자신이 하는 일에 몰입하기 위한 숙련의 정도, 더 큰 차원과 연결되는 의미 있는 삶을 위한 목적이 가장 중요한 동기부여 요소라고 설명한다.[26]

자율성, 숙련, 목적, 이 세 가지는 돈을 쓰는 방법을 결정하는 데도 유용하다. 예를 들어 매일 카페라테를 한 잔씩 마시는 것은 불필요한 소비로 보일 수 있다. 하지만 카페라테를 마심으로써 업무에 더욱 몰입할 수 있다면 이야기가 다르다.

매일 한 잔씩 마시는 카페라테 한 잔은 업무 숙련도를 높이는 데 도움을 주므로 바람직한 지출이다. 자율성을 높여주거나 삶의 목적을 갖도록 해주는 지출 역시 같은 맥락에서 정당화할 수 있다.

궁극적으로 여러분 각자의 돈은 자신이 원하는 삶을 살아가기 위한 도구로 이용해야 한다. 이것이 가장 중요하다. 어디에 얼마의 돈을 쓰는가 하는 지출의 문제보다 더 중요한 것은 자기 삶에서 진정으로 원하는 것이 무엇인지를 아는 것이다. 이는 결코 쉬운 문제가 아니다.

- 자신이 지속해서 관심을 두는 것은 무엇인가?
- 자신이 피하고 싶은 상황은 어떤 것인가?
- 세상에 어떤 가치를 널리 퍼뜨리고 싶은가?

이러한 질문들에 답할 수 있다면 돈을 쓰는 일도 더 쉽고 즐거워질 것이다. 따라서 지출 자체가 아니라 지출의 프레임에 초점을 맞춰야 한다.

여러분이 죄책감을 느끼는 것은 지출 자체가 아니라 그 지출을 정당화할 수 있는지의 여부에 달려 있다. 어떤 물건을 사야 할 근거가 충분하지 못했다면 나중에라도 기분이 좋지 않을 것이다. 그 물건을 정말 원했다고 거짓말할 수도 있겠지만 마음 깊은 곳에서는 진실을 알고 있을 테니 말이다.

이러한 감정과 싸우기 위한 가장 쉬운 방법은 그 지출이 장기적인 성취감을 느끼는 데 도움이 되는지 자문해보는 것이다. 대답이 '그렇다'라면 물건을 사고 죄책감은 내려놓아야 한다. 대답이 '아니다'라면 가치 있는 소비를 할 수 있는 다른 방법을 찾아보아야 한다.

## 유일하게 올바른 지출 방법

유일하게 올바른 지출이 있다. 그것은 돈이 오직 자기 자신을 위해 쓰이도록 하는 것이다. 뻔한 이야기로 들릴 수 있겠지만, 이는 많은 데이터로 확실히 증명된 것이다.

케임브리지대학 연구자들에 따르면, 자기 마음이 원하는 것들을 잘 살펴서 그에 따라 지출을 결정하는 사람이 그렇지 않은 사람에 비해 더 높은 삶의 만족도를 보인다고 한다. 심리적 상태에 부합하는 지출은 소득수준보다 훨씬 더 강력하게 행복에 영향을 미쳤다.[27]

이 연구에 따르면 개개인의 '성향personality'이 각자 돈을 즐겁게 쓰는 법을 결정한다. 만약 이 연구결과가 사실이라면 '최적의 지출'에 관한 일반적인 조언들 가운데 일부는 재고해볼 필요가 있다.

예를 들어 사람들은 물질적 재화보다는 경험을 구매하는 데서 더 많은 행복을 느낀다는 연구가 있다.[28] 하지만 이는 예를 들자면 '외향적인 사람들'과 같은 특정 그룹에만 적용되는 이야기가 아닐까? 만일 그렇다면 이 조언은 전체 인구의 60~75퍼센트에 해당하는 외향적인 사람들에 근거한 것이므로 전 세계 내향적인 사람들의 기분을 언짢게 만들 수도 있다.

여러분은 자신의 돈이 오직 자신을 위해 쓰이도록 하려면 어떤 지출을 해야 하는지 고민해야 한다. 지출에 대한 연구는 각각의 사람들을 더 행복하게 해주는 데 초점이 맞춰질 때 명확하고 분명해진다.

결국 자신이 무엇을 중요하게 생각하는지, 자기 삶에서 무엇을 원하는지 알아내는 것은 각자의 몫이다. 여러분의 마음속에 품은 삶의 가치와 목적을 알아내고 그에 따라 돈을 쓰면 된다. 그렇지 않으면 자신의 꿈이 아니라 다른 사람의 꿈대로 살게 될 것이다.

지금까지 죄책감 없이 돈 쓰는 방법에 관해 살펴보았다. 이제는 소득이 크게 증대했을 때의 올바른 지출에 관해 알아보자.

The Just Keep Buying's rules

## No.4

# 소비 죄책감을 없애려면 '2배의 규칙'을 활용하는 것이 좋다

오랜만에 백화점에 나가 쇼핑을 하는 날.
수백 달러짜리 명품 지갑에서 눈을 뗄 수가 없다.
살까, 사지 말까? 사도 되나, 사면 안 되나?

*

만약 여러분의 계좌에 충분한 돈이 있는데도,
그러니까 정말 충분한 자금의 여유가 있는데도
한없이 주저되고 죄책감이 든다면
'2배의 규칙'을 활용할 때다.
명품 지갑의 가격만큼 수익창출자산에 투자하라.

*

무조건 아끼는 것만이 최선이 아니다.
궁극적으로 돈은 원하는 삶을 살아가기 위한 '도구'로 이용되어야 한다.
2배의 규칙은 그런 취지에서 충분히 의미있게 활용할 만한
소비의 기술이다.

제5장

# 라이프스타일 크리프는 얼마까지 괜찮을까

생각보다 많아도 괜찮은 이유

소득이 증가했을 때는 마음껏 여유를 즐겨라.

다만 50퍼센트라는 수치만은 잊지 말기를 바란다.

1877년 1월 4일, 세계에서 가장 부유한 사람이 죽었다. '철도왕'이자 '증기선왕'이라는 칭송을 받았던 코르넬리위스 밴더빌트Cornelius Vanderbilt는 평생 1억 달러가 넘는 자산을 모았다.

코르넬리위스는 자산을 쪼개면 가족 모두가 파산에 이를 것이라고 확신했다. 그래서 자산의 대부분(약 9,500만 달러)을 장남인 윌리엄 헨리 밴더빌트William Henry Vanderbilt에게 상속했다. 상속이 이뤄지던 시점에 9,500만 달러는 미국 재무성이 보유한 돈보다 큰 금액이었다.

자산을 나누지 않겠다는 코르넬리위스의 결정은 옳았다. 이후 9년 동안 윌리엄은 철도사업을 잘 관리하며 아버지의 재산을 2배 가까이 불려 2억 달러가 넘는 돈을 모았다. 당시 2억 달러는 인플레이션율을 고려했을 때 2017년 기준 약 5억 달러에 해당하는 금액이었다.

그러나 1885년 말 윌리엄이 사망하면서부터 밴더빌트 가문에 몰락의 징조가 드리우기 시작했다. 20년도 채 되지 않아 밴더빌트라는 이름은 미국의 부호 상위 20위 명단에서 사라져버렸다. 120명에 달하는 코르넬리위스의 후손들이 1973년 밴더빌트대학에서 열린 최초의 가족행사에 모였을 때 그중 백만장자는 단 한 명도 없었다고 한다.[29]

밴더빌트 가문이 재정적 파탄을 맞이한 원인은 무엇이었을까? 한마디로 지나친 라이프스타일 크리프lifestyle creep 때문이었다. 라이프스타일 크리프란 돈을 더 많이 벌게 되었을 때 혹은 다른 사람들에게 과시하기 위해 소비와 지출을 더 많이 하는 현상이다.

밴더빌트 가문에서 라이프스타일 크리프는 말을 타고 이동하면서 식사하기, 100달러 지폐로 담배 말아 피우기, 뉴욕에서 가장 사치스러운 맨션에서 살기 등을 의미했다. 모두 맨해튼 사교계 사람들에게 뒤처지지 않기 위한 소비 생활이었다. 여러분은 밴더빌트 가문 사람들처럼 사치스럽진 않겠지만, 그들의 이야기는 특히 소득이 현저히 증가했을 때 사람이 얼마나 쉽게 지출을 늘릴 수 있는지를 잘 보여준다.

예를 들어 이제 막 월급이 인상되었다고 가정해보자. 사실 열심히 일해서 월급이 오르면 뭔가 근사한 것을 갖고 싶은 것도 당연하지 않은가? 멋진 수입차 혹은 더 크고 좋은 집을 원할 수도 있고 아니면 외식을 좀 더 자주 즐길 수도 있다. 인상된 월급으로 무엇을 하든 간에 여러분은 이미 라이프스타일 크리프의 희생자가 된 것이다.

개인재무관리 전문가들은 절대 라이프스타일 크리프에 빠져선 안 된다고 충고할지 모른다. 하지만 나는 그렇게 생각하지 않는다. 오히려 어떤 라이프스타일 크리프는 커다란 즐거움을 줄 수 있다고 생각한다. 힘들게 일하고서도 그 성과를 즐길 수 없다면 대체 열심히 일해야 할 이유가 어디 있겠는가?

물론 한계는 있어야 한다. 여러분은 어느 정도까지 라이프스타일 크리프를 감당할 수 있을까? 엄밀히 말하면 저축률에 따라 다르겠지만, 보통은 50퍼센트 정도는 감당할 수 있을 것이다. 미래에 늘어날 수입의 50퍼센트 이상을 지출하는 사람은 은퇴를 미뤄야 한다.

늘어난 수입에서 일정 비율 이상을 저축하지 않으면 은퇴를 미뤄야 한다고? 이 이야기는 지금 당장 납득하기 어려울 수 있다. 왜 그런지 지금부터 설명하겠다. 실제로 저축률이 높은 사람들은 (같은 일정으로 은퇴하고 싶은 경우) 저축률이 낮은 사람들보다 미래에 늘어날 수입의 더 많은 비율을 저축해야 한다. 왜 그런지 이해할 수 있다면 앞서 말한 50퍼센트 한계가 이해될 것이다.

## 저축률이 높은 사람이 더 많이 저축해야 하는 이유

애니와 바비라는 두 명의 투자자를 가정해서 이야기를 시작해보자. 두 사람은 모두 매년 세후소득 10만 달러 정도를 벌지만 연간 저축액은 다르다. 애니는 해마다 세후소득의 50퍼센트에 해당하는 5만 달러를 저축하고, 바비는 10퍼센트인 1만 달러만 저축한다. 그렇다면 애니는 매년 5만 달러를 지출하고, 바비는 9만 달러를 지출하는 셈이 된다.

애니와 바비 모두가 은퇴 후에도 일할 때와 비슷한 생활 수준을 유지하길 원한다고 할 때, 애니는 바비보다 적은 돈으로 생활하므로 은퇴 후에도 필요한 생활비가 더 적을 것이다.

투자자 1인당 연간 지출액의 25배가 있어야 편하게 은퇴할 수 있다고 가정하면, 애니는 125만 달러가 필요한 데 반해 바비는 225만 달러가 있어야 한다. '연간 지출의 25배'라는 저축 목표가 편안한 은퇴로 이어질 수 있는 이유는 제9장에서 설명하겠다.

장기간에 걸쳐 소득액 및 저축률의 변화가 없는 상태에서 실질수익률이 4퍼센트라고 가정하면, 애니는 18년 후면 은퇴할 수 있지만 바비는 59년이나 걸린다. 59년 후 은퇴라는 일정은 누가 보더라도 비현실적이기 때문에 바비가 좀 더 합리적인 나이에 은퇴하길 원한다면 저축률을 높여야만 할 것이다.

자, 이제 10년 후 미래로 가보자. (인플레이션 조정 수익률을 4퍼센트라 가정하면) 애니는 10년 동안 저축해서 60만 305달러를 모았을 테고, 바비는 그 금액이 12만 61달러에 불과할 것이다. 두 사람은 원래의 일정대로, 즉 애니는 8년 후에 바비는 49년 후에 은퇴할 예정이다.

그런데 두 사람 모두 연간 세후소득이 10만 달러 더 늘어나 연간 세후소득이 20만 달러가 되었다고 가정해보자. 애니와 바비가 예정대로 은퇴하길 원한다면 늘어난 소득액 중 얼마를 저축해야 할까?

누군가는 "원래의 저축률만 유지하면 된다."고 답할 수도 있다. 하지만 소득이 2배로 늘어난 뒤에도 이전의 저축률(애니는 50퍼센트, 바비는 10퍼센트)을 유지한다면 두 사람 모두 은퇴가 늦어질 수 있다. 왜 그럴까?

이유는 단순하다. 이들의 은퇴 목표액은 소득 증가로 인한 지출 증가를 감안하지 않았기 때문이다. 다음을 한번 보자.

애니의 연간 세후소득이 20만 달러가 되었고 그중 50퍼센트인 10만 달러를 저축한다면 나머지 10만 달러를 지출하게 되는 셈이다. 이전에는 1년의 총지출액이 5만 달러였는데 그 2배인 10만 달러로 늘어난 것이다. 따라서 애니가 은퇴 이후에도 10만 달러를 지출하는 생활 수준을 유지하려면 은퇴자금도 2배로 늘어나야 한다. 즉 애니는 은퇴자금으로 125만 달러가 아닌 250만 달러가 필요하다.

하지만 지난 10년간은 125만 달러만 있으면 은퇴하기에 충분하다고 계산해서 거기에 맞춰 저축했기 때문에 늘어난 은퇴자금 250만 달러를 모으기 위해서는 더 오래 열심히 일해야 한다. 이미 60만 305달러를 투자한 상태에서 연간 10만 달러 급여 인상을 받고 난 후에는 (4% 수익) 저축을 통해 애초 계획했던 8년 후가 아니라 12년이 지난 뒤에나 목표를 달성하고 은퇴할 수 있다. 라이프스타일 크리프로 인해 은퇴 시기가 늦춰진 것이다. 이러한 이유로 지나친 라이프스타일 크리프는 위험하다. 남은 일생의 생활 수준에까지 영향을 미치기 때문이다.

애니가 원래 일정대로 은퇴하고 싶다면 늘어난 소득액인 10만 달러의 50퍼센트 이상을 저축해야 한다. 다시 계산해보면 소득증가분 10만 달러 가운데 74퍼센트인 74만 달러를 저축해야 8년 후에 예정대로 은퇴할 수 있다. 따라서 애니는 8년 후 은퇴할 때까지 해마다 12만 4,000달러(원래 저축액 5만 달러에 소득 증가에 따른 추가 저축액 7만 4,000달러를 합친 금액)를 저축해야 한다.

애니가 세후소득 20만 달러에서 12만 4,000달러를 저축한다면 은퇴 전까지 해마다 7만 6,000달러를 지출하는 셈이 된다. 이 정도 지출 규모의 생활 수준을 유지한다고 할 때 애니의 은퇴 목표액은 250만 달러가 아니라 190만 달러 정도면 된다.

자, 이제 바비의 경우를 살펴보자. 소득이 10만 달러 증가한 후에도 바비가 계획대로 49년 후에 은퇴하려면 소득증가분의 14.8퍼센트에 해당하는 1만 4,800달러를 추가로 저축해야 한다는 계산이 나온다. 하지만 연간 지출이 17만 5,200달러로 늘어나므로 이러한 생활 수준을 유지한다는 가정하에 필요한 은퇴자금은 225만 달러가 아닌 438만 달러로 크게 늘어난다. 그러면 바비는 49년이 아니라 다시 49년을 더 일해야만 한다.

앞서 말했듯이 59년 동안 돈을 벌며 저축한다는 것은 비현실적이다. 따라서 너무 늦지 않게 합리적으로 은퇴하길 원한다면 바비는 소득증가분의 50퍼센트 혹은 그 이상을 저축해야 한다. 다음 단락에서 그 이유를 설명하겠다.

애니와 바비의 사례에서 보듯 저축률이 높은 사람이 (은퇴 일정을 유지한다는 가정하에) 저축률이 낮은 사람에 비해 소득증가분의 더 높은 비율에 해당하는 돈을 저축해야 한다. 저축률이 높은 애니는 소득증가분의 74퍼센트를 저축해야 하고, 반면 저축률이 낮은 바비는 14.8퍼센트만 저축해도 제날짜에 은퇴할 수 있다.

이러한 사례는 우리가 놓치기 쉬운 지점을 잘 보여준다는 점에서는 유용하다. 하지만 급여가 인상되었을 때 정확히 얼마를 더 저축해야 하는지 결정하는 데 필요한 정보까지 제공해주진 못한다. 직장생활을 하는 동안에는 보통 한 번에 크게 급여가 오르기보단 여러 번에 걸쳐 적은 금액이 인상되기 때문이다. 따라서 좀 더 정확한 정보를 얻기 위해선 여러 번에 걸친 소소한 급여 인상이 저축과 지출에 미치는 영향을 시뮬레이션해 보아야 한다.

다음 단락에서는 이러한 시뮬레이션을 해봄으로써 급여 인상분의 얼마까지 저축을 해야 하는지 정확한 기준을 제시하고자 한다.

## 소득증가분의 얼마를 저축해야 할까

원래 계획대로 은퇴하기 위한 저축률을 계산할 때 가장 중요한 요소는 증가한 소득액과 현재의 저축률이다. 연간 수익률, 소득수준, 소득증가율 차이는 그다지 중요하지 않았다. 모든 것을 테스트해본 결과 나는 저축률이 가장 중요하다는 사실을 발견했다.

현재 저축률에 근거해 계획한 일정대로 은퇴하길 원한다면 소득증가분의 얼마를 저축해야 하는지 보여주는 표를 만들어보았다. 필요한 은퇴자금은 연간 지출액의 25배로 상정했다. 또 급여 인상률은 매년 3퍼센트로, 투자수익률은 (인플레이션

[표 5-1] 소득증가분의 얼마를 저축해야 할까

| 원래의 저축률 | 소득증가분에서 저축해야 하는 비율 |
|---|---|
| 5% | 27% |
| 10% | 36% |
| 15% | 43% |
| 20% | 48% |
| 25% | 53% |
| 30% | 59% |
| 35% | 63% |
| 40% | 66% |
| 45% | 70% |
| 50% | 76% |
| 55% | 77% |
| 60% | 79% |

율을 고려해) 연간 4퍼센트로 상정했다.

[표 5-1]을 보자. 예를 들어 원래의 저축률이 연간 10퍼센트라면 소득증가분의 (그리고 향후 인상분마다) 36퍼센트를 저축해야만 원하는 때에 은퇴할 수 있다. 현재 20퍼센트를 저축하고 있다면 소득증가분의 48퍼센트를 저축해야 한다.

표의 수치들이 보여주듯이 어느 정도의 라이프스타일 크리프는 괜찮다는 사실을 알 수 있다. 즉 소득이 증가했을 때 어느 정도는 지출을 더 늘려도 된다는 의미다. 예를 들어 현재 소득의 20퍼센트를 저축하는 사람이라면 소득증가분의 절반을 지출해도 상관없다. 물론 그보다 더 적게 지출하면 더 빨리 은퇴할 수 있다. 마음먹기에 달린 일이다.

흔히 생각하는 것과 달리 현재 저축률이 낮을수록 라이프스타일 크리프가 생기더라도 은퇴 계획에 큰 영향을 받지 않을 수 있다. 왜 그럴까?

저축을 덜 하는 사람은 원래도 지출이 많았기 때문에 소득이 증가하더라도 소득 대비 지출의 비율이 상대적으로 크지 않다. 반면에 저축을 많이 했던 사람은 소득이 증가한 후에도 저축률을 그대로 유지하면 소득 대비 지출 비율이 크게 늘어난다.

은퇴자금은 지출 규모에 영향을 받기 때문에 지출이 늘어날수록 은퇴 계획에 많은 영향을 미치게 되는 것이다.

## 소득증가분의 50퍼센트를 절약해야 하는 이유

지금까지 복잡한 계산을 하면서 소득이 증가한 후의 적정 수준의 저축률에 대해 살펴봤는데, 나는 여러분에게 그냥 간단히 이렇게 조언하고 싶다.

"소득증가분의 50퍼센트를 저축하라."

나는 이 조언이 거의 모든 사람들에게 거의 언제나 적용될 수 있는 법칙이라고 믿는다.

일반적인 저축률이 10~25퍼센트 정도라는 것을 감안하고 [표 5-1]에 정리된 시뮬레이션 데이터를 본다면 '소득증가분의 50퍼센트'가 올바른 해답이라는 점을 알 수 있을 것이다. 지금 10퍼센트 미만으로 저축하고 있더라도 소득이 증가했을 때 늘어난 소득액의 50퍼센트 혹은 그 이상을 저축하면 자산을 축적하는 데 도움을 줄 것이다.

'소득증가분의 50퍼센트' 저축률은 기억하기도 쉽고 실천하기에도 어렵지 않다. 절반은 현재의 더 나은 삶을 위해, 나머지 절반은 은퇴 후 미래의 삶을 위해 쓴다고 생각하면 된다.

우연의 일치겠지만, 이 아이디어는 앞 장에서 죄책감을 느끼지 않고 돈 쓰는 방법을 논의하며 제시했던 '2배의 규칙'과 비슷하다. 2배의 규칙은 죄책감을 불러일으킬 만한 비싼 물건을 사들이고 싶을 때 같은 금액을 수익창출자산에 투자하는 것이다. 예를 들어 400달러짜리 멋진 신상 구두를 사고 싶다면 글로벌인덱스펀드 혹은 다른 수익창출자산에 똑같이 400달러를 투자하는 것이다.

이는 똑같은 금액의 돈을 각각 현재의 소비와 미래의 삶을 위해 쓴다는 점에서 '소득증가분의 50퍼센트 저축률'이라는 규칙과도 완벽하게 일치한다. 그러니 소득이 증가했을 때는 마음껏 여유를 즐겨라. 다만 50퍼센트라는 수치만은 잊지 말기를 바란다.

지금까지는 이미 벌어들인 자기 수중의 돈을 어떻게 쓸 것인가에 초점을 맞춰 논의를 진행했다. 그런데 때로는 자기 수중의 돈이 아니라 남의 돈을 써야 하는 상황, 즉 빚을 져야 하는 상황도 발생한다. 이제 '과연 빚을 져야 하는가'의 문제로 초점을 옮겨 논의를 해보도록 하자.

The Just Keep Buying's rules

## No.5

# 소득증가분이 있다면
# 여기에서 최소 50퍼센트는 저축하라

소득이 늘어나면 지출도 늘어나게 마련이다.
버르고 벼르던 자동차를 바꾸기도 하고,
가족의 옷을 좀 더 고가 브랜드로 바꾸기도 한다.
라이프스타일 크리프라고 무조건 나쁜 것은 아니다.
'어느 정도'의 라이프스타일 크리프는 괜찮다.
힘들게 일하고서도 그 성과를 즐길 수 없다면
열심히 일해야 할 이유가 없으니 말이다.

*

하지만 미래에 대한 준비를 놓을 수는 없다.
현재 삶의 수준을 앞으로도 계속 유지하고 싶다면
소득증가분의 최소 50퍼센트는 저축하라.
이것은 거의 모든 상황에 놓인 거의 모든 사람들에게
두루 적용 가능한 조언이다.

# 제6장

# 빚을 져도 괜찮을까

## 신용카드가 항상 나쁜 선택은 아니다

도움이 되는 부채와 그렇지 않은 부채의 차이는

각자의 재무 상황과 삶의 형태에 달려 있다.

퀴즈를 하나 내겠다. 사막에서 꽃을 피우는 식물은 일년생 아니면 다년생이다. 일년생은 1년에 걸쳐 발아, 생장, 개화, 결실의 생육 단계를 거치는 식물로 '한해살이'라고도 한다. 다년생은 적어도 2년 이상 생존하는 식물이다.

그런데 사막에 사는 한해살이 식물은 이해하기 어려운 희한한 구석이 있다. 어떤 해에는 발아 조건이 최적임에도 땅속의 일부 씨앗이 싹을 틔우지 않곤 한다. 왜 그럴까? 사막과 같이 혹독한 환경에서 살아가는 식물이 싹을 틔우기에 좋은 환경을 이용하지 않는 까닭은 무엇일까?

해답은 강수량, 좀 더 정확히는 강수량 부족과 관련이 있다. 사막의 한해살이 식물은 싹을 틔우고 성장하기 위해 습한 환경을 필요로 한다. 강수량이 이들의 생존에 절대적인 영향을 미치는 셈이다. 그런데 사막과 같이 예측 불가능한 환경에서는 느닷없이 비가 적게 오는 '건기'가 오래 지속되기도 한다.

사막의 한해살이 식물이 싹을 틔웠다가 기나긴 건기를 겪게 되면 자칫 죽어버릴 수도 있다. 그래서 일부 씨앗만 싹을 틔우고 나머지 씨앗은 잠을 자며 불확실한 미래에 대처하는 것이다. 식물이 종족 번식을 놓고 기후와 일종의 게임을 벌이는 셈이다.

이렇게 예측하기 어려운 환경에서 살아남기 위해 부분적으로 발아를 지연시켜 번식률을 조정하는 것을 '분할산란bet-hedging'이라고 한다. 이는 생명체의 장기적인 번식 성공률을 높이려는 위험 분산 전략이기도 하다. 번식의 분할 전략에서는 어떤 한 해에 최대한 번식하는 것보다는 장기간에 걸쳐서 번식 성공을 극대화하는 것이 더 중요하다.

분할산란 전략은 번식을 극대화하려는 생물에게도 유리하지만, 과연 빚을 져야 하는가를 판단할 때도 유용하게 활용할 수 있다.

## 신용카드 빚이 항상 나쁜 것만은 아닌 이유

'빚'은 구약 시대부터 논란이 된 주제 중 하나였다. 《성경》의 잠언 22장 7절에는 "빚진 사람은 채주의 종이 된다."라는 말이 있을 정도다. 하지만 빚을 지는 게 언제나 나쁘기만 한 것일까? 아니면 특정 종류의 빚만 나쁜 걸까? 이에 대한 답은 그리 간단하지만은 않다.

만일 수년 전에 신용카드 빚을 써도 될지 물었다면 나 역시 모든 개인재무관리 전문가들과 같은 답을 제시했을 것이다.

"절대로 안 됩니다."

하지만 사람들이 부채를 이용하는 방식을 연구하다 보니 이 충고가 언제나 옳은 것은 아님을 깨달았다. 물론 신용카드사에서 청구하는 높은 이자율은 피해야 한다. 이 정도는 모든 사람이 알고 있는 사실이다.

그렇지만 여러분이 모르는 사실도 있다. 신용카드사들은 일부 저소득 대출자들이 위험을 분산하도록 도움을 주기도 한다는 사실이다. 이는 연구자들이 '신용카드 빚의 수수께끼'라고 부르는 현상을 통해 쉽게 증명할 수 있다. 저축을 통해 충분히 갚을 수 있음에도 신용카드 부채를 유지하는 사람들을 관찰한 끝에 제기된 수수께끼다.

예를 들어 은행계좌에 1,500달러를 가진 사람이 1,000달러의 신용카드 빚을 지고 있다고 가정하자. 이 사람은 1,000달러의 빚을 갚고도 은행계좌에 500달러를 남길 수 있다. 그런데도 빚을 갚지 않고 그냥 두겠다는 결정은 비합리적으로 보일 수 있다. 하지만 좀 더 자세히 관찰해보면 그것이 분할산란 전략의 일종임을 알 수 있다.

올가 고르바초프Olga Gorbachev와 마리아 호세 루엔고 프라도María José Luengo-Prado는 '신용카드 부채'와 원금 손실 없이 쉽게 현금화할 수 있는 '유동성 저축' 둘 다를 가진 사람들의 현금흐름을 분석하다가 놀라운 발견을 했다. 그들의 발견에 따르면, 이렇게 빚을 유지하는 동시에 저축하는 사람들은 미래의 신용대출과 관련한 인식이 다른 사람들과는 달랐다.[30]

신용카드 부채와 저축을 함께 유지하는 사람들은 미래에 돈이 필요할 때 신용대출에 접근하지 못할 수도 있다는 두려움을 느꼈다. 그래서 충분한 자금을 확보하지 못할 경우의 위험을 분산하기 위해 신용카드 부채에 대한 이자를 부담하며 약간의 단기적 보상을 포기했다. 일견 멍청한 결정처럼 보일 수도 있으나 사실은 매우 합리적인 개인재무관리 기법이다.

사람들이 높은 이자의 부채를 감수하는 이유는 여기에서 그치지 않는다. 《뉴노멀 시대 어떻게 생존할 것인가》를 쓴 저자들은 세상에서 가장 가난한 사람들이 어떻게든 돈을 절약하고 저축하는 방법으로 부채를 이용한다는 것에 놀라움을 표했다.

예를 들어 인도 남부의 비자야와다에 사는 '시마'라는 여성은 유동성 예금계좌에 55달러가 있었지만 매달 15퍼센트의 금리로 20달러를 대출받았다. 이유를 묻자 그녀는 "이 정도의 이자율로 얻은 부채는 빠르게 상환할 수 있기 때문입니다. 하지만 통장에서 돈을 찾는다면 그만큼의 돈을 모으는 데는 상당한 시간이 걸릴 겁니다."라고 대답했다.[31]

전 세계의 저소득 대출자들이 그런 것처럼 시마도 부채를 돈을 절약하고 모으기 위한 일종의 장치로 이용했다. 수학적 관점에서만 보자면 비합리적이지만, 어느 정도 행동을 강제하는 장치가 있을 때 동기를 부여받는 인간의 특성을 고려한다면 매우 그럴듯한 선택이다. 이러한 이유로 모든 빚을 일률적으로 나쁘다고 혹은 좋다고 말하는 것은 핵심을 놓친 것이다.

어떤 종류의 빚이든 재정관리를 위한 하나의 수단이 될 수 있다. 빚을 올바르게 활용하면 재정 상황을 획기적으로 개선하는 데 큰 도움을 받을 수도 있다. 물론 무분별하게 빚을 지면 오히려 해로울 수도 있지만 말이다.

도움이 되는 부채와 그렇지 않은 부채의 차이는 여러분 각자의 재무 상황과 삶의 형태에 달려 있다. 그렇다면 일반적으로 언제 빚을 얻는 것이 좋을지 살펴보도록 하자.

## 언제 대출을 고려해야 할까

빚을 내야 하는 이유에는 여러 가지가 있겠지만, 가장 유용한 이유는 다음 둘 중 하나이다.

1. 리스크를 감소시킨다.
2. 대출 비용보다 더 큰 수익을 낳는다.

리스크 감소에 대해 먼저 말해보겠다. 빚은 추가적인 유동성과 원활한 현금 흐름, 그리고 불확실성의 감소를 제공할 수 있다. 예를 들어 긴급 상황에 필요한 현금을 확보하기 위해 주택담보대출금을 조기 상환하지 않기로 했다고 가정해보자. 이런 경우 대출이 제공하는 혜택이 대출로 인한 비용 부담보다 더 큰 가치를 제공한다고 할 수 있다.

부채는 또 미래의 지출 규모 변동과 관련한 불확실성을 줄여준다. 예를 들어 특정 지역에 오랫동안 살기로 계획하고 주택담보대출을 받아 집을 사면 대출금을 갚아나가는 향후 수십 년간의 지출 규모를 비교적 확실하게 예측할 수 있다. 또 집세가 오를 걱정도 이사에 대한 걱정도 없어지므로 불확실한 지출에 대한 리스크가 상당 부분 사라진다.

대출을 잘 활용하면 상환에 따른 비용을 상쇄하고도 남을 만큼의 수익을 올릴 수 있다. 학자금대출이나 창업자금대출 혹은 주택담보대출이 그런 경우이다. 이러한 대출은 대개 대출에 따른 비용을 훨씬 웃도는 더 가치 있는 수익을 남겨준다.

물론 세부적으로 들어가면 위험한 대출도 많다. 기대수익률과 비용 사이에 차이가 거의 없다면 대출받는 것이 위험한 결정이 될 수 있다. 하지만 기대수익이 훨씬 큰 경우라면 대출로 인생을 바꿀 수도 있다. 이러한 원리가 가장 확실하게 적용되는 대출이 바로 학자금대출이다.

## 학자금대출을 받아야 하는 이유

대학 졸업 비용은 계속 증가하고 있다. 하지만 적어도 미국에서는 대졸자의 평생소득이 고졸자의 평생소득을 훨씬 능가한다. 조지타운대학교 산하의 교육과노동력연구소CEW가 2015년에 발표한 보고서에 따르면 25~29세 고졸자의 연간 중위소득은 3만 6,000달러인 데 반해 동일 연령 대졸자의 연간 중위소득은 6만 1,000달러에 달했다.[32] 누군가는 두 그룹 사이의 소득 차이가 얼마 되지 않는다고 생각할 수도 있다. 하지만 그 차이가 40년 동안 누적되면 무려 100만 달러가 넘는 금액이 된다.

이런 이유로 온갖 언론매체에서는 학사학위의 실제 가치가 100만 달러라고 떠들어대지만, 사실상 이러한 주장은 두 가지를 간과하고 있다. 하나는 그 돈을 40년이라는 오랜 시간에 걸쳐 번다는 사실, 즉 시간적 요인에 따라 다른 가치를 갖게 되는 '돈의 시간가치'이다. 또 다른 하나는 같은 대졸자나 고졸자라 하더라도 실력, 성별, 소득 등의 인구통계적 특성에서 차이가 있다는 점이다.

예를 들어 생각해보자. 하버드에 합격할 만한 실력을 갖춘 학생이라면 학사학위를 받지 못하더라도 결국에는 일반적인 고졸자에 비해 훨씬 더 많은 돈을 벌게 될 것이다.

연구자들은 인구통계적 특성을 고려한 조사결과를 통해 고졸자에 비해 남성 대졸자는 평생 65만 5,000달러를, 여성 대졸자는 평생 44만 5,000달러를 더 번다는 사실을 발견했다. 더 나아가 돈의 시간가치를 고려해 다시 계산했을 때는, 즉 미래 추정소득을 현재가치로 환산해 계산했을 때는 대졸자들이 학위를 통해 추가적으로 얻을 수 있는 평생소득이 남성의 경우 26만 달러, 여성의 경우 18만 달러에 이르렀다.[33]

이는 다시 말해 평균적으로 남성은 최대 26만 달러를, 여성은 최대 18만 달러를 대학 교육에 쏟아부어도 손해를 보지 않는다는 의미다. 물론 재정적 가치 측면에서 보면 대학 교육비로 그보다 덜 쓰면 덜 쓸수록 이익이긴 하다.

또 이러한 계산은 평균치일 뿐이다. 무엇을 전공하느냐에 따라 향후 소득도 상당히 달라지므로 학자금대출을 받아서라도 대학에 다닐 만한 가치가 있는가 하는 결정은 결국 어떤 전공을 선택하느냐의 문제로 귀결된다. 예를 들어 소득이 가장 낮은 전공인 유아교육과 출신과 가장 높은 소득을 올리는 전공인 석유공학과 출신 사이의 평생소득 차이는 무려 340만 달러에 이른다.[34]

특정 학위 취득이 그만한 비용을 들일 만한 가치가 있는지 판단할 때는 먼저 그 학위를 통해 추가적으로 더 벌 수 있는 평생소득이 어느 정도인지 추산한 후에 해당 금액에서 대학에서 공부하고 졸업하느라 벌지 못한 잠재적 소득액을 빼야 한다.

예를 들어 여러분이 MBA(경영학 석사학위)를 취득하려 한다고 가정해보자. 그리고 MBA를 취득하면 향후 40년 동안(MBA가 없을 때와 비교해) 연간 2만 달러를 추가로 더 벌 수 있다고 추산해보자. 그렇다면 여러분이 석사학위를 통해 벌어들이는 평생의 소득증가분은 80만 달러이다.

이러한 미래 수익을 현재가치로 환산하기 위해서는 연간 인플레이션율 4퍼센트를 적용했을 때 하락하는 가치를 계산해야 한다. 더 간단한 방법으로 추가적인 평생소득 금액을 2로 나누면 근사치를 구할 수 있다. 간단한 암산만으로도 가능하기 때문에 나는 개인적으로 이 방법을 선호한다. 이 방법을 적용해 계산해보자면, MBA 덕분에 40년에 걸쳐 추가적으로 벌게 될 80만 달러의 현재가치는 40만 달러이다.

마지막으로 평생소득액에서 학위를 취득하느라 벌지 못한 잠재적 소득액을 빼야 한다. 현재 여러분의 연간 소득액이 7만 5,000달러라면 경영학 석사학위 취득에 필요한 2년간의 총소득액은 15만 달러이다. 이를 다음과 같이 계산식에 적용하면 현재 MBA가 25만 달러의 가치를 갖는다는 것을 알 수 있다.

$$(800,000 \div 2) - 150,000 = 250,000$$

여러분의 현재 연간 소득이 7만 5,000달러라는 가정하에 평생 80만 달러를 더 벌기 위해 MBA를 취득하는 데 투자할 수 있는 최대 금액은 25만 달러이다.

같은 등식을 이용해 다른 학위의 가치 역시 계산해볼 수 있다.

**현재의 학위 가치 = (평생 소득증가분÷2) – (학위 취득 기간에 벌 수 있었을) 잠재적 소득**

이 계산식에 수치를 넣어보면 학사학위 혹은 석사학위 대부분은 학자금대출을 받더라도 취득하는 편이 재정적으로 더 낫다는 사실을 알게 될 것이다. 세금과 같은 다른 변수들의 영향을 염두에 두더라도 결과는 크게 달라지지 않으리라고 본다.

미국의 일반적인 공립대학교에 다니는 대학생은 졸업 전까지 3만 달러 정도를 대출받는다.[35] 그리고 공립대학교에 다니는 데 드는 연간 평균 비용은 1만 1,800달러이다.[36] 그렇다면 공립대학교에 4년간 다니는 데 들어가는 부채를 포함한 총비용은 7만 7,200달러이다. 이 숫자를 계산상의 편의를 위해 반올림해서 8만 달러로 가정하자. 또 4년에 걸쳐 잠재적으로 벌 수 있었을 소득은 총 12만 달러로 가정하자. 이 수치들을 계산식에 대입하면 다음과 같다.

**80,000 = (평생 소득증가분 ÷ 2) − 120,000**

평생 소득증가분을 산출하기 위해선 계산식을 다음과 같이 바꿔야 한다.

**평생 소득증가분 = (80,000 + 120,000) × 2**

계산해보면 공립대학교를 졸업하고 학사학위로 인해 추가적으로 더 벌 수 있는 평생 소득증가분은 40만 달러이다. 일부 전공의 학사학위를 제외하고는 대부분의 학사학위가 이 정도의 가치를 갖는다고 봐도 무방할 것이다.

졸업하고 나서 평생 40만 달러를 더 벌 수 있다는 계산을 하고 보면 3만 달러 정도의 대학 학자금대출은 그다지 어렵지 않은 결정이 될 것이다. 하지만 창업자금대출이나 주택담보대출은 학자금대출만큼 단순하지 않다. 그 이유는 비금융 비용에 대한 고려도 해야 하기 때문이다.

## 대출에 따르는 비금융 비용

대출은 재정적인 문제로 국한되지 않는다. 여러 실증적 연구에 따르면, 대출은 그 종류에 따라 몸과 마음의 건강에 모두 영향을 미칠 수 있다.

국제학술지 〈경제심리학 저널〉에 발표된 한 논문에 따르면 영국에서 신용카드 부채가 많은 사람들은 "완전한 심리적 안녕을 느낄 가능성이 현저히 낮았다."[37] 하지만 주택담보대출금을 갚고 있는 사람들에게선 부채와 행복감의 연관성을 발견할 수 없었다.

오하이오주립대학교 연구자들도 이와 유사한 발견을 했다. 그들의 연구결과에 따르면 여러 종류의 부채들 가운데 페이데이론Payday Loan(단기급전대출), 신용카드 부채, 가족과 친구에게 빌린 부채가 가장 큰 스트레스를 유발했다. 반면에 주택담보대출로 인한 스트레스는 가장 적었다.[38]

다음으로 신체적 건강에 미치는 영향에 대해서도 살펴보자. 건강에 대한 사회과학 연구를 다루는 학술지 〈사회과학과 의학〉에 발표된 한 논문에 따르면, 미국 가정을 대상으로 한 조사에서 보유 자산에 비해 부채가 과도할 경우 '심각한 스트레스와 우울증, 더 빈번한 혈압 상승, 건강 전반에 대한 더욱 부정적인 인식'을 낳았다. 사회적·경제적 지위, 일반적인 건강 지표, 그 밖의 인구통계적 특성들을 적용해 분석한 다음에도 결과는 같았다.[39]

이 모든 연구결과를 종합해보면 주택담보대출이 아니라 금융 부채가 스트레스와 건강 악화의 주요 원인이다. 따라서 가능하다면 이러한 종류의 부채는 피해야 한다.

그렇다고 다른 종류의 부채가 전혀 스트레스를 낳지 않는다는 말은 아니다. 사실 개개인의 성격에 따라 아예 어떤 부채든 원치 않는 사람도 있을 수도 있다. 대학생을 대상으로 한 설문조사 결과를 보더라도 평소 절약하는 습관을 지닌 대학생들의 경우 신용카드 부채가 있으면 금액과 관계없이 불안해했다.[40]

재정적으로 곤란한 상황이 아닐 때조차 부채에 강력한 혐오를 보이는 사람도 있다. 개인적으로도 이런 사람을 몇 명 알고 있다. 이들은 그럴 필요가 없는데도 단지 마음의 평화를 위해서 주택담보대출금을 모두 상환해버리는 사람들이다.

이러한 행동은 재정적인 관점에서 볼 때 최적의 결정이라

할 수 없지만, 심리적 관점에서 보자면 매우 합당한 선택이라 볼 수 있다. 혹여 여러분이 부채를 혐오하는 사람이라면 위에서 말한 여러 장점 따위는 깡그리 무시하고 부채는 모조리 피하는 편이 낫다.

## 부채는 선택이다

부채로 인한 금융 비용과 비금융 비용을 다룬 모든 문헌을 살펴본 후 나는 부채를 가장 잘 이용하는 사람은 '언제' 부채를 얻을지 선택할 수 있는 사람이라는 결론에 도달했다. 부채를 잘 이용한다는 것은 부채를 전략적으로 활용해 리스크를 줄이거나 수익률을 높이는 것이다.

그런데 안타깝게도 많은 사람이 부채를 제대로 이용하지 못하고 그 혜택도 누리지 못하고 있다. 미국 금융정보사이트 뱅크레이트Bankrate에 따르면, 2019년에 긴급 상황으로 인해 예상치 못한 지출을 해야 할 가능성은 28퍼센트이다. 또 여기에 해당하는 사람들이 부담해야 했던 평균 비용은 3,518달러였다.[41] 3,518달러는 특히 저소득자에게는 이를 충당하기 위해 빚을 져야 할 만큼 적잖은 금액이다.

더 중요한 문제는 이러한 긴급지출은 미래의 언젠가 모든 사람에게 발생할 수 있다는 점이다. 매년 긴급지출이 발생할 확률이 28퍼센트라면 5년 이내에 적어도 한 번 이상 긴급지출이 발생할 확률은 81퍼센트이고 10년이면 그 확률은 무려 96퍼센트에 이른다!

안타깝게도 빚을 얻어야만 긴급지출을 충당할 수 있는 사람들은 결국 빠져나오기 힘든 악순환을 반복하게 된다. 온라인대출회사 렌딩트리LendingTree가 발표한 통계 자료에 따르면, 2018년 말 현재 전체 미국인 가운데 3분의 1에 해당하는 사람들이 긴급지출로 인한 빚에서 빠져나오지 못하고 있다.[42]

결국에는 빠져나올 길을 찾아내는 사람도 있겠지만 상당수 사람은 그렇지 못하다. 연방준비제도이사회의 연구자들이 밝혀낸 바에 따르면, 미국 가정의 35퍼센트가 살면서 한 번 이상은 대출 연체 등의 부채 문제로 심각한 심리적 고통을 경험한다.[43] 절반이 조금 안 되는 미국 가정에서 부채는 선택이 아니라 피해갈 수 없는 부담이다. 지금 부채를 어떻게 이용해서 수익을 올릴지 고민하는 사람이라면 생각보다 운이 좋은 것이라 할 수 있겠다.

지금까지 부채 전반에 관해 살펴보았다. 이제 구체적으로 가장 흔한 부채 관련 결정, 즉 '집을 임차해 집세를 내고 살아야 할지, 아예 집을 사야 할지'에 관한 문제를 따져보기로 하자.

The Just Keep Buying's rules

## No.6

# 부채는 좋고 나쁨의 영역이 아니다, 어떻게 사용하느냐에 달려 있을 뿐이다

빚은 나쁜 것.
대출은 절대 받아서는 안 되는 것.
아직도 이런 조언을 늘어놓은 책이 있다면
과감하게 책장을 덮길 바란다.

*

부채 그 자체에는 옳고 그름이 없다.
어떤 투자 시나리오인가에 따라
부채는 해로울 수도 있고 이로울 수도 있다.
각자의 재테크에 도움이 되는 경우에 한해
현명하게 잘 이용하는 것이 관건이다.

제7장

# 빌려야 할까, 사야 할까

인생에서 가장 규모가 큰 재무 결정을 하는 법

집을 사는 것이 가장 훌륭한 장기투자 수단은 아닐 수 있다.

하지만 사회적 관점에서는

자기 소유의 집에서 살아야 할 이유가 분명하다.

1972년에 외할아버지와 외할머니는 캘리포니아에 있는 한 주택을 2만 8,000달러에 매입했다. 현재 시가는 60만 달러 정도이니 무려 20배에 가까운 수익을 올린 셈이다. 인플레이션율을 감안하더라도 주택 가치는 3배 넘게 상승한 셈이다. 재정적인 수익은 차치하더라도 두 분은 그 집에서 나의 어머니를 포함한 세 아이를 길렀고, 또 나를 포함한 일곱 명의 손주들을 키웠다.

나는 그 집을 좋아한다. 매년 크리스마스이브를 그 집에서 보냈다. 외할머니가 만드신 땅콩버터 바른 팬케이크를 부엌에 선 채로 몇 개씩 집어먹곤 했다. 외할아버지가 늘 앉아 텔레비전을 보시던 소파 자리가 엉덩이 모양으로 움푹 패어있던 것도 기억이 난다. 어릴 때 벽돌 더미에 넘어져 왼쪽 눈썹에 깊게 베인 상처를 얻기도 했다.

이런 이야기를 하거나 듣다 보면 사람들이 왜 그렇게 자기 집을 갖고 싶어 하는지 이유를 알 것도 같다. 집은 자산 축적에 도움을 줄 뿐 아니라 안정적으로 가정을 꾸릴 수 있는 기반을 제공함으로써 사회적 자산을 쌓는 데도 도움을 준다. 사회적 자산의 축적으로 얻는 정서적 이익이야말로 값을 매길 수 없을 만큼 소중하다고 주장하는 사람도 있다.

하지만 '임차냐, 매입이냐'의 논쟁에서 매입에 승리의 왕관을 선불리 씌워주기 전에 주택 매입에 따른 여러 비용에 대해 따져봐야 할 필요가 있다.

## 주택 매입에 따른 비용

주택을 매입하려면 주택담보대출금 상환 외에도 여러 부대 비용이 필요하다. 계약금과 각종 수수료 등의 일회성 비용도 있고, 재산세를 비롯한 각종 세금과 보험료 등의 주기적이고 반복적인 비용도 있다.

일단 집을 살 때 가장 먼저 지출하는 비용은 매입대금의 3.5~20퍼센트에 해당하는 계약금이다. 이 정도 금액의 계약금을 저축하는 데는 상당한 시간이 걸린다. 계약금을 저축하는 방법에 관해서는 다음 장에서 논의하려 한다. 또 매입대금의 2~5퍼센트는 대출신청수수료, 주택감정수수료, 대출처리수수료 등의 비용으로 지출하게 된다. 이는 주택담보대출금을 확정 짓기 위한 비용으로 클로징 비용closing fees이라고도 한다. 이러한 비용을 간혹 주택 매수인이 아닌 매도인이 부담하는 경우도 있는데, 이는 여러분 혹은 중개인의 협상력에 달려 있다.

부동산 중개인 말이 났으니 말인데, 주택 매입에 따른 가장 큰 비용 중 하나가 바로 그들과 관련이 있다. 부동산 중개업자는 일반적으로 주택가격의 3퍼센트 정도를 수수료로 청구한다. 매도와 매수를 각각 대리하는 두 명의 중개인을 둔 거래라면 주택가격의 6퍼센트가 수수료로 나간다는 말이다.

집을 살 때 들어가는 일회성 비용은 계약금, 클로징 비용, 중개수수료 등인데 어떤 중개인을 고용하느냐에 따라 이 비용이 적게는 주택가격의 5.5퍼센트에서 많게는 31퍼센트까지 다양할 수 있다. 계약금을 제외하면 전체 거래 비용은 주택가격의 2~11퍼센트 정도이다.

적잖은 거래 비용을 고려할 때 주택 매입은 장기적인 거주가 목적인 경우에 한해 합리적인 선택이라고 할 수 있다. 집을 자주 사고파는 경우에는 거래 비용이 시세차익의 상당 부분을 갉아먹을 수 있다.

일회성 비용 외에 지속적인 비용 역시 상당한 금액이다. 지속적 비용은 일종의 운영비로 집을 소유하는 기간에는 계속 발생하는 비용이다. 우선 집을 소유하게 되면 매월 혹은 매년 재산세와 같은 각종 세금과 보험료를 내야 한다. 또 집을 수리하거나 부품을 교체하는 등의 유지보수비도 발생한다. 다행히 재산세와 보험료는 매월 상환하는 주택담보대출금에 포함되는 경우가 많다.

이러한 추가 비용 규모는 거주 지역과 세법 등 여러 요인에 따라 달라진다. 2017년 12월에 제정된 '세금 감면 및 일자리 법안'에 따라 표준공제 기준이 상향조정되면서 주택담보대출금 이자에 대한 세금공제라는 혜택 하나를 사실상 못 받게 되었다. 세법은 계속 변화하며 주택 매입에 따른 비용에도 직접적인 영향을 미친다.

보험료에 관해 말해보자. 주택소유보험료는 거주 지역과 주택 가격에 따라 달라진다. 주택가격에서 자기부담자금이 차지하는 비중이 20퍼센트 이하면 주택소유보험 외에 개인주택담보대출보험PMI에도 가입해야 한다. 개인주택담보대출보험료는 대출금의 0.5~1퍼센트 정도이다. 예를 들어 주택담보대출을 30만 달러를 받았다면 매년 1,500~3,000달러, 혹은 매월 125~250 달러를 개인주택담보대출보험료로 내야 한다는 말이다.

마지막으로 지속적인 주택 유지보수는 재정적인 관점에서든 시간적인 관점에서든 상당한 비용이 소요된다. 유지보수

비용은 거주 지역이나 집이 지어진 시간에 따라 천차만별이지만, 많은 전문가는 연간 유지보수비로 주택가격의 1~2퍼센트는 준비해놓으라고 조언한다. 주택가격이 30만 달러라면 해마다 유지보수비로 3,000~6,000달러를 지출해야 한다는 의미다.

주택 유지보수에는 재정적 비용 외에 상당한 시간 비용도 필요하다. 집수리를 다른 사람에게 맡기든 몸소 하든 간에 집을 유지하고 관리하는 일은 생각 이상으로 훨씬 더 많은 시간이 걸린다. 나는 집을 보수하고 관리하는 데 시간을 많이 써서 마치 이 일이 부업처럼 느껴진다는 이야기를 친구들과 가족에게서 수없이 많이 들었다.

집을 사면서 가장 많이 간과하는 요소 중 하나가 바로 이것이다. 어떤 물건이 부서졌다고 하면 집주인은 임차인과는 달리 직접 나서서 고쳐야 한다. 이런 일을 즐기는 사람도 있지만 그렇지 않은 사람도 많다.

주택 소유에 따른 비용을 따져볼 때 주택은 때로 자산이라기보단 부채의 특성을 띠기도 한다. 물론 임차인은 이러한 비용 부담을 느끼지 않아도 되는데 그것은 집세에 이미 그런 비용이 포함돼 있기 때문이다.

또 집주인과 임차인은 비용 규모의 불확실성이라는 리스크에 있어서 서로 입장이 다르다. 임차인은 매월 혹은 매년 지출해야 하는 돈이 얼마인지 정확하게 알고 있다. 반면에 집주인이 감당해야 하는 비용은 일부 예측이 가능하지만 대부분의 비용은 그렇지 못하다. 예를 들어 어떤 해에는 주택 유지보수 비용이 주택가격의 4퍼센트지만 다른 해에는 그 비용이 0퍼센트가 될 때도 있다. 집을 소유하게 되면 이러한 불확실한 비용 지출이라는 리스크를 감당해야 한다.

이렇게 단기적으로 볼 때는 집을 매입하는 것이 임차하는 것보다 더 많은 위험을 안고 있다. 집을 소유함으로써 발생하는 비용의 변동 폭이 크기 때문이다. 하지만 장기적으로 보면 어떨까? 상황은 역전된다.

## 주택 임차에 따른 비용

집세를 제외하고 세입자가 부담해야 할 가장 큰 비용은 사실상 장기적 리스크다. 이 리스크는 부동산 시장 변동에 따른 월세 상승, 주거의 불안정, 지속적인 이사비용 등으로 나타난다.

임차인은 앞으로 12~24개월의 월세는 확실하게 알지만 10년 후에는 월세가 얼마가 될지 전혀 알 수 없다. 임차인은 자신의 주거를 언제나 시장가격으로 구매해야 하는데 이 가격의 변동 폭이 대단히 크다는 것이 문제다. 반면에 주택 소유자라면 미래에 자신의 집을 위해 얼마를 지출해야 하는지 비교적 정확하게 알고 있다.

더 중요한 문제는 주거 불안정이다. 마음에 드는 집을 찾더라도 갑자기 집주인이 월세를 엄청나게 올리면 어쩔 수 없이 이사해야 하는 상황이 올 수도 있다. 이러한 주거 불안정성은 특히 가정을 꾸리려는 사람들에게 재정적으로나 정신적으로나 혼란을 줄 수 있다.

세입자들은 주택 소유자와 비교해 훨씬 자주 이사해야 한다. 나도 2012년 이후 미국 전역에 걸쳐 8개 아파트에 살아봤다. 1년에 한 번꼴로 이사한 셈이다. 몇 번은 친구와 가족의 도움을 받아 어렵지 않았지만, 다른 몇 번은 이삿짐센터가 필요했고 돈도 많이 들었다.

아무래도 세입자는 주택 소유자라면 겪지 않아도 될 장기적인 리스크에 직면할 수밖에 없다. 투자 대비 수익이 괜찮을지 골치를 앓지 않아도 되는 점을 빼놓으면 말이다.

## 투자로서의 주택

투자 관점에서 주택 매입을 바라봤을 때 여러 수치가 제시하는 전망은 그다지 낙관적이지 않다. 노벨상을 받은 경제학

[표 7-1] 1890년 이후 미국 주택시장지수

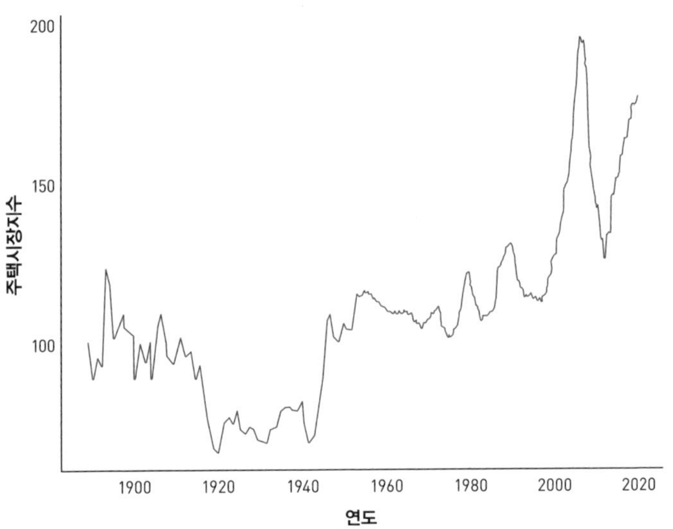


자 로버트 실러Robert Shiller의 계산에 따르면 인플레이션율을 고려한 미국의 1915~2015년 부동산 투자수익률은 '겨우 연간 0.6퍼센트'에 그쳤다고 한다.[44] 더 중요한 점은 거의 모든 수익이 2000년 이후에나 가능했다는 사실이다.

[표 7-1]에서 보듯이 인플레이션율을 고려했을 때 1800년대 후반에서 1900년대 후반까지 미국의 주택가격은 커다란 변화가 없었다. 지난 수십 년 동안은 꽤 상승했지만 이러한 추세가 앞으로도 계속될지는 두고봐야 한다.

투자 관점에서 주택을 매입할지 판단하려면 먼저 같은 시기에 다른 자산에 대한 투자 성과와 비교해봐야 한다. 이를 투자의 '기회비용'이라고 한다.

예를 들어 나의 외조부모님은 2만 8,000달러에 상당하는 집을 구입하고, 1972년에서 2001년까지 주택담보대출을 매달 280달러씩 상환했다. 2001년 무렵 그 집의 시세는 대략 23만 달러였다. 만약 외조부모님이 그 집을 사는 대신 S&P500 주식에 투자했다면 결과는 어땠을까?

1972~2001년에 매달 280달러를 투자해 S&P500 주식을 사고 배당금도 재투자했다면 2001년 시점에 95만 달러 이상을 벌었을 것이다. 물론 여기에는 계약금은 포함되지 않았다. 만약 집을 살 때 낸 계약금까지 S&P500 주식에 투자했다면 2001년까지 100만 달러가 넘는 돈을 벌었을 것이다.

외할아버지와 외할머니는 현재 캘리포니아에 살고 계신다. 미국 부동산 시장 역사상 최고의 수익을 올렸던 지역 중 한 곳이다. 하지만 두 분이 주택의 시세차익으로 얻은 잠재적 수익은 주식투자를 했다면 벌었을 돈의 4분의 1 정도밖에 되지 않는다.

물론 30년씩이나 미국 주식을 보유하는 것은 주택담보대출금을 한꺼번에 갚는 것에 비해 감정적으로 훨씬 더 힘든 일이다. 주식투자를 하면 매일 같이 등락하는 주식시장 추세를 열심히 들여다봐야 하고 갑자기 주가가 곤두박질쳐서 심장이 철

렁 내려앉는 일도 다반사로 겪어야 한다. 1972~2001년에도 미국 주식시장은 세 차례나(1974년과 1987년에 그리고 닷컴버블 때) 커다란 타격을 입었는데, 그중 두 차례는 주가가 50퍼센트 이상 폭락한 적도 있다!

주식과 달리 주택은 가격이 절반 이하로 폭락할 위험이 거의 없지만 그렇다고 해서 장기적으로 자산 축적을 위한 수단으로 선택하기엔 기대수익률이 그리 크거나 안정적이지 않다. 더욱 큰 문제는 집값이 아무리 크게 상승하더라도 그 집을 팔고 다른 더 저렴한 집을 사거나 다시 세입자로 살거나 하지 않는 이상 집값 상승에 따른 실질적인 수익이 실현되지 않는다는 점이다.

그렇다면 영원히 집은 소유하지 않은 채 대신 다른 자산에 투자하는 것이 올바른 선택일까? 그렇지만은 않다. 앞서 말했듯이 자기 집을 가짐으로써 얻는 이익에는 비재정적인 부분도 있기 때문이다. 사실 집을 살지 말지 결정할 때 가장 크게 고려할 요인 중 하나는 '사회적' 요인이다.

## 결국 주택 매입은 시기의 문제다

집을 사는 것이 가장 훌륭한 장기투자 수단은 아닐 수 있다. 하지만 사회적 관점에서는 자기 소유의 집에서 살아야 할 이유가 분명하다. 연방준비제도이사회에서 3년 단위로 실시하는 소비자금융조사(SCF) 결과에 따르면 미국의 주택보유율은 2019년 기준 65퍼센트였다.[45] 소득 및 자산 수준이 높은 가정을 중심으로 보면 주택보유율이 계속 증가하는 추세다.

미국 인구통계청에 따르면 2020년 중위소득 이상 가구의 주택보유율은 80퍼센트에 육박했다.[46] 내 나름의 추산으로는 순자산 100만 달러가 넘는 가정의 주택보유율은 90퍼센트 이상이다.

이처럼 주택보유율이 크게 늘어나는 이유는 무엇일까? 주택보유를 권장하는 정부 정책과 문화적 영향도 있겠지만, 사실상 주택 매입은 수많은 미국 가정에서 자산을 축적하는 중요한 방법이기 때문이다.

소비자금융조사의 2019년 자료에 따르면, 저소득 가정의 총자산에서 주택이 차지하는 비중은 거의 75퍼센트에 이르렀으며, 최상위소득 가정에서는 그 비율이 34퍼센트였다.[47] 여러분이 어느 소득 계층에 속하든 간에 주택은 자산을 축적하는 중요한 원천이 될 수 있다. 최적의 원천은 아닐지라도 말이다.

더 중요한 것은 많은 사람들에게 주택 매입이 평생 해야 할 여러 재정적 결정 가운데 가장 규모가 큰 결정일 것이란 점이다. 더구나 주택 매입 결정은 여러분 가정의 사회적 커뮤니티 진입 여부를 포함해 여러 측면에서 커다란 영향을 미친다. 어떤 집을 살지 결정하는 것은 어떤 동네에서 어떤 이웃과 함께 살아갈지, 아이들이 어떤 학교에 다니게 될지 등도 함께 결정하는 것이다. 만일 평생 집을 사지 않고 월세를 내며 살겠다고 결정했다면, 그것도 나쁘진 않다. 다만 특정 커뮤니티에서 배제될 수 있다는 점은 염두에 둬야 한다. 사회적 커뮤니티 진입은 많은 사람이 자가거주를 선택하는 중요한 이유이다.

결국에 중요한 것은 '자가냐, 임차냐'의 선택이 아니라 과연 '언제' 세입자에서 자가거주자가 될 것인가 하는 문제다.

## 집을 사야 하는 적정한 시기는 언제일까

여러분이 다음 조건을 충족시킬 수 있다면 당장 집을 사야 할 때다.

- 지금 살고 있는 지역에서 최소 10년은 거주할 계획이다.
- 개인적인 삶과 직업이 모두 안정되었다.
- 여유자금이 충분하다.

이 모든 조건을 충족시키지 못한다면 임차를 선택하는 편이 낫다. 그 이유를 설명하겠다.

거래 비용이 집값의 2~11퍼센트라는 점을 고려하면 이 비용을 상쇄하기 위해서라도 구매한 집에 충분히 오래 거주하고 싶을 것이다. 편의상 거래 비용을 중간 정도 값인 6퍼센트라고 가정해보자. 미국의 부동산 투자수익률이 매년 0.6퍼센트라는 실러의 추산을 토대로 하면 일반적인 주택이 거래 비용을 상쇄하고 수익을 올리기까지는 최소한 10년이라는 세월이 필요하다. 그래서 어느 지역에 최소 10년은 거주할 계획일 때 집을 사야 한다.

개인적인 삶이나 직업이 안정되지 않았다면 주택 매입이 올바른 선택이 아닐 수 있다. 예를 들어 아직 독신일 때 집을 산 사람은 나중에 결혼해 가정을 꾸리게 되면 다른 더 큰 집으로 이사해야 할 수도 있다. 직업이 안정적이지 않고 소득 변동이 심한 경우에는 주택담보대출금을 갚느라 재정적 위기에 빠질 수도 있다.

주택담보대출은 미래를 투명하게 예측할 수 있을 때 신청하는 편이 가장 좋다. 물론 미래가 확실했던 적은 없다. 하지만 미래를 통찰할 수 있는 능력을 갖춘다면 그만큼 주택 매입을 결정하는 것이 쉬워질 것이다.

여유자금이 충분하다면 주택 매입을 결정하는 것이 그리 어렵지 않다. 여기에서 '여유자금이 충분하다'는 기준은 주택 가격의 20퍼센트에 해당하는 계약금을 지불하고, 총부채상환

비율DTI을 43퍼센트 이하로 유지할 수 있다는 것을 의미한다. 총부채상환비율이 43퍼센트 이하여야 하는 이유는 그 비율이 주택담보대출을 받을 자격이 되는 기준이기 때문이다.[48]

다시 한번 상기하자면 총부채상환비율은 다음과 같이 정의된다.

**총부채상환비율 = 매월 상환해야 할 부채 ÷ 매월 총소득**

여러분이 매월 상환해야 하는 주택담보대출금이 2,000달러이고 총소득이 5,000달러이면 총부채상환비율은 40퍼센트이다. 매월 갚아야 할 다른 부채는 없다고 가정한 상황에서다. 당연히 이 비율은 낮으면 낮을수록 좋다.

주택을 매입할 때 언제나 20퍼센트의 계약금을 내야 하는 건 아니다. 하지만 설사 계약금을 내지 않더라도 그럴 능력은 갖추고 있어야 한다. 계약금을 낼 수 있다는 것은 여러분이 앞으로도 충분한 현금을 저축할 만한 재정적 책임감을 지닌 사람임을 보여주는 것이기 때문이다.

계약금을 낼 자금이 있지만 굳이 내지 않겠다고 결정한다면, 그것도 괜찮을 수 있다. 단기적 관점에서는 주택과 같은 비유동성 자산에 보유한 현금을 모두 쏟아붓는 것이 위험할 수 있기 때문이다. 하지만 계약금으로 많은 돈을 내는 편이 일반적으로 더 비싸고 (더 좋은) 집을 살 수 있다.

여러분은 돈을 모아서 나중에 더 큰 집을 살 수도 있고 혹은 일단 집을 사고 나중에 이사하며 더 넓혀갈 수도 있다. 둘 중 어떤 쪽으로 결정하든 간에 일단 신중하게 마음에 드는 집이 나올 때까지 기다려야 한다. 거래 비용을 생각하면 집을 산 다음 몇 년 되지 않아 되파는 것보다는 예산에서 약간 초과하더라도 더 좋은 집을 만날 때까지 기다리는 편이 낫다.

주택을 매입했을 때 가장 위험한 시기는 처음 몇 년 동안이다. 시간이 지남에 따라 여러분의 소득은 인플레이션율과 더불어 늘어날 것이다. 하지만 주택담보대출금은 더 늘어나지 않는다.

나의 외조부모님은 이 혜택을 직접 체험하셨다. 1970년대 높은 인플레이션으로 인해 매월 갚아야 하는 주택담보대출금이 실질적으로는 절반으로 줄어들었다. 1982년에는 10년 전과 비교해 소득 대비 비율로 따졌을 때 절반만 내고 계신 셈이었다. 세입자라면 이러한 혜택을 누릴 수 없다.

주택과 관련해 어떤 결심을 하든 간에 여러분의 개인적 삶과 직업의 안정성을 비롯해 재정적 상태에 가장 잘 들어맞는 선택을 해야 한다.

주택 매입은 여러분 평생에서 가장 규모가 크면서 가장 감정적인 재정적 결정이기 때문에 시간을 충분히 두고 올바른 결정을 해야 한다.

다음 장은 목돈을 모으는 방법에 대한 것이다. 임차와 구입 사이에서 마음을 정하지 못했더라도 어쨌든 계약금과 같은 목돈을 모으는 방법은 반드시 알아야 한다. 이에 대해 자세히 알아보도록 하자.

The Just Keep Buying's rules

## No.7

# 때가 되면 집은 사야 한다

대부분의 사람들에게 있어
일생에서 가장 규모가 큰 지출은 '집'일 것이다.
그런데 집을 사느냐, 마느냐를 결정하는 데
불과 5분이 걸리는 사람이 있는 반면
자금 여력이 되는데도 불구하고 10년, 20년이 걸리는 사람도 있다.
그만큼 주택 매입은 감정적인 결정임과 동시에
우리 삶 전반에 큰 영향을 미치는 어려운 결정이다.

*

그럼에도 어떤 이유로 집은 사야 할 필요가 있다.
다만 시기의 문제이다.
어느 때보다 신중하길 바란다.
여러분의 재정 상황, 현재 라이프스타일 등을 두루 검토하여
정말 적절하다고 생각할 때, 그때 결정을 내리길 바란다.

# 제8장

# 목돈을 마련하는 몇 가지 방법

## 시간지평이 그 무엇보다 중요한 이유

목표 기간이 2년 이하라면

목돈을 모으는 최적의 방법은 현금저축이다.

가장 리스크가 적기 때문이다.

하지만 모아야 하는 금액이 더 크고

기간도 더 길다면 어떻게 해야 할까?

그럴 때는 전략을 바꿔야 할까?

여러분은 큰 결심을 했다. 마침내 집을 사기로 한 것이다. 혹은 결혼하기로 결심했을 수도 있고, 새 차를 사고 싶을 수도 있다. 무엇을 염두에 두었든 간에 이제 저축을 시작해야 한다.

가장 좋은 방법은 무엇일까? 현금으로 가지고 있어야 할까? 중요한 일이 생기기 전까지 투자를 하는 건 어떨까?

함께 일한 적이 있는 몇몇 재무컨설턴트에게 같은 질문을 던졌더니 모두가 똑같은 대답을 했다. 현금, 현금, 현금이었다. 주택 매입을 위한 계약금처럼 목돈을 마련할 때는 현금이야말로 가장 안전한 방법이다. 끝. 더는 논의의 여지는 없다.

여러분이 무슨 생각을 하는지도 알고 있다. 인플레이션은 어쩔 건데? 그렇다. 인플레이션으로 인해 여러분 저축에서 몇 퍼센트 정도는 사라질 수 있다. 하지만 여러분이 (기껏해야 몇 년에 지나지 않는) 짧은 시간 동안 저축한다는 점을 감안하면 인플레이션으로 인한 영향은 그다지 크지 않다.

예를 들어 여러분이 필요한 계약금이 2만 4,000달러이고 매월 1,000달러를 저축할 여력이 있다면 24개월이면 목표에 이를 수 있다. 매년 2퍼센트의 인플레이션율을 감안한다면 한 달 더 저축해야 한다. 다시 말해 여러분은 2년 후 2만 4,000달러의 구매력을 얻기 위해 2만 5,000달러라는 현금을 모아야 한다. 인플레이션 때문이다.

가까운 미래에 필요한 목돈을 마련하기에 가장 확실하고 위험이 적은 방법은 현금이다. 하지만 여러분이 저축도 하고 인플레이션 때문에 손해도 보지 않겠다고 마음먹었다면 어떻게 해야 할까? 혹은 2년이 넘는 기간 동안 저축해야 한다면 어떨까? 그래도 현금을 저축하는 것이 최고의 선택일까?

이 질문에 답하기 위해서는 먼저 과거부터 오늘날까지 현금저축과 채권투자를 비교해봐야 한다.

## 채권투자는 현금저축보다 나을까

채권투자가 현금저축보다 나은 선택인지 알아보기 위해 매달 1,000달러를 저축하는 대신 미국 국채에 같은 돈을 투자해 보았다. ETF(상장지수펀드)와 인덱스펀드를 이용했다. 국채 매

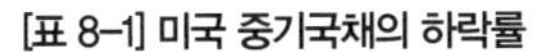
[표 8-1] 미국 중기국채의 하락률

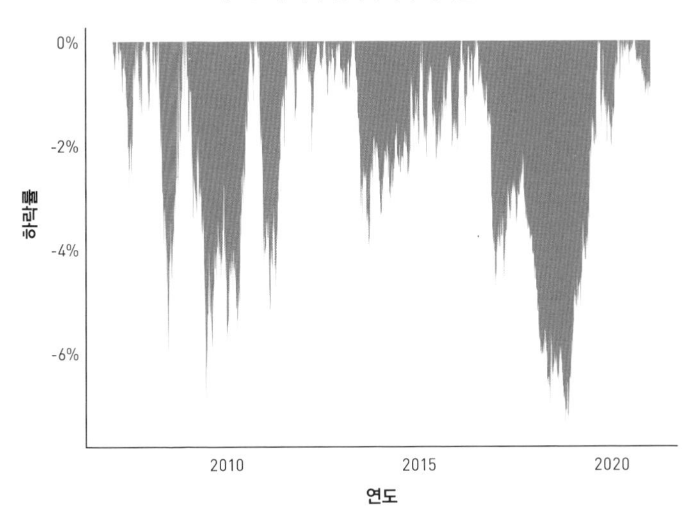


입은 상대적으로 리스크가 적은 자산 보유이면서 어느 정도의 수익도 올릴 수 있는 투자이다. 그렇다면 부정적인 측면은 없는가?

리스크가 적다는 말이 리스크가 전혀 없다는 의미는 아니다. [표 8-1]이 보여주듯이 미국 중기국채의 가치는 주기적으로 3퍼센트 이상 하락했다.

채권투자의 경우 이렇듯 채권 가격의 하락으로 인해 목표가 지연될 가능성이 존재한다. 다시 2만 4,000달러를 모으기 위해 2년간 매월 1,000달러를 저축하는 예로 돌아가보면, 2년이 거의 다 되었을 때 채권 가격이 3퍼센트 떨어지면 포트폴리오 가치는 약 750달러(2만 4,000달러의 3퍼센트) 하락할 것이다. 큰 폭의 가치 하락이 초기가 아닌 말기에 일어나면 더욱 심각하다. 이미 투자한 돈이 많을수록 손실도 늘어나기 때문이다.

이러한 하락을 상쇄하기 위해서는 한 달 치 저축액인 1,000달러가 더 있어야 한다. 채권에 투자하더라도 원래 목표인 2년보다 더 많은 시간이 필요할 리스크가 존재한다는 말이다.

1926년 이후 최근까지의 모든 기간에 이 시나리오를 적용했을 때 우리가 얻은 결론은 바로 이것이었다. 미국 국채에 매달 1,000달러를 투자해 2만 4,000달러를 모으기까지는 평균적으로 25개월이 소요되었다. 물론 인플레이션율을 적용한 다음이다.

[표 8-2]에서 보다시피 목표에 도달하는 데 25개월 이상이 걸리는 시기도 있었고 그보다 시간이 덜 필요한 시기도 있었다. 그렇더라도 현금저축보다는 채권투자가 목표에 도달하는 데 시간이 덜 걸리는 것은 사실이다. 1926년 이후 어느 연도에 저축을 시작했든 인플레이션을 감안하고도 2만 4,000달러라는 목표에 도달하기까지는 평균 26개월이 소요되었다.

앞서는 25개월이라고 해놓고 갑자기 왜 1개월이 더 늘었냐고? 인플레이션율이 그때그때 달랐기 때문이다! 인플레이션율이 꾸준히 2퍼센트로 유지된다면야 현금으로 2만 4,000달

[표 8-2] 매월 1,000달러를 채권에 투자했을 때 2만 4,000달러에 도달하는 기간

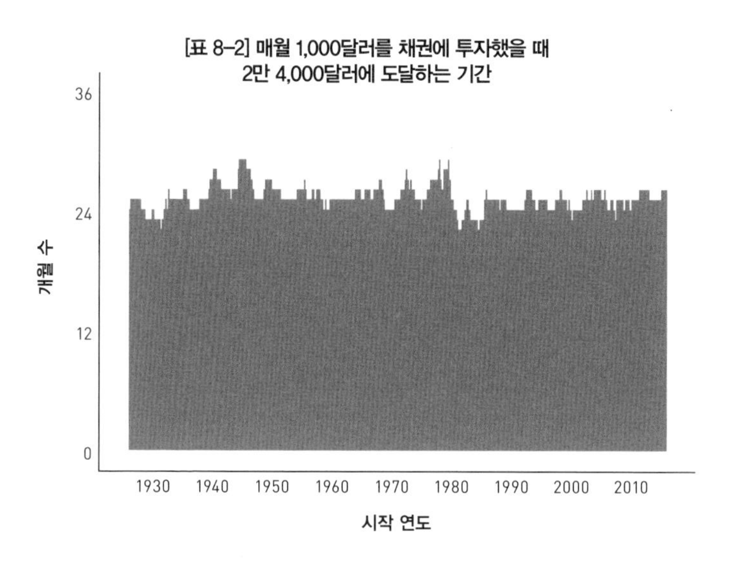


러를 모으는 데는 항상 25개월이 소요될 것이다. 인플레이션율이 높으면 그만큼 목표에 도달하는 데 더 많은 시간이 걸린다. 거의 30개월이 소요된 적도 있었다.

돈을 모으는 기간이 2년이라고 가정했을 때 일반적으로는 현금보다 채권이 유리하지만 그 격차는 그리 크지 않다. 2만 4,000달러를 모으는 데 채권투자로는 25개월이 걸리고 현금저축으로는 26개월이 소요된다.

돈이 당장 필요할 때 채권 가격이 곤두박질칠까 전전긍긍하느니 차라리 한 달을 더 저축하는 편이 더 나은 선택일 수 있다. 사실 1926~2015년을 통틀어 보면 30퍼센트 정도의 기간

에는 2만 4,000달러라는 목표 금액을 만들기에 현금저축이 채권투자와 비교해 같거나 더 나은 선택이었다.

목표 기간이 2년 이하라면 목돈을 모으는 최적의 방법은 현금저축이다. 가장 리스크가 적기 때문이다. 내가 조언을 구했던 재무컨설턴트들의 직관이 맞아떨어진 셈이다.

하지만 모아야 하는 금액이 더 크고 기간도 더 길다면 어떻게 해야 할까? 그럴 때는 전략을 바꿔야 할까?

## 시간지평이 2년 이상일 때 목돈을 모으는 방법

시간지평time horizon이 2년이 넘어간다고 해보자. 이런 경우에 현금저축 전략은 생각보다 훨씬 위험할 수 있다. 매월 1,000달러를 저축해 6만 달러를 모은다고 할 때 인플레이션이 없는 세상이라면 60개월(5년)이면 가능하다.

그러나 1926~2015년을 통틀어 50퍼센트의 기간에는 현금저축을 통해 6만 달러를 모으려면 61~66개월이 필요했다(생각보다 한 달에서 여섯 달이 더 걸렸다). 또 15퍼센트의 기간에는 72개월 이상이 필요했다(생각보다 12개월 이상이 더 걸렸다).

현금저축으로 6만 달러라는 목표에 도달하는 데는 평균 67개월이 소요되어 7개월 지연되었다. 왜 이렇게 많이 지연된 걸

[표 8-3] 현금저축으로만 6만 달러를 모으는 데 필요한 개월 수

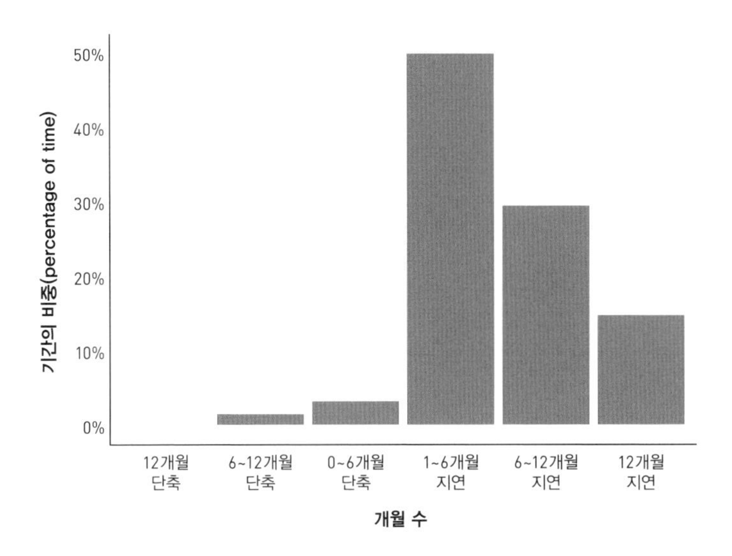


까? 그 이유는 시간지평이 길어질수록 구매력에 영향을 미치는 인플레이션의 파장이 커지기 때문이다.

채권투자와 비교해보자. 채권투자는 6만 달러라는 목표에 도달하는 데 평균 60개월이면 충분하다. 채권은 어느 정도 수익을 보장해주므로 인플레이션 효과를 상쇄해 미래 구매력을 보전해준다는 장점이 있다.

중요한 점은 현금저축은 시간지평이 길면 길수록 더 위험하다는 것이다. 현금저축으로 '24개월간 2만 4,000달러 모으기'와 '60개월간 6만 달러 모으기'를 비교하면 후자가 훨씬 더

[표 8-4] 채권투자로만 6만 달러를 모으는 데 필요한 개월 수

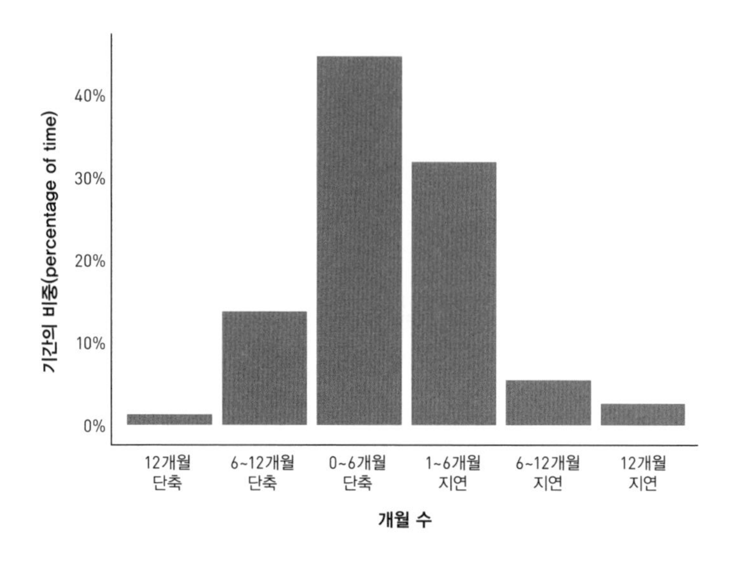


위험하다.

시간지평이 2년을 넘어가면 한두 달 더 저축하는 것으로는 인플레이션 효과를 상쇄할 수 없다. 무려 7개월을 더 저축해야 한다. 현금만으로 60개월에 6만 달러를 모으는 시나리오가 몇 가지 더 있긴 하지만 가능성은 희박하다. 시간지평이 길어졌기 때문에 현금저축은 채권투자에 비해 리스크가 더 크다.

[표 8-5]를 보면 매월 1,000달러를 저축하거나 투자해 6만 달러라는 목표에 도달하는 데 현금저축이 채권투자에 비해 얼마나 더 오래 걸리는지를 쉽게 알 수 있다.

[표 8-5] 채권투자 대비 현금저축을 할 때 더 필요한 기간

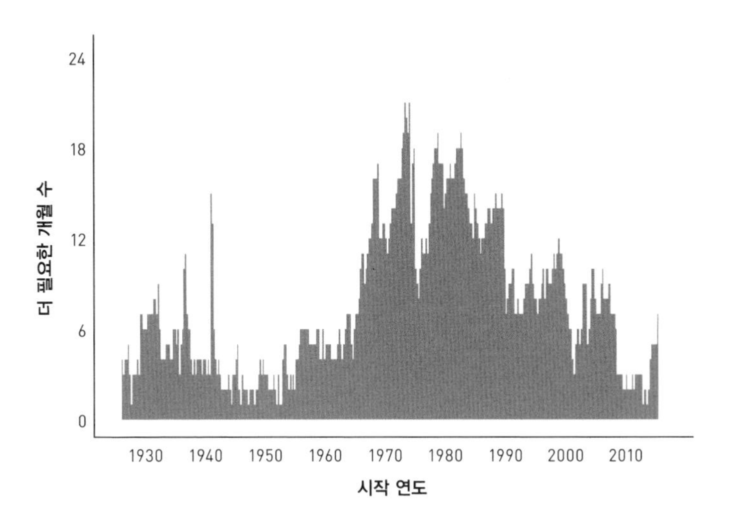


[표 8-5]에서 보다시피 1926~2015년의 모든 기간에서 채권투자가 현금저축에 비해 더 나은 결과를 보여주었다.

그렇다면 현금저축보다 채권투자를 하는 것이 더 유리한 시간지평은 몇 년부터일까? 반드시 그렇다고 할 순 없지만 어느 정도는 추측이 가능하다. 예를 들어 시간지평이 2년이라면 현금저축이 채권투자보다 조금이라도 더 낫고, 5년이라면 명백히 채권투자가 더 낫다. 내가 많은 자료를 검토해서 얻은 결과로는 시간지평이 3년일 때부터 현금저축보다 채권투자가 확실히 더 낫다고 말할 수 있다.

따라서 3년 미만의 기간에 목돈을 모으려면 현금을 저축하

라. 시간지평이 3년 이상이라면 채권에 투자하면 된다.

1926~2015년을 통틀어서 살펴봤을 때, 인플레이션을 감안하지 않은 시간지평이 36개월인 경우 채권투자로 목표를 달성하려면 1개월이 추가된 37개월이, 현금투자로는 39개월 정도가 소요되었다. 이러한 수치를 보더라도 현금저축보다 채권투자가 유리해지는 기준점으로서 '3년'은 인플레이션율에 상관없이 어떤 기간에나 적용될 수 있는 괜찮은 기준으로 보인다.

이쯤에서 질문이 하나 떠오른다. 그렇다면 주식투자는 어떨까? 주식이 채권보다 나을까?

## 주식투자가 채권투자보다 나을까

자, 이제 매월 1,000달러를 미국 국채 대신 S&P500 주식에 투자한다고 가정해보자. 이 전략이 채권투자보다 더 나을까? 대체로는 그렇지만 때로는 그렇지 못할 수도 있고, 어쩌면 아주 형편없을 수도 있다.

매월 1,000달러를 채권에 투자에 60개월간 6만 달러를 모으는 사례로 돌아가보자. 같은 금액을 주식에 투자하면 어떻게 될까? 대체로 54개월이면 충분하다.

[표 8-6]은 1926~2015년을 통틀어 주식투자를 통해 6만

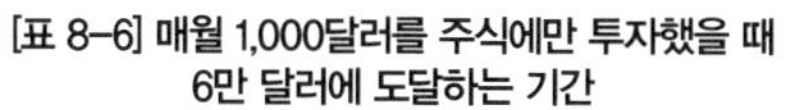
[표 8-6] 매월 1,000달러를 주식에만 투자했을 때
6만 달러에 도달하는 기간

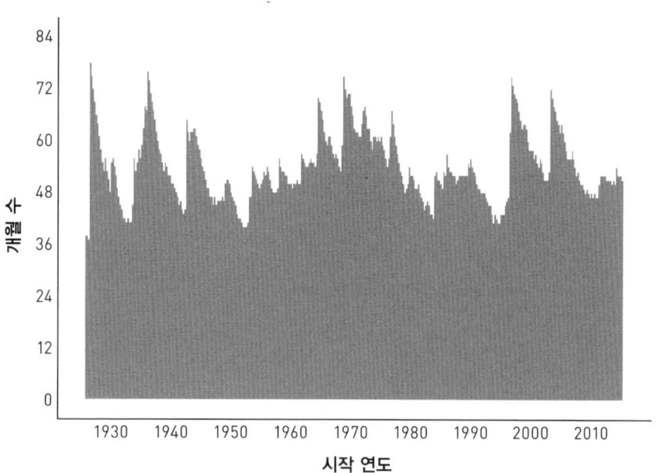


달러를 모으는 데 몇 개월이 소요되었는지를 보여준다. 예를 들어 1926년에 S&P500 주식에 매월 1,000달러씩 투자했다면 37개월이면 6만 달러라는 목표를 달성할 수 있었다.

하지만 [표 8-6]에서도 볼 수 있듯이 어떤 기간에는 목표에 도달하는 데 훨씬 더 많은 시간이 걸리기도 했다. 뾰족하게 솟아오른 지점이 바로 그런 기간이다. 심지어 72개월이 넘은 때도 있었다. 왜 그럴까?

1929년, 1937년, 1974년, 2000년, 2008년과 같은 심각한 폭락장이라면 주식투자는 채권투자에 비해 1년 혹은 그보다 더 긴 기간을 투자해야 같은 목표에 도달할 수 있다. 게다가 이 분석은 여러분이 어떤 상황에서도 매월 1,000달러를 투자한다는 것을 전제로 하고 있다. 실제로는 재무 상황이 악화해 그럴 수 없을 때도 있을 수 있는데 말이다.

주식시장이 커다란 타격을 입게 되면 전반적인 경제 상황이 나빠진다. 여러분은 일자리를 잃을 수도 있고 개인적인 재정 상황이 나빠져 1,000달러를 투자할 여력이 없어질 수도 있다. 이것이 장기적으로 주식투자를 통해 목돈을 모으려고 할 때 맞닥뜨릴 수 있는 중요한 리스크이다.

하지만 장기간 목돈을 모으기 위해 어떤 전략을 택할 것인가에 있어서 현금이든 채권이든 주식이든 어느 하나만 100퍼센트 선택하지 않아도 된다. 특히나 시간지평이 5년 이상이라면 개인적인 재정 상황과 여타 리스크들을 고려하여 세 가지를 적절하게 조합해 합리적인 투자 포트폴리오를 꾸릴 필요가 있다.

## 시간지평이 가장 중요한 요소인 이유

주택 매입을 위한 계약금처럼 용도가 분명한 목돈을 마련하고자 할 때 어떤 저축 및 투자 전략을 선택할지에 가장 큰 영향을 미치는 것은 시간지평이다.

2년 이내라면 단연코 현금저축이 가장 좋은 방법이다. 하지만 시간지평이 더 길다면 인플레이션으로 인한 구매력 하락을 상쇄할 수 있는 채권이나 주식과 같은 다른 선택을 생각해야 한다.

지금 우리의 논의에서 한 가지 전제는 목표에 도달하기까지 정해진 기간 내내 꾸준히 정해진 액수의 돈을 저축하거나 투자할 수 있다는 것이다. 하지만 앞서도 말했듯이 우리의 재정이 이렇게 안정적인 경우는 흔치 않다.

예상보다 더 빨리 목표에 도달했다면, 축하한다! 당장 사고 싶었던 집을 사거나 자동차를 사거나 하면 된다. 하지만 아직 목표가 한참 더 남았다면 인플레이션으로 인한 돈의 구매력 하락을 상쇄하기 위해 수익이 없는 현금저축 대신 채권투자나 주식투자를 고려하든지, 아니면 더 많은 현금을 저축해야 한다.

어떤 쪽이든 재테크의 일부 영역은 과학적 원리보다는 예술적 창의성을 필요로 한다. 여러분은 그때그때 사용 가능한 투자 옵션을 모두 고려해 상황에 맞춰 전략을 수정해야 한다.

지금까지 목돈을 마련하는 방법에 대해 살펴보았다. 다음에는 저축과 관련해 가장 중요한 질문으로 옮겨가 볼까 한다. 그 질문은 "언제 은퇴할 수 있을까?"이다.

The Just Keep Buying's rules

## No.8

# 시간지평이 2년 이내일 때는 현금저축을, 2년 이상일 때는 주식과 채권 투자를 이용하라

당장 2년 이내에 결혼, 내집마련 등으로 큰돈이 필요하다면
단기간 목표를 잡고 현금을 저축하는 것이
목돈을 불리는 가장 좋은 방법이다.

*

반면 시간지평이 더 길다면 선택은 달라진다.
인플레이션으로 인한 구매력 하락을 상쇄할 수 있는
채권이나 주식과 같은 방안을 고려하는 것이 낫다.

제9장

# 언제 은퇴할 수 있을까

## 의외로 돈은 가장 중요한 요소가 아니다

"은퇴 후 3년이 지나자 지겨워 미칠 것 같았어요.

일은 돈 때문에만 하는 게 아닙니다.

사람들은 은퇴하고 나서야 비로소 이 사실을 깨달아요."

여러분에게 미래의 경제 상황을 내다볼 수 있는 능력이 있다고 하자. 그리고 마법 같은 능력 덕분에 향후 수십 년간에 걸쳐 여러분의 지출과 투자수익 모두를 알 수 있다고 가정해 보자. 그렇다면 여러분은 노후 수입과 지출에 맞춰 은퇴 시기를 정확하게 예측할 수 있을 것이다.

하지만 안타깝게도 우리에겐 그런 능력이 없다. 은퇴 이후 예상되는 라이프스타일에 기반을 두고 미래의 지출을 추산할 수는 있을 것이다. 하지만 투자수익이 얼마나 될지 혹은 얼마나 오래 살지는 결코 알 수가 없다.

노벨상을 받은 경제학자 윌리엄 샤프William Sharpe는 은퇴를 두고 '재정 관련한 여러 문제들 가운데 가장 복잡하고 어려운 문제'라고 이야기한다. 맞는 말이다. 그렇지 않았다면 은퇴 이후의 삶을 잘 살아가도록 도와주는 일련의 산업이 등장하지도 않았을 것이다.

은퇴라는 문제는 난이도가 매우 높은 문제임은 틀림없다. 하지만 여러분의 은퇴 시기를 예측하는 데 도움이 될 만한 아주 간단한 규칙도 있다. 그중 하나가 바로 '4퍼센트의 법칙'이다.

## 매년 은퇴자산의 4퍼센트까지만 사용하기

재무관리사 윌리엄 벵겐William Bengen의 연구과제는 은퇴자가 투자 포트폴리오 자금을 고갈시키지 않는 상태로 매년 얼마의 금액까지 인출할 수 있는지였다. 1994년 그가 발표한 연구는 '재무설계'라는 세계를 완전히 바꿔놓았다.

벵겐의 연구결과에 따르면 은퇴자들이 주식과 채권 각각 절반씩으로 구성한 노후자산 포트폴리오에서 매년 4퍼센트씩 인출해도 최소 30년간 돈이 고갈되지 않는다. 인플레이션율을 따라잡기 위해 매년 3퍼센트씩 인출액이 늘어나더라도 이 사실은 변함이 없다.[49]

투자 포트폴리오에 100만 달러가 있다면, 첫해에는 4만 달러를 인출할 수 있고 다음 해에는 4만 1,200달러를 인출할 수 있다. 이런 식으로 최소 30년은 인출한 다음에야 포트폴리오가 고갈된다. 과거로 거슬러 올라가 4퍼센트의 법칙을 적용했을 때도 마찬가지였다. 재무전문가인 마이클 키치스Michael Kitces는 1870년으로 소급해 4퍼센트의 법칙을 적용해보았다. 그 결과 "30년 후 원금이 고갈되기보다는 오히려 5배 늘어났다."[50]

매년 인출 한계인 4퍼센트는 넘어서는 안 되는 선이기도 하다. 윌리엄 벵겐은 5퍼센트 인출률을 적용했을 때는 모든 기간에서 일관된 결과를 도출할 수 없었다고 말했다. 예를 들어 어떤 기간에는 은퇴자들에게 20년 정도의 수입밖에 보장해주지 못했다. 이러한 이유로 벵겐은 4퍼센트가 지속적으로 인출 가능한 가장 안전한 비율이라고 제시했고, 그것이 4퍼센트의 법칙으로 자리 잡았다.

벵겐의 4퍼센트 법칙은 다른 복잡한 문제에도 간단한 해결 방안을 제시한다. 그 골치 아픈 문제는 은퇴 이후 첫해에 얼마까지 지출할 수 있느냐 하는 문제다. 게다가 이 법칙은 은퇴를 위해 필요한 저축액도 알려준다.

벵겐이 밝혀낸 법칙을 통해 은퇴 첫해에 은퇴자산의 4퍼센트까지 사용할 수 있다는 사실을 알았다. 그렇다면 은퇴자산은 얼마나 되어야 할까? 다음 계산식을 통해 알아보자.

**4퍼센트 × 은퇴자산 = 연간 지출**

비율 대신 분수를 이용하면 다음과 같다.

**1/25 × 은퇴자산 = 연간 지출**

양쪽 항에 25를 곱하면 은퇴자산이 얼마인지 할 수 있다.

**은퇴자산 = 25 × 연간 지출**

자, 이제 모든 것이 풀렸다!

4퍼센트 법칙을 따르자면 여러분은 은퇴 첫해의 지출액을 예측해 그 금액의 25배에 해당하는 자산을 모아야 한다. 이만큼의 자산을 모았을 때가 은퇴할 수 있는 시기다.

은퇴자산이 예상 연간 지출액의 25배가 되지 않아도 된다. 사회보장연금처럼 은퇴 후에도 보장된 고정소득이 있다면 그만큼을 뺀 지출액의 25배만 있어도 된다.

예를 들어 은퇴 후에 매월 4,000달러를 지출할 예정이고 또 매월 2,000달러를 사회보장연금으로 받는다고 가정해보자. 그러면 연간 지출액 4만 8,000달러에서 1년간 받을 사회보장연금 액수를 제한 2만 4,000달러의 25배를 은퇴자산으로 마련하면 된다. 앞으로는 이를 '연간 필요 지출'이라고 부르겠다.

이제 여러분이 모아야 할 은퇴자산의 규모를 결정하기 위한 계산식은 다음과 같다.

**은퇴자산 = 25 × 연간 필요 지출**

계산해보면 여러분은 은퇴를 위해 60만 달러를 모아야 한다. 그러면 은퇴 첫해에 60만 달러의 4퍼센트인 2만 4,000달러를 인출해 사용할 수 있다. 그다음 해에는 인플레이션율 3퍼센트를 적용해 2만 4,720달러를 인출할 수 있다.

벵겐의 4퍼센트 법칙은 매우 단순하고 명쾌하다. 하지만 이를 의심하거나 반대하는 사람도 있다. 가장 많은 반대 의견은 이 법칙이 채권수익률이나 주식배당수익률이 지금보다 훨씬 높을 때 만들어졌기 때문에 오늘날에는 더 이상 적용될 수 없다는 주장이다.

채권수익이나 주식배당수익은 모두 채권 혹은 주식을 일정 기간 보유함으로써 얻는 수익이다. 수익률이 떨어지면 여러분의 수입도 그만큼 줄어든다.

예를 들어 수익률 10퍼센트인 채권에 1,000달러를 투자하면 매년 100달러의 수입을 얻을 수 있다. 하지만 수익률이 1퍼센트밖에 되지 않으면 여러분은 똑같이 1,000달러를 투자하고도 매년 10달러의 수입밖에 얻지 못한다. 주식배당수익에도 같은 논리를 적용할 수 있다.

하지만 벵겐은 채권수익률과 주식배당수익률이 지속적으로 하락하더라도 4퍼센트 법칙은 여전히 유효하다고 주장한다. 벵겐은 2020년 10월 〈파이낸셜 어드바이저 석세스〉라는 팟캐스트에 출연해 과거보다 인플레이션율이 낮아지면서 안전을 담보하는 인출률이 4퍼센트에서 5퍼센트로 오히려 높아졌다고 주장했다. 그는 "인플레이션율이 낮아지면 인출액은 매우 천천히 증가한다. 이로써 낮아진 수익률로 인한 수입 감소를 상쇄하게 된다."[51]라고 설명했다.

벵겐의 논리가 사실이라면 4퍼센트 법칙은 여전히 여러분의 은퇴 시기를 결정하는 가장 쉬운 방법일 수 있다. 다만 이 법칙은 은퇴자의 지출 규모가 장기간에 걸쳐 동일하게 유지될 것이라는 손쉬운 가정을 하고 있다. 하지만 연구자료를 보면 실제로는 그렇지 않다. 사람들은 일정 연령 이후에는 지출을 줄이고 은퇴 이후에는 더 줄이는 경향을 보인다.

## 은퇴 후 지출이 줄어드는 이유

JP모건자산운용사는 미국 60만 가구 이상의 재정적 동태를 분석한 후 연령층으로 구분해서 봤을 때 45~49세 가구의 지출이 가장 높고, 이후 나이가 들며 지출이 줄어든다는 결론을 얻었다. 지출 감소 현상은 특히 은퇴자 가구에서 두드러졌다.

예를 들어 100만~200만 달러의 투자자산을 보유한 대중부유층mass affluent●에 해당하는 65~69세 가구의 연간 평균지출은 8만 3,919달러였지만, 75~79세 가구의 경우에는 그 금액이 7만 1,144달러였다. 나이가 들면서 15퍼센트 정도 지출이 줄어든 셈이다.[52]

소비자지출조사의 자료도 비슷한 결론을 보여준다. 65~74세 가구의 연간 평균지출은 4만 4,897달러인 데 반해 75세 이상 가구의 연간 평균지출은 3만 3,740달러에 지나지 않았다. 연령이 높은 가구 그룹의 지출 규모가 25퍼센트나 더 적었다.

지출 감소 현상은 특히 의류, 각종 서비스, 주택담보대출금 상환, 교통 분야에서 두드러졌다. 나이가 들면서 주택담보대출금은 적게 남거나 다 갚아버리게 되고, 새 옷이나 차량 구매도 외부 활동이 줄어듦에 따라 자연스럽게 줄어드는 것이다.

더 주목할 것은 이러한 지출 감소 현상은 시간이 지남에 따라 같은 가구 그룹 내에서도 나타난다는 점이다. 75세 가구는 65~74세 가구보다 덜 지출할 뿐 아니라 자신들이 65~74세일 때보다도 지출을 적게 한다는 뜻이다.

● 소득 상위 10퍼센트의 부유층과 50~150퍼센트의 중산층 사이에 있는 집단으로 대개 유동자산이 10만 달러에서 100만 달러이고 연간 가계소득은 7만 5,000달러 이상이다.

미국 보스턴대학교 퇴직연구센터CRR의 연구자들은 오랜 시간에 걸쳐 은퇴자들의 지출 패턴을 연구한 후에 같은 결론을 내렸다. 이들의 연구에 따르면 일반적으로 은퇴 후에는 지출 규모가 해마다 1퍼센트씩 줄어든다.[53]

이 같은 추산을 바탕으로 계산해보면, 은퇴 첫해에 4만 달러를 지출하는 가구는 10년 후에는 3만 6,000달러를 그리고 20년이 지나면 3만 2,000달러를 지출하게 될 것이다.

은퇴 후 지출이 줄어든다는 점을 고려하면 4퍼센트 법칙은 비교적 보수적이다. 이 법칙은 오히려 지출이 매년 3퍼센트 더 늘어날 것이라고 가정하기 때문이다. 그러나 실제 자료에 따르면 지출은 오히려 매년 1퍼센트씩 줄어든다. 물론 일반 은퇴자들 입장에서는 바로 그러한 보수성 때문에 매력적이기도 하다.

내가 이렇게 4퍼센트 법칙의 단순함을 찬양하고 있지만, 어떤 사람은 해마다 은퇴자산이 줄어드는 것에 마음이 편치 않을 것이다. 혹은 은퇴 기간이 30년 이상인 사람도 있을 수 있다. 그렇다면 여러분은 '교차점 규칙The Crossover Point Rule'을 고려해 볼 수도 있다.

## 교차점 규칙

"언제 은퇴할 수 있을까?"를 결정하는 데 도움이 될 또 다른 방법은 월간 투자수입이 월간 지출을 초과하는 시점을 찾는 것이다. 비키 로빈Vicki Robin과 조 도밍후에즈Joe Dominguez는 《부의 주인은 누구인가》에서 이를 '교차점The Crossover Point'이라고 불렀다.[54]

교차점이라는 단어는 월간 투자수입과 월간 지출이 교차하며 재정적 자유를 안겨주는 지점이라는 의미에서 사용되었다. 이 교차점 규칙은 모든 연령대에서 재정 자립의 기준을 보여주는 지표로 사용될 수 있다는 점에서도 중요하다.

예를 들어 여러분의 월간 지출이 4,000달러인데 투자를 통해 한 달에 4,000달러 이상 벌 수 있다면 그때가 바로 여러분이 교차점에 도달한 시점이라고 할 수 있다.

교차점을 넘기 위해서는 얼마나 많은 돈이 필요할까? 이 돈을 우리는 '교차자산crossover assets'이라고 부른다. 이를 공식화하자면 다음과 같다.

**월간 투자수입 = 교차자산 × 월간 투자수익률**

우리는 또 교차점에서 월간 투자수입이 월간 지출과 같다는 것도 알고 있다. 따라서 위 공식은 다음과 같이 다시 쓸 수 있다.

**월간 지출 = 교차자산 × 월간 투자수익률**

월간 투자수익률로 양쪽 항목을 나누면 교차자산이 얼마인지 알 수 있다.

**교차자산 = 월간 지출 ÷ 월간 투자수익률**

앞의 예에서 월간 지출은 4,000달러였다. 따라서 교차자산이 얼마인지 알려면 4,000달러를 예상 월간 투자수익률로 나누기만 하면 된다.

여러분이 투자를 통해 매년 3퍼센트 수익률을 기대하고 있다면 이 수치를 12로 나누면 월간 투자수익률이 된다. 다만 이 방법은 근사치라는 사실만 기억하라. 정확한 값을 퍼센트 단위로 얻기 위해서는 다음과 같은 계산식을 이용해야 한다.

**월간 투자수익률 = (1 + 연간 투자수익률)^(1÷12) – 1**

월간 수익률은 0.25퍼센트(3퍼센트÷12)이다. 월간 지출을 월간 투자수익률로 나누면 160만 달러(4,000달러÷0.0025)라는 값을 얻을 수 있다. 이 값이 여러분이 교차점에 이르는 데 필요한 투자자산 금액이다. 다시 말해 160만 달러의 투자자산이 있으면 매월 투자수입으로 월간 지출과 같은 금액인 4,000달러를 벌 수 있다.

4퍼센트 법칙이 은퇴를 위해서는 연간 지출의 25배가 필요하다고 했으니, 이 법칙에 따르면 여러분은 120만 달러(4만 8,000달러×25)를 모아야 한다. 교차점 규칙에서 제시한 160만 달러보다 조금 적은 금액이다. 하지만 이는 교차점 규칙을 적용하며 연간 투자수익률을 3퍼센트로 가정했기 때문이다. 연간 투자수익률을 4퍼센트로 가정하면 두 법칙이 추천하는 은퇴자산은 120만 달러로 같아진다.

다만 이러한 교차점 규칙 역시 은퇴라는 복잡한 문제를 간단한 수학으로 해결해보려는 여러 시도 중 하나에 불과하다는 점을 기억하길 바란다. 이제까지의 규칙, 공식, 가이드라인들보다 훨씬 중요한 것이 남아 있다. 은퇴 후 가장 큰 걱정거리는 돈이 아니라는 사실이다.

## 은퇴 후 가장 큰 걱정거리는 돈이 아니다

지금까지는 "언제 은퇴할 수 있을까?"를 논의하면서 주로 재정적 측면을 살펴보았다. 하지만 여러분이 일을 그만두기로 할 때 돈은 그다지 중요하지 않은 요인일 수 있다. 어니 젤린스키Ernie Zelinski는 《은퇴 생활 백서》에서 이렇게 말한다.

> 보통 사람들이 알고 있는 바와는 달리 은행에 100만 달러가 있느냐 200만 달러가 있느냐보다는 훨씬 다양한 요소들이 은퇴자의 행복과 만족에 영향을 미친다. 실제로 육체 건강, 정신 건강, 탄탄한 사회적 지지가 재정 상태보다 훨씬 더 중요하다.[55]

젤린스키는 은퇴 후 걱정해야 할 문제는 재정적인 것보다는 존재론적existential인 것이라고 주장한다. 일찍 재정 자립을 이루고 은퇴한 후 생활에 싫증을 느끼는 여러 사람도 그리 다르지 않은 메시지를 전해주고 있다.

'미스터 원더풀'이라는 별명을 가진 케빈 오리어리Kevin O'Leary는 36세에 자신의 첫 회사를 매각하고 은퇴한 후 자신의 삶에 대해 이렇게 이야기했다.

> 은퇴 후 3년이 지나자 지겨워 미칠 것 같았어요. 일은 돈 때문에만 하는 게 아닙니다. 사람들은 은퇴하고 나서야 비로소 이 사실을 깨달아요. 일은 그 사람이 어떤 사람인지를 정의해줍니다. 사람들과 사귈 수 있는 사회를 제공하고, 그 사람들과 흥

미로운 상호작용을 할 수 있게 해줍니다. 심지어 더 오래 살 수 있게 해주고, 두뇌 건강에 정말, 정말 좋지요. 언제 은퇴할 거냐고요? 절대 안 합니다. 절대로요. 죽고 난 다음에 어디로 갈지 모르겠지만, 나는 그곳에서도 일을 할 거예요.[56]

오리어리는 일이 얼마나 중요한지, 그리고 일이 어떻게 정체성을 만들어주는지를 재미있게 설명했다. 그런 일을 앗아가버린다면 다른 어디에서 삶의 의미를 찾아야 할지 막막해하는 사람도 있을 것이다.

작가 줄리언 샤피로Julian Shapiro는 많은 돈을 번 다음 일을 그만둔 친구들을 지켜보았던 자신의 경험을 이렇게 요약했다.

자신들이 창업한 회사를 팔아 수백만 달러를 벌었던 친구들을 관찰해보았다. 한 해가 지나자 모두가 시간이 없어 묵혀두었던 예전 프로젝트를 만지작거리고 있었다. 모두 자신이 번 돈을 근사한 집을 사고 좋은 음식을 먹는 데 사용했다. 그게 전부다. 그것만 빼면 전과 전혀 다르지 않았다.[57]

## 그렇다면 가장 중요한 것은 무엇인가

젤린스키, 오리어리, 샤피로가 거짓말을 하고 있다고 생각하는가? 물론 아니다. 은퇴 결심은 재정적인 결정이기도 하지만 라이프스타일에 관한 결정이기도 하다. 따라서 은퇴 시기를 알고 싶다면 먼저 은퇴 후에 무엇을 할지에 대해 생각해야 한다.

- 시간을 어떻게 보낼 것인가?
- 어떤 사회 집단과 교류할 것인가?
- 궁극적인 삶의 목적은 무엇인가?

이 질문들에 대해 충분히 자신 있게 대답할 수 있다면 그때 비로소 은퇴해도 좋다. 그렇지 않다면 은퇴 후 삶에는 실망과 실패만 놓이게 될 것이다. 나는 여러분이 재정적으로뿐만 아니라 정신적으로도 신체적으로도 성공하길 바란다.

내가 파이어FIRE 운동●에 뜨악한 입장인 것도 그런 이유 때문이다. 35세라는 나이에 치열한 경쟁에서 벗어나 인생을 즐길 수 있는 사람도 있겠지만, 재정적인 문제가 해결됐다 해

● 'Financial Independence Retire Early'의 머리글자를 딴 약자로 경제적 자립을 통해 조기 은퇴하는 것을 가리킨다.

도 일을 하지 않으면 인생을 즐기기 어려운 사람도 있기 마련이다.

온라인에서 파이어 운동에 관한 격렬한 토론이 이뤄진 후에 테렌스라는 남성이 파이어족으로서 느꼈던 자신의 경험을 트윗한 적이 있다. 테렌스는 2년 전 은퇴하고 지금은 에어비앤비를 이용해 한 장소에서 한 달에서 석 달 정도 체류하며 전 세계를 여행하고 있다고 했다.

그런 라이프스타일을 부러워하는 사람도 많겠지만 그는 자신을 '외로운 존재'라고 규정한다. 그리고 일반적으로 사람들에게 자신의 라이프스타일은 어울리지 않을 것이라고 말했다. 그러고는 이렇게 결론지었다.

"파이어족 라이프스타일을 갖기 위해서는 먼저 자신이 세상에 어떤 의미가 있지도, 중요하지도 않은 사람임을 받아들여야 합니다. 그저 존재와 비존재 사이 어딘가에 속해 살아가는 거죠."[58]

오싹한 일이다. 물론 테렌스가 모든 파이어족을 대변한다고는 할 수 없지만 조기 은퇴가 갖는 몇몇 부정적인 측면을 대변하고 있는 것은 사실이다. 테렌스의 이야기는 중요한 진실을 말해주고 있다.

돈은 많은 문제를 해결해줄 수는 있지만 모든 문제를 해결해주지는 않는다. 다시 말하지만 돈이란 여러분이 원하는 삶을 살도록 도와주는 도구에 지나지 않는다. 정작 가장 어려운 것은 자신이 어떤 삶을 원하는지 알아내는 일이다.

지금까지 우리가 저축을 하는 가장 중요하고 큰 목표인 은퇴에 관해 이야기를 나눴다. 이제는 이 책의 두 번째 부분인 '투자'로 관심을 돌려보자. 먼저 왜 투자를 해야 하는지에 관한 이야기부터 시작해보려 한다.

The Just Keep Buying's rules

## No.9

# 은퇴에서 가장 중요한 것은 돈이 아니다

많은 사람들이 은퇴에 대한 막연한 두려움을 갖고 있다.
그 두려움의 첫 번째로 꼽는 것은 대부분 '돈'이다.
"은퇴 후에 뭐 먹고 살지?"
"남들처럼 임대료를 받을 방법을 찾아야 하나?"
"연금을 더 많이 넣는 게 좋을까?"

*

하지만 실제로 은퇴 후의 삶을 맞은 사람들이
입을 모아 하는 이야기는 다르다.
그들을 가장 궁지로 몰아넣는 것은 돈이 아닌 '정체성'.
일을 손에서 놓는 순간 찾아오는 허무함, 정체성의 혼란은
계좌에 찍힌 돈으로 해결되지 않는다.
은퇴를 결정하기 전에 미리미리 앞으로 어떤 삶을 살 것인지
그에 대한 자문과 계획이 확실해야 할 것이다.

# 제2부 **투자**

# INVESTING

# 제10장

# 투자를 왜 해야 할까

돈을 불리는 게 어느 때보다 중요해진 세 가지 이유

투자만이 시간에 맞서서 줄어드는 인적자본을

수익을 창출하는 금융자산으로 전환할 수 있는 유일한 수단이다.

은퇴라는 개념은 19세기 말까지도 존재하지 않았다. 19세기 말 이전에는 많은 사람들이 죽을 때까지 일을 했다. 인생의 황금기란 것이 따로 있을 리 없었다. 나이 들어 새로운 취미를 갖는 사람도 없었다. 일을 그만두고 느긋하게 해변을 산책하는 것은 꿈도 꾸지 못했다.

1889년 독일 총리 오토 폰 비스마르크Otto von Bismarck가 세계 최초로 정부지원 노령연금제도를 도입하며 많은 것이 바뀌었다. 당시에는 70세가 넘는 사람들만 정부에서 주는 연금을 받을 수 있었다.

왜 그런 프로그램을 만들었냐는 질문을 받은 비스마르크는 이렇게 대답했다.

"노령이나 질병으로 더는 일하지 못하게 된 사람들은 국가로부터 보호받을 충분한 자격이 있습니다."[59]

독일의 은퇴 연령은 처음에 70세였다가 1916년에 65세로 낮아졌다.

세계에서 볼 수 있는 정부지원 연금제도는 모두 비스마르크의 혁명적인 아이디어로부터 영향을 받았다고 할 수 있다. 미국도 마찬가지다.

비스마르크의 아이디어가 전 세계를 사로잡은 이유는 무엇일까? 바로 사람들이 오래 살기 시작했기 때문이다.

1851년 잉글랜드웨일스●에서 70세까지 생존하는 사람은 인구의 25퍼센트에 지나지 않았다. 1891년에는 이 수치가 40퍼센트에 이르렀고, 오늘날에는 90퍼센트에 이르는 사람들이 70세까지 산다. 미국을 비롯한 선진국의 수명도 비슷한 수준으로 증가했다.[60]

지난 150년에 걸쳐 보건과 의학이 발전하고 기대수명이 연장되면서 모든 것이 바뀌었다. 은퇴 개념이 만들어지면서 돈을 투자하고 관리해야 할 필요도 생겨났다. 수명이 길지 않았을 때는 미래를 위해 돈을 모아야 할 필요가 없었다. 이제 길어진 미래 삶을 위해 투자해야 할 이유가 생겼다. 이는 우리가 투자해야 할 중요한 이유이긴 하지만 유일한 이유는 아니다.

이 장에서 우리는 투자를 해야 하는 이유 세 가지에 대해

---

● 영국 내의 법역 중 하나로 1851년 당시에는 잉글랜드와 웨일스가 하나의 통치 단위로 묶여 있었다.

살펴볼 것이다.

- 은퇴자금 마련하기
- 인플레이션에 대응하기
- 인적자본을 금융자산으로 전환하기

세 가지에 대해 차례로 검토하고 그것들이 각각 여러분의 개인 재정관리에 왜 중요한지에 대해서도 논의할 것이다.

## 은퇴자금 마련을 위한 투자

장차 다가올 노후생활을 위한 자금을 마련하는 것은 투자를 해야 하는 중요한 이유 중 하나이다. 언젠가 여러분은 일을 하고 싶어도 더 이상 할 수 없는 때를 맞이할 것이다. 소득이 없어질 때 의지할 수 있는 자산을 마련하기 위한 수단으로서 투자가 필요하다.

물론 노인이 된 자신을 상상하기 어려운 사람도 있을 것이다. 그런 자신이 낯설게 느껴질 수도 있다. 그런데 여러 연구결과는 미래의 자기 모습을 떠올려보는 것이 투자 습관을 개선하는 좋은 방법이 될 수 있다고 지적한다.

한 연구에서 사람들을 두 그룹으로 나누고 한 그룹의 사람들에게 각자 나이 들었을 때의 모습을 보여주었다. 컴퓨터를 이용해 만든 사실에 가까운 이미지였다. 이러한 경험은 투자 행동에 어떤 영향을 미칠까?

연구자들의 설명에 따르면 나이 든 자신의 모습을 본 그룹의 사람들은 그렇지 않은 그룹의 사람들에 비해 은퇴자금 마련을 위해 평균적으로 2퍼센트 더 많은 돈을 투자했다.[61] 이처럼 미래의 자기 모습을 떠올려보는 것은 장기적인 투자 행동을 자극하는 데 도움이 된다.

투자 행동에 가장 큰 영향을 미치는 요인에 대해 연구하던 학자들 역시 비슷한 결론에 도달했다. 그들의 연구결과에 따르면 언제 긴급지출이 발생할지 모른다는 불확실성을 제외하면 은퇴자금 마련이 가장 강력한 투자 동기가 되었다. 은퇴자금 마련을 투자 동기로 언급한 사람들은 그렇지 않은 사람들에 비해 규칙적으로 더 많은 돈을 모았다.[62]

반면에 자녀교육, 휴가, 내집마련 등 다른 재정적 목표들은 투자 행동을 개선하는 데 효과를 미치지 않았다. 학자들에 따르면 은퇴자금이 투자 동기에 미치는 영향은 소득수준과 같은 사회경제지표와 상관없이 일관성 있게 나타났다.

앞서 제3장에서 강조했듯이 소득은 저축률을 결정하는 데 가장 중요한 요소 중 하나이다. 하지만 위 연구에 따르면 '소득수준과 관계없이' 은퇴자금 마련을 투자 동기로 삼는 사람들은 그렇지 않은 사람에 비해 더 규칙적으로 저축을 하는 경향을 보였다.

더 많이 저축하고 더 많이 투자하고 싶다면 이기적일 만큼 자신의 미래를 소중히 여겨라. 물론 자기 미래의 삶이 투자해야 할 유일한 이유는 아니다. 여러분에게 불리하게 작용하는 여러 재정적 문제들에 대응하기 위해서도 투자를 해야 한다.

## 인플레이션에 대응해 자산가치를 보전하기 위한 투자

헨리 영먼Henry Youngman은 이렇게 말한 적이 있다.

"미국인들은 점점 강해지고 있습니다. 20년 전만 해도 10달러어치 식료품을 나르려면 두 명이 필요했죠. 하지만 오늘날에는 다섯 살배기도 그 정도는 할 수 있습니다."

사실 영먼이 하고자 했던 이야기는 미국 아이들의 건장함이 아니라 미국 달러의 가치 하락이었다. 영먼의 농담은 장기적으로 볼 때 일반적인 인플레이션은 불가피한 현실임을 강조하고 있다.

인플레이션은 현금성 자산을 소유한 사람이라면 모두 지불해야 하는 보이지 않는 세금이라 할 수 있다. 사람들은 모두 자신도 모르는 사이에 매년 이 세금을 내고 있다. 식료품비는 조금씩 오르고, 자산과 차량을 유지하는 비용은 더 비싸지고, 자녀들의 교육비도 매년 더 상승한다. 그런데 이러한 비용을 상쇄할 만큼 소득이 증가하는가 하면 반드시 그렇진 않다. 그런 사람도 있겠지만, 그렇지 않은 사람도 있다.

단기적으로 보면 인플레이션 효과가 그리 대단치 않아 보이겠지만, 장기적으로 보면 상당히 심각한 골칫거리가 될 수 있다. [표 10-1]에서 보듯이 매년 인플레이션율을 2퍼센트로 가정할 때 35년이 지난 후 여러분이 보유한 자산의 가치는 절반까지 떨어진다. 인플레이션율이 5퍼센트라면 겨우 14년 만에 자산가치가 절반으로 하락한다.

[표 10-1]을 보면 인플레이션율이 상대적으로 낮은 2~3퍼센트일 때 자산가치가 절반 이상 하락하는 데 소요되는 기간은 20~30년이다. 자산가치가 절반 하락한다는 의미는 똑같은 상품을 구매할 때 이전에 비해 2배의 돈이 필요하다는 의미이다. 인플레이션율이 상대적으로 높은 4~5퍼센트일 때는 그 기간이 훨씬 더 짧아진다.

2차 세계대전 후 독일바이마르공화국에는 물가상승이 통제를 벗어난 극단적인 인플레이션, 즉 하이퍼인플레이션hyperinflation이 나타난 적이 있다. 이처럼 어떤 시기에는 인플레이

[표 10-1] 인플레이션으로 자산가치가 절반으로 하락하는 데 드는 시간

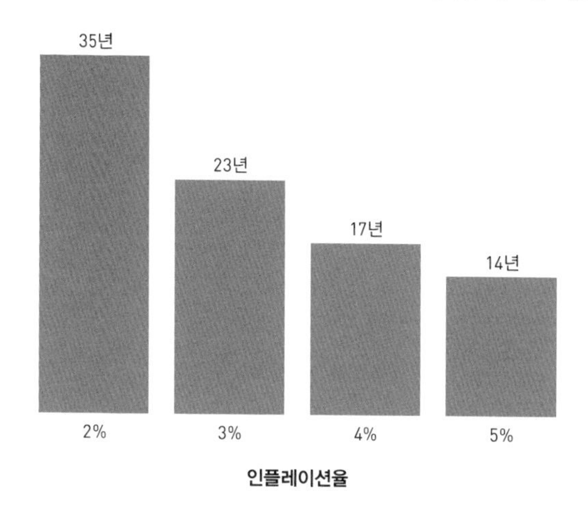


션율이 지나치게 높아져 하루에도 몇 번씩 물건 가격이 급등할 수 있다.

애덤 퍼거슨Adam Fergusson은 《돈의 대폭락》이라는 책에서 이렇게 말했다.

"음식을 주문할 때와 계산할 때 음식 가격이 달라졌다는 이야기가 있다. 5,000마르크짜리 커피를 주문해 마신 다음에 계산하려고 하니 커피값이 8,000마르크로 올라 있었다고 한다."

이런 상황은 흔하지 않지만, 극단적인 인플레이션의 영향이 얼마나 끔찍할 수 있는지를 잘 보여준다.

다행히 우리에겐 인플레이션에 대응해 자산가치를 지키기

위한 효과적인 수단이 있다. 바로 투자다. 시간이 지나도 가치(구매력)를 유지하거나 상승시키는 자산을 보유함으로써 인플레이션의 영향에 성공적으로 대응할 수 있다.

예를 들어 1926년 1월에서 2020년 말까지 인플레이션을 따라잡기 위해서는 1달러가 15달러로 늘었어야 했다. 이 기간에 미국 국채 혹은 주식에 투자했다면 과연 인플레이션을 따라잡을 수 있었을까?

물론이다. 1926년에 1달러를 미국 장기 국채에 투자했다면 2020년 말에 그 돈은 200달러까지 늘어났을 것이다. 1926년에 1달러를 미국 보통주에 투자했다면 2020년 말에는 1만 937달러로 늘어났을 것이다. 인플레이션율보다 무려 729배 높은 비율이다!

이러한 예는 인플레이션 효과에 대응해 자산가치를 보전하거나 늘려주는 투자의 힘을 잘 보여준다. 은퇴자라면 이러한 투자의 힘에 더 주목해야 한다. 은퇴자들은 대개 더 이상은 소득이 없는 상태로 수십 년을 살아야 한다. 그러니 인플레이션에 대응할 수 있는 유일한 무기는 자산가치 상승밖에 없다.

물론 현금성 자산을 보유해야 할 이유도 있다. 앞서 언급했듯이 단기간에 목돈을 만들어야 하는 경우나 살면서 맞닥뜨릴 수 있는 긴급 상황에 대비하기 위해서 말이다. 하지만 장기적인 현금보유는 언제나 형편없는 선택이다. 매년 인플레이션이라는 비용을 부담해야 하기 때문이다.

인플레이션 비용을 최소화하고 싶다면 지금 당장 여유자금을 수익창출자산에 투자하기 바란다. 인플레이션에 대응하기 위한 것이 투자를 해야 할 이유로 충분하지 않다면 시간과 맞서 싸우기 위해서라도 투자를 하라.

## 인적자본을 금융자산으로 전환하기 위한 투자

투자를 해야 하는 마지막 이유는 인적자본을 금융자산으로 전환하기 위해서다.

제3장에서 우리는 인적자본을 여러분이 지닌 능력·지식·시간 등의 재정적 가치라고 정의한 바 있다. 그런데 여러분의 능력과 지식은 평생에 걸쳐 늘어날 수 있는 데 반해 시간은 늘어나지 않는다.

투자만이 시간에 맞서서 줄어드는 인적자본을 수익을 창출하는 금융자산으로 전환할 수 있는 유일한 수단이다. 미래에도 오랫동안 여러분이 돈을 벌게 해주는 금융자산 말이다.

### 지금 여러분의 금융자산 가치는 얼마인가

먼저 여러분의 인적자본에 대해 먼저 알아보기로 하자. 이는 미래에 벌 것이라 예상되는 추정소득의 현재가치를 가늠해 보면 알 수 있다.

현재가치는 미래 자산에 적정한 할인율discount rate을 적용한 값이다. 예를 들어 여러분의 예금계좌에 100달러가 있고 이자율이 1퍼센트라면 1년 후 여러분의 자산은 101달러가 된다. 이 논리를 거꾸로 적용하면 1년 후의 101달러는 현재의 100달러에 해당하는 가치를 지니고 있다. 즉 미래의 101달러가 갖는 현재가치는 1퍼센트의 할인율을 적용한 값인 100달러이다.

개인상해보험 전문가들이 질병, 부상, 사망 등으로 인해 취득할 수 없게 된 분실소득lost income의 가치를 평가할 때는 대체로 1~3퍼센트의 할인율을 적용한다.

만일 여러분이 향후 40년에 걸쳐 매년 5만 달러를 번다면 미래 자산은 200만 달러가 될 것이다. 여기에 3퍼센트의 할인율을 적용하면 현재가치는 120만 달러이다. 이는 여러분의 현재 인적자본 가치가 대략 120만 달러라는 이야기도 된다.

거꾸로 계산하자면, 만일 여러분이 오늘 120만 달러를 투자하고 매년 수익률이 3퍼센트라면 향후 40년간 매년 5만 달러씩 인출할 수 있다는 이야기다.

여기에서 중요한 점은 인적자본은 '줄어드는' 자산이라는 점이다. 다시 말해 미래 자산에 적용되는 할인율 때문에 인적자본이 지닌 현재가치는 매년 줄어들 수밖에 없다. 결과적으

[표 10-2] 인적자본 vs. 금융자산 가치흐름

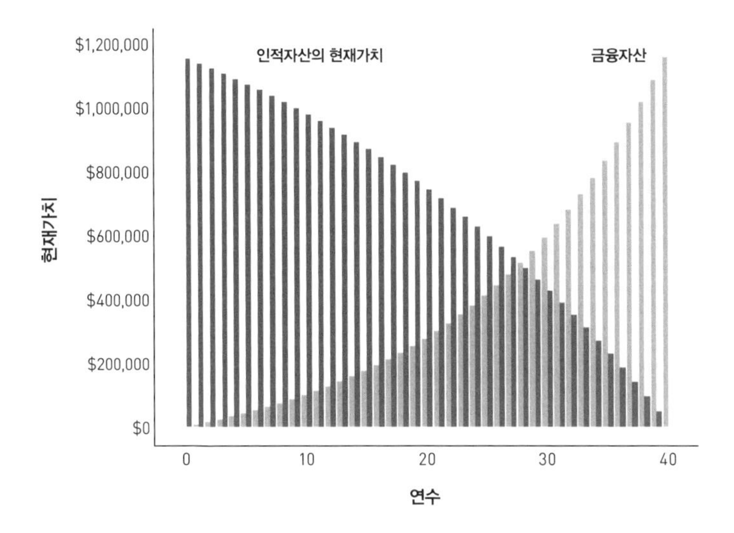


로 (정부지원 퇴직연금을 제외하면) 투자를 통한 금융자산 축적이 미래의 일정 소득을 보장하는 유일한 방법이다.

### 인적자본을 대체하는 금융자산 축적하기

여러분의 인적자본은 매년 감소한다. 이를 상쇄하려면 금융자산을 통해 수익을 창출해야 한다. [표 10-2]는 여러분이 향후 40년간 매년 5만 달러를 벌어서 15퍼센트를 저축하고 연간 수익률이 6퍼센트일 때의 상황을 나타낸다.

[표 10-2]를 보면 인적자본의 가치는 계속 하락하는 데 반해 금융자산은 매년 증가한다. 이것이 나이가 들수록 인적자

본을 금융자산으로 전환해야 하는 이유이다.

매년 여러분이 일해서 번 돈의 일부를 반드시 금융자산으로 전환하라. 그래야 여러분의 돈이 여러분을 위해 더 많은 돈을 생산해줄 수 있다.

본질적으로 투자는 여러분이 일하지 않을 때조차 소득을 얻을 수 있도록 돈이 여러분을 위해 계속 일하도록 함으로써 금융자산을 축적하는 과정이다. 투자를 해야 하는 여러 가지 이유 가운데 이것이 가장 설득력 있고 무시할 수 없는 이유이다.

많은 프로스포츠 선수가 한 해 수백만 달러를 벌면서도 은퇴 후 결국 파산을 맞는 이유도 이제 짐작이 갈 것이다. 프로스포츠를 그만둔 후에도 같은 라이프스타일을 유지하기에 충분할 만큼 서둘러 인적자본을 금융자산으로 바꿔놓지 않았기 때문이다. 프로스포츠 선수처럼 대략 4년에서 6년 사이에 평생의 수입 대부분을 벌어들인다면 일반적인 사람에 비해 저축과 투자가 훨씬 중요하기 마련이다.

여러분이 어떻게 돈을 벌든 간에 지금 가진 능력, 다시 말해 인적자본은 언젠가 결국은 사라지기 마련이라는 사실을 깨닫는 것이야말로 최고의 투자 동기가 될 수 있다.

이번 장에서는 투자를 왜 해야 하는지 그 이유에 대해 알아보았다. 이어서 '무엇'에 투자해야 하는지를 살펴보기로 하자.

The Just Keep Buying's rules

## No.10

# 인적자본을 금융자산으로 전환하는 투자를 하라

안타깝지만 사람은 영원히 일할 수 없다.
노동소득을 죽을 때까지 취할 수는 없는 법이다.
그러니 너무 늦기 전에 인적자본을 금융자산으로 대체하라.
여러분이 일하지 않을 때도 여러분의 통장에
돈을 불려줄 금융자산을 마련하라.
투자의 동기 중 이보다 강력한 동기는 없을 것이다.

제11장

# 무엇에 투자하는 것이 좋을까

부를 이루는 방법이 하나만 있는 것은 아니다

나에게 단 하나의 수익창출자산을 고르라고 한다면

서슴없이 주식을 선택할 것이다.

한 기업의 소유권을 의미하는 주식은

장기간에 걸쳐 부를 창출하는

가장 신뢰할 수 있는 방법 중 하나다.

월리 제이Wally Jay라는 이름이 낯선 사람도 많겠지만, 그는 역사상 가장 위대한 유도 코치 중 한 명이다. 유도 경기는 한 번도 치러보지 못한 주짓수 선수 출신이었던 그는 유도와 여러 다른 무술 분야에서 수많은 우승자를 길러냈다.

제이는 모든 사람이 자신처럼 배우지는 않는다는 사실을 알게 되었다.

> 코치들이 저지르는 가장 커다란 실수는 자신이 배운 대로 가르치려 든다는 점입니다. 한 번은 제게 "제가 가르친 아이들은 모두 저처럼 유도를 해요."라고 말하던 코치가 있었습니다. 정작 시합해보니 그의 팀 어떤 선수도 제가 가르친 선수들을 이기지 못했습니다. 단 한 명도요. 저는 그 사람에게 선수 한 명 한 명에 맞춰 가르쳐보라고 조언했습니다.[63]

어떤 사람에게 효과가 있다고 해서 다른 사람에게도 반드시 그런 것은 아니라는 제이의 깨달음은 유도뿐 아니라 투자에도 적용되는 금언이다.

그러나 이런 식으로 조언하는 사람은 찾아보기 힘들다. 일반적으로 여러분은 돈을 버는 유일하고 진정한 방법을 알고 있다고 주장하는 투자의 달인들을 만난다. 하지만 실제로 돈을 버는 방법은 수없이 많다. 유도에서 이기는 방법이 수없이 많은 것처럼 말이다.

따라서 모든 방법을 검토해본 후에 여러분 각자의 니즈에 가장 잘 맞는 방식을 찾아보는 것이 가장 적절하다고 할 수 있다. 이것이 내가 부자가 되고 싶다면 다양한 수익창출자산을 "그냥 계속 사라."고 조언하는 이유이기도 하다.

어떤 종류의 수익창출자산을 지속해서 살 것인가 하는 문제는 그리 간단하지 않다. 오늘날 투자자들은 과거처럼 주식과 채권 위주로 투자 포트폴리오를 꾸리지 않는다. 이들을 책망할 생각은 없다. 하지만 주식과 채권은 지금도 자산을 축적할 수 있는 대단히 유망한 방식이다.

그렇다 해도 주식과 채권은 투자라는 빙산의 일각에 불과하다. 여러분이 진심으로 자산을 축적하고 싶다면 투자의 세계에서 제시하는 모든 방법을 고려해야 한다.

이번 장에서는 여러분이 자산을 늘리는 데 이용할 수 있는 최고의 수익창출자산 목록을 만들어보았다. 각 종류의 자산에 대해 정의하고, 장단점을 살펴보고, 실제로 투자하는 방법까지 덧붙였다.

다만 이 목록을 내가 추천하는 것으로 생각하지 말고 더 많은 연구를 위한 출발점으로 보아주길 바란다. 나는 여러분 각자의 상황을 알지 못하며 그렇기에 어떤 자산에 투자하라고 추천할 수도 없다.

사실 나는 이 목록에서 네 개의 자산에만 투자했다. 나머지는 도무지 납득할 수 없기 때문이었다. 여러분도 각 종류의 자산을 충분히 평가해보고, 자신의 투자 포트폴리오에 어떤 것을 더하고 뺄지를 결정하기를 바란다.

우선은 내가 개인적으로 좋아하는 종류의 자산부터 시작하도록 하자.

## 주식

나에게 단 하나의 수익창출자산을 고르라고 한다면 서슴없이 주식을 선택할 것이다. 한 기업의 소유권을 의미하는 주식은 장기간에 걸쳐 부를 창출하는 가장 신뢰할 수 있는 방법 중 하나다.

## 주식에 투자해야 할 이유, 투자하지 말아야 할 이유

제러미 시겔Jeremy Seigel은 《주식에 장기투자하라》에서 "미국 주식투자의 실질수익률은 지난 204년 동안 연간 평균 6.8퍼센트에 달한다."라고 말했다.[64]

물론 미국 주식시장이 지난 수백 년에 걸쳐 가장 수익률이 높은 시장은 아니다. 자료에 따르면 세계의 다른 주식시장 역시 같은 기간에 인플레이션 조정수익률(일명 실질수익률)로 플러스를 기록했다.

엘로이 딤슨Elroy Dimson, 폴 마시Paul Marsh, 마이크 스톤턴Mike Staunton은 1900년에서 2006년까지 16개 국가의 주식수익률을 분석한 다음 모두가 장기적으로는 플러스 실직수익을 올렸다고 발표했다. 이들의 연구에서 실질수익률이 가장 낮은 국가는 벨기에로 2.7퍼센트의 연간 실질수익률을 올렸다. 가장 높은 국가는 스웨덴으로 거의 8퍼센트에 달하는 연간 실직수익률을 기록했다.

해당 기간 내 미국의 연간 실질수익률은 상위 25퍼센트 정도에 해당한다. 세계 평균보다는 높지만 남아프리카 공화국, 오스트레일리아, 스웨덴보다는 뒤처져 있다.[65] 다시 말해 미국의 주식수익률은 대단하긴 하지만 전 세계적으로 볼 때 최고라고는 할 수 없다.

게다가 딤슨, 마시, 스톤턴의 분석은 인류 역사상 가장 파괴적인 시기 중 하나였던 20세기를 중심으로 행해졌음에 주목해야 한다. 두 번의 세계대전을 거치고 대공황을 겪으면서도 전 세계적으로 주식은 장기적으로 플러스 실질수익을 냈다는 말이다.

바턴 빅스Barton Biggs는 《부, 전쟁 그리고 지혜*Wealth, War & Wisdom*》에서 수백 년 동안 자산가치를 보전하는 데에 어떤 수익창출재산이 가장 유리했는지를 분석하며 같은 결론에 도달했다. 그는 "유동성을 감안하면 주식이야말로 자산을 담아둘 최적의 장소이다."라고 말했다.[66]

물론 20세기에 나타났던 전 세계 주식시장의 우상향 추세가 미래에도 지속하리라는 법은 없다. 하지만 나라면 지속할 것이란 쪽에 걸겠다.

주식을 소유하는 또 다른 장점은 지속적인 관리가 필요 없다는 것이다. 여러분은 기업을 소유하고 그 기업의 경영진이 여러분을 대신해 일한다. 여러분은 창출한 결과물을 수확만 하면 된다.

이제까지 주식의 여러 장점에 대해 언급했지만, 소심한 사람에게는 권하고 싶지 않은 수익창출자산이기도 하다. 한 세기에 두세 번은 50퍼센트 이상의 하락을, 4~5년마다 30퍼센트 내외의 하락을, 격년마다 최소한 10퍼센트의 하락은 감수해야 하기 때문이다.

이러한 주식시장의 변동성으로 인해 격동의 시기에도 계속 주식을 보유하기란 쉽지 않은 일이다. 10년간 꾸준히 상승해 왔던 가치가 단 며칠 만에 증발하는 상황을 지켜보는 것은 아무리 노련한 투자자라도 끔찍하게 고통스러운 경험이다.

이러한 감정적인 격변과 맞서는 가장 좋은 방법은 장기적으로 '멀리 보는' 것이다. 이러한 태도가 반드시 수익을 보장해 주지는 않지만, 역사적으로 볼 때 충분한 시간이 흐르면 주식은 늘 손실을 만회했다. 시간은 주식투자자에게 최고의 친구이다.

### 주식에 투자하는 방법

주식투자 방법은 하나가 아니다. 개별 주식을 살 수도 있고 인덱스펀드나 ETF에 투자할 수도 있다. 예를 들어 S&P500 인덱스펀드를 통해 미국 주식에 투자할 수 있고, VT ETF Vanguard Total World Stock ETF를 통해 전 세계 주식에 투자할 수도 있다.

나는 몇 가지 이유에서 개별 주식보다는 인덱스펀드나 ETF를 선호하는 편이다. 무엇보다도 인덱스펀드에 돈을 더 넣지 않고도 분산투자를 할 수 있다는 점이 마음에 들어서이다.

인덱스펀드를 통한 주식 소유를 결정하더라도 구체적으로 어느 주식을 선택해야 할지는 사람마다 의견이 다를 수 있다. 규모에 집중해야 한다는 사람도 있고(소형주), 기업가치에 초점을 맞추는 사람도 있고(가치주), 가격 추세에 초점을 맞춰야 한다고도 한다(모멘텀주).

어떤 사람은 배당을 자주 하는 주식을 사는 것이야말로 부자가 되는 확실한 방법이라고 말하기도 한다. 다시 한번 상기하자면, 배당이란 기업이 내는 이익을 주주, 다시 말해 여러분에게 지급하는 것이다. 여러분이 한 회사의 주식 5퍼센트를 소유하고 있는데 그 회사가 100만 달러를 배당하면, 여러분은 5만 달러의 배당금을 받게 되는 셈이다. 근사하지 않은가?

어떤 전략을 선택하든 간에 우선은 주식에 관심을 기울이는 것 자체가 중요하다. 개인적으로 나는 세 개의 다른 ETF를 통해 미국 주식, 선진국 주식, 신흥시장 주식을 골고루 가지고 있다. 그리고 약간의 가치주도 갖고 있다.

나의 방법이 최적의 주식투자 방법일까? 누구도 알 수 없다. 하지만 내게는 여전히 괜찮은 방법이고, 앞으로도 오래오래 괜찮은 방법이길 바란다.

- **연평균 수익률 :** 8~10퍼센트
- **장점 :** 역사적으로 검증된 높은 수익. 소유하기 쉽고 팔기도 쉽다. 유지비용이 낮다(다른 누가 기업을 운영해준다).
- **단점 :** 변동성이 크다. 주식 가치는 여러 경제 상황이나 지표가 아니라 인간의 감정에 따라서 빠르게 변한다.

## 채권

주식이라는 정신없는 세계를 보았으니, 이제 상대적으로 훨씬 더 조용한 채권이라는 세계를 들여다보자.

채권은 채무자가 투자자에게 일정 시간에 걸쳐 갚는 대출이다. 이 시간을 기간, 시한, 만기라고 부른다. 많은 채권은 만기일에 원금 잔액을 모두 상환하기 전에 대출 기간 동안 투자자에게 쿠폰coupon이라는 이름으로 정기이자를 지급한다. 연간 쿠폰 지급액을 채권 가격으로 나눈 금액이 수익률이다. 여러분이 1,000달러어치 채권을 사고 매년 100달러의 쿠폰을 받았다면, 그 채권의 연간 수익률은 10퍼센트인 셈이다.

채무자는 개인일 수도 있고 기업일 수도 있고 정부일 수도 있다. 투자자들이 채권을 말할 때 보통은 미국 국채를 의미한다. 이 국채는 미국 재무성에서 발행하지만 실제로는 미국 정부가 채무자이기 때문에 미국 국채라고도 하고 재무부채권이라고도 한다.

미국 재무부채권의 만기는 다양하고 만기별로 다른 이름이 붙여진다. 만기별 채권의 수익률은 www.treasury.gov에서 찾아볼 수 있다.[67]

- **재무단기채 :** 1~12개월 만기

- **재무중기채**: 2~10년 만기
- **재무장기채**: 10~30년 만기

여러분은 미국 국채뿐 아니라 다른 나라의 국채도 살 수 있다. 국채가 아닌 회사채, 지방채, 공채도 살 수 있다. 이러한 채권들은 미국 국채보다 수익률이 더 높을 수 있지만 그만큼 리스크도 더 크다.

다른 채권이 미국 국채보다 리스크가 큰 이유는 무엇일까? 미국 재무성이야말로 이 세상에서 가장 믿을 수 있는 채무자이기 때문이다.

미국 정부는 언제든 달러를 찍어내 부채를 갚을 수 있기 때문에 미국 정부에 돈을 빌려준 사람은 사실상 상환을 보장받는 셈이다. 하지만 다른 나라의 국채와 회사채나 공채는 사정이 다르다. 채무 불이행의 리스크가 있다.

이러한 까닭에 나는 미국 국채와 내가 거주하는 주(州)의 면세 공채에만 투자하고 있다. 더 큰 리스크를 감수하고 싶더라도 리스크가 큰 채권을 사서 내 포트폴리오에 편입시키지는 않을 것이다. 채권은 자산을 분산하는 방법이지 리스크를 감수하는 자산은 아니기 때문이다.

특히 2008년 이후 낮은 미국 국채 수익률을 감안할 때 수익률이 더 높고 리스크가 큰 채권을 소유해야 한다는 주장도 있다. 하지만 수익률만이 중요한 게 아니다. 채권은 투자자들에게 유용한 여러 다른 특성을 갖고 있다.

**채권에 투자해야 할 이유, 투자하지 말아야 할 이유**

내가 채권을 추천하는 것은 다음과 같은 이유에서다.

1. 채권은 주식(혹은 다른 리스크가 큰 자산)이 하락할 때 오르는 경향이 있다.
2. 채권은 다른 자산보다 더 일관성 있는 수익원이다.
3. 채권은 포트폴리오를 재조정하거나 다른 부채를 상환해야 할 때 유동성을 제공할 수 있다.

채권은 주식시장이 단기적으로 하락하고 다른 모든 종류의 자산가치가 떨어지더라도 오히려 가치가 상승하는 몇 안 되는 자산이다. 이런 상황이 오면 투자자들은 '안전자산'을 선호하는 현상을 보이며 리스크가 있는 자산을 팔아 채권을 구매하기 때문이다. 이러한 경향성으로 인해 채권은 최악의 시기에 여러분의 포트폴리오에서 의지가 되어준다.

마찬가지로 채권은 안정성 때문에 오랜 기간에 걸쳐 일관성 있는 수익을 제공한다. 미국 정부는 필요할 때 달러를 찍어 채권자들에게 돈을 갚을 수 있으므로 여러분이 매입한 채권 수

**[표 11-1] 포트폴리오의 채권 비율에 따른 손실폭**

(2020년 1월 1일 ~ 4월 28일)

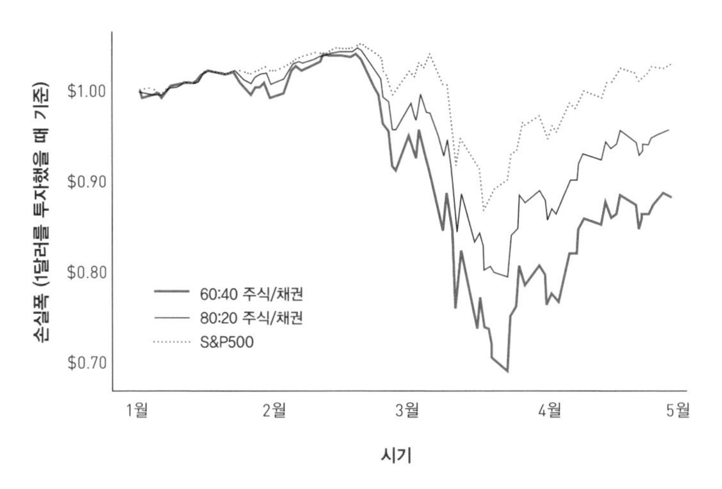


익에 변동이 생길까 전전긍긍하지 않아도 된다.

마지막으로 채권은 투자 포트폴리오를 재조정하거나 부채를 상환해야 할 때 현금 유동성을 확보하기에 유리하다. 금융 패닉으로 주가가 폭락하고 여러분이 일자리를 잃었다고 가정해 보자. 아마도 여러분은 포트폴리오에 있는 채권을 팔아 현금을 마련함으로써 어려운 시절을 버텨나갈 수 있게 될 것이다.

2020년 초 코로나19로 인한 폭락장에서 다양한 포트폴리오의 변화를 보면 채권의 안정성을 실감할 수 있을 것이다. [표 11-1]이 보여주듯이 미국 국채를 많이 포함한 포트폴리오일수록 손실률이 낮았다.

[표 11-1]에서 보듯이 2020년 3월부터 60:40과 80:20 포트폴리오 모두 S&P500만으로 구성된 포트폴리오보다 손실률이 낮았다.

더 중요한 것은 폭락장에서 채권을 통해 포트폴리오를 재조정한 사람들은 이후 경기회복기에 더 커다란 수익을 올렸다는 점이다. 내 경우를 예로 들자면 나는 운 좋게도 2020년 3월 23일 시장이 바닥을 친 바로 그날 포트폴리오를 재조정했다. 물론 최적의 타이밍을 선택할 수 있었던 것은 순전히 운이었다. 하지만 채권을 보유하고 있고 그중 어느 정도를 팔아 주식으로 전환할 수 있었던 것은 결코 운이 아니었다.

채권의 유일한 단점이라면 주식을 비롯해 리스크가 큰 다른 자산에 비해 수익률이 매우 낮다는 것이다. 2008~2020년처럼 수익률이 낮을 때는 특히 그렇다. 이러한 환경에서는 인플레이션율을 적용했을 때 채권의 실질수익률은 0에 가깝거나 마이너스를 기록하기도 한다.

### 채권에 투자하는 방법

주식과 마찬가지로 채권을 사는 방법도 여러 가지다. 여러분은 직접 개별 채권을 살 수 있다. 하지만 인덱스형 채권펀드나 ETF를 통해 사는 편이 훨씬 쉽다.

예전에는 개별 채권과 채권펀드 사이에 가시적인 성과 차이가 있는가를 두고 논쟁이 벌어지기도 했다. 하지만 지금은 둘 사이에 아무런 차이가 없다는 게 정설이다. AQR캐피털매니지먼트AQR Capital Management의 창립자인 클리프 애즈니스Cliff Asness는 2014년 〈파이낸셜 애널리스트 저널〉에 기고한 논문을 통해 이러한 이론을 구축했다.[68]

개별 채권이나 채권펀드 등 어떤 방식으로 구매를 하든 채권은 포트폴리오에서 여러분의 자산을 늘려주는 것 외에 다른 중요한 역할을 한다. 옛 속담에도 이런 말이 있다.

"우리는 잘 먹기 위해 주식을 산다. 하지만 잘 자기 위해서는 채권을 산다."

- **연평균 수익률 :** 2~4퍼센트(저이율 환경에서는 0퍼센트에 가까울 수도 있다).
- **장점 :** 변동성이 적다. 포트폴리오 재조정에 좋다. 원금은 안전하다.
- **단점 :** 인플레이션 이후 수익률이 낮다. 수익률이 낮은 환경에서는 정기적인 수입으로 적절치 않다.

## 투자부동산

주식과 채권을 제외하고 가장 인기 있는 수익창출재산은 무엇일까? 투자부동산이다. 투자부동산을 가지고 있다는 것은 근사한 일이다. 직접 이용할 수도 있고 이용하지 않을 때는 임대를 통해 부가수입을 거둘 수도 있다.

**투자부동산을 매입해야 할 이유, 매입하지 말아야 할 이유**

부동산을 제대로 관리한다면 임차료를 내고 이용하는 사람이 주택담보대출 상환금을 대신 내주고, 여러분은 장기적인 부동산 가치 상승이라는 결실을 누릴 수 있다. 게다가 투자부동산을 매입할 때 저렴한 이자로 돈을 빌릴 수 있다면 시세차익으로 인한 수익률이 더 높아지는 레버리지 효과를 얻을 수 있다.

예를 들어보자. 여러분이 50만 달러 부동산을 구매하기 위해 10만 달러의 계약금을 냈다면 남은 40만 달러는 은행에서 빌려야 한다. 1년 후 구매한 부동산의 가치가 60만 달러로 증가했다고 가정하자. 부동산을 팔아 대출금을 갚고 나면 20만 달러를 손에 쥐게 된다. 부동산을 구매하기 위해 투입한 10만 달러보다 2배 더 많은 금액이다. 레버리지 효과 덕분에 부동산 가격의 20퍼센트 상승이 여러분에게 무려 100퍼센트의 수익을 가져다준 것이다.

너무나 꿈같은 이야기처럼 들리는가? 그럴 수 있다. 실제로도 꿈에 가깝기 때문이다. 하지만 부동산 가격이 하락하는 경우라면 레버리지가 오히려 불리하게 작용한다는 사실도 명심해야 한다. 여러분이 매입한 부동산 가치가 50만 달러에서 40만 달러로 하락했다고 가정하자. 그러면 여러분이 부동산을 되팔아 대출금을 갚으려고 할 경우 계약금으로 지급했던 10만 달러는 고스란히 증발해버리는 셈이다. 그렇다면 부동산 가치의 20퍼센트 하락은 100퍼센트의 손실을 의미한다. 다만 부동산이 폭락하는 경우는 드물기 때문에 부동산 투자자들은 대체로 레버리지를 통해 수익을 올릴 수 있다.

투자부동산의 단점은 계속 관리를 해야 한다는 점이다. 일단 사들인 다음엔 잊어버린 채 내버려두면 되는 다른 여러 자산에 비해 훨씬 더 손이 많이 간다. 일단은 여러분의 집을 임차할 사람들과 계약을 맺고 임대료를 받아야 한다. 그러기 전에 먼저 임대 사이트에 부동산 정보를 올려야 하고, 잠재고객들에게 매력적으로 보이도록 만들어야 하고, 지속적으로 유지보수를 해야 한다. 그 외에도 한둘이 아니다. 이 모든 일을 하는 동시에 막대한 주택담보대출을 떠안는 스트레스를 감당해야 한다.

사실 일이 잘 풀릴 때는 투자부동산이야말로 효자노릇을

톡톡히 한다. 매입 비용의 상당 부분을 은행에서 빌렸을 때는 더욱 그렇다. 하지만 일이 잘 풀리지 않으면, 예를 들어 2020년 팬데믹으로 인한 여행 규제 같은 일이 일어난다면 상황은 정말 나빠질 수 있다. 당시 많은 에어비앤비 사업자들이 뼈저리게 체험했듯이 투자부동산 사업은 만만치가 않다.

또한 투자부동산의 수익률이 주식이나 채권보다 훨씬 더 높을 수 있지만, 그만한 수익을 올리기 위해서는 훨씬 더 많은 노동이 필요하다.

마지막으로 알아둘 것은 개별 투자부동산을 매입하는 것은 개별 주식 구매와 마찬가지로 분산되지 않은 투자라는 사실이다. 투자부동산을 매수한다는 것은 그 부동산에 관련된 모든 특정 리스크를 떠안는 것이다. 따라서 부동산 시장이 호황을 맞더라도 어떤 근본적인 문제와 비용 때문에 여러분이 산 집이 추세에 편승하지 못할 가능성도 있다. 거기다 분산투자를 할 수 있을 만큼 충분히 많은 투자부동산을 가진 경우는 드물다. 그래서 단 하나의 부동산이라는 리스크는 문제가 된다.

하지만 여러분이 투자한 물건을 마음대로 통제하고 싶다면, 그리고 부동산이라는 눈에 보이는 자산을 선호한다면 투자부동산을 포트폴리오에 넣는 것도 충분히 고려해볼 수 있다.

### 투자부동산을 매입하는 방법

투자부동산은 부동산 중개인을 통해서 매입할 수도 있고, 매도인과 직접 거래를 통해서 매입할 수도 있다.

- **연평균 수익률** : 12~15퍼센트(지역별 임대 조건에 따라 다르다).
- **장점** : 특히 대출이라는 레버리지를 이용할 경우 다른 전통적인 자산보다 수익률이 높다.
- **단점** : 부동산 관리와 고객 관리는 골치 아픈 일이다. 분산투자가 어렵다.

## 부동산투자신탁

부동산을 소유하고 싶긴 하지만 관리에 자신이 없다면 리츠REIT(부동산투자신탁)가 좋은 선택일 수 있다. 리츠는 부동산을 소유하고 관리하며 거기서 나온 수입을 투자자들에게 지급하는 일종의 기업이다.

리츠는 세제 혜택을 받기 위해 부동산 임대수익의 90퍼센트 이상을 배당금으로 투자자들에 돌려준다. 이러한 이유로 리츠는 가장 신뢰할 수 있는 수익창출자산 중 하나다.

리츠에는 여러 종류가 있다. 레지던셜리츠residential REITs는 아파트, 학교 기숙사, 조립식 주택, 단독주택을 소유할 수 있다. 커머셜리츠commercial REITs는 오피스, 창고, 리테일 매장 및 여러 상업용 부동산을 소유한다.

게다가 리츠는 상장형, 사모형, 비상장형으로 그 종류가 다양해서 분산투자가 가능하다.

**상장형 리츠**

- 상장기업처럼 증권거래소에서 주식 거래가 이루어지고 모든 투자자가 접근할 수 있다.
- 주식 인덱스펀드에 투자한 사람이라면 이미 상장형 리츠를 어느 정도는 가지고 있다. 따라서 부동산 비중을 늘리고 싶을 때만 리츠를 선택해야 한다.
- 개별 상장형 리츠 말고도, 여러 리츠에 투자하는 상장 리츠 인덱스펀드도 있다.

**사모형 리츠**

- 증권거래소에서 거래되지 않고 적격투자자(순자산 100만 달러 이상 또는 지난 3년간 연소득 20만 달러 이상인 사람)만 이용할 수 있다.
- 중개인이 필요하므로 수수료가 많이 들 수 있다.
- 규제 및 감독이 적다.

- 보유 기간이 길어 유동성이 적다.
- 상장형 리츠보다 수익률이 높을 수 있다.

**비상장형 리츠**

- 증권거래소에서 거래되지 않지만 클라우드소싱을 통해서 모든 투자자가 접근할 수 있다.
- 사모형 리츠보다는 규제 및 감독이 많다.
- 필요한 투자 요건이 적다.
- 보유 기간이 길어 유동성이 적다.
- 상장형 리츠보다 수익률이 높을 수 있다.

나는 상장형 리츠에만 투자해봤지만, 비상장형 리츠도 장기적으로 높은 수익을 제공하는 대안일 수 있다.

**리츠에 투자해야 할 이유, 투자하지 말아야 할 이유**

어디에 투자하든 간에 리츠는 일반적으로 좋은 시기에는 주식과 비슷하거나 좀 더 나은 수익을 제공하며, 주식시장과의 상관관계는 그리 높지 않다. 즉 주식시장 상황이 좋지 않을 때도 높은 수익을 올릴 수 있다.

그러나 상장형 리츠는 다른 리스크 자산 대부분과 마찬가지로 주식시장이 폭락하면 역시 함께 하락한다. 따라서 하락장일 때 상장형 리츠에서는 분산투자 효과를 기대할 수 없다.

**리츠에 투자하는 방법**

앞서 말했듯이 상장형 리츠는 모든 증권 플랫폼을 통해 접근할 수 있다. 비상장형 리츠는 클라우드소싱 사이트에, 사모형 리츠는 운용사에 직접 문의해야 한다. 개인적으로 상장형 리츠를 선호하는 이유는 유동성이 좋다(쉽게 사고팔 수 있다)는 점 때문인데, 여러분이 투자하고 싶은 특정 부동산을 포함한 비상장형 리치나 사모형 리츠를 선택하는 것도 장점이 있을 수 있다.

- **연평균 수익률** : 10~12퍼센트
- **장점** : 관리할 필요가 없는 부동산을 소유할 수 있다. 좋은 시절에 주식과 낮은 상관관계를 보인다.
- **단점** : 주식보다 변동성이 크거나 같다. 비상장형 리츠는 유동성이 적다. 주식시장이 폭락할 때는 주식 및 다른 위험 자산과 상관관계가 크다.

## 농지

이번에 다룰 것은 농지이다. 농지를 언급해서 의외라고 생각할 수 있으나 역사적으로 볼 때 농지는 중요한 부의 원천이었다.

### 농지에 투자해야 할 이유, 투자하지 말아야 할 이유

농지에 투자해야 하는 이유는 단순하다. 주식 및 채권 수익과 아주 낮은 상관관계를 갖고 있기 때문이다. 금융시장에서 어떤 일이 벌어지든 농지와는 큰 상관이 없는 게 당연하다.

게다가 농지는 주식보다 변동성이 적다. 땅의 가치란 세월이 흐르더라도 크게 바뀌지 않기 때문이다. 게다가 농지의 생산성은 기업의 생산성에 비해 훨씬 더 안정적이므로 주식보다 전반적인 변동성이 적은 것도 납득할 수 있다.

농지는 전반적인 물가와 함께 가치가 오르기 때문에 인플레이션 헤지 기능도 있다. 변동성은 적고 수익성은 높은 특성상 농지 소유권이 개별 주식이나 채권처럼 무가치한 휴지 조각이 되는 경우는 생각하기 힘들다. 물론 기후변화가 미래에 어떤 영향을 미칠지는 아직 지켜보아야 하겠지만 말이다.

그렇다면 농지에서는 어느 정도의 수익을 기대할 수 있을까? 하버드대학교에서 경영학을 공부했고 3대째 농부이기도 한 제이 지로토Jay Girotto는 펀드매니저 테드 세이즈Ted Seides와 한 인터뷰에서 "농지는 농지 수확에서 오는 수익의 절반, 그리고 토지가 상승에서 오는 수익의 절반을 합쳐 7~9퍼센트 정도의 수익을 올린다고 생각하면 된다."라고 말했다.[69]

### 농지에 투자하는 방법

개별 농지를 구입하는 것은 쉽지 않다. 가장 쉬운 농지 투자 방식은 상장형 리츠나 사모형 리츠를 통하는 방법이다. 사모형 리츠는 자신이 투자한 농지를 직접 관리할 수 있어서 더 선호되기도 한다.

사모형 리츠의 단점이라면 앞서 언급한 대로 적격투자자에게만 문호가 개방되어 있다는 점이다. 게다가 상장형 리츠 투자와 비교해 수수료가 비쌀 수 있다. 수수료가 너무 과하다고 생각한다면 리츠를 만드는 데 들어간 노동을 생각해보라. 개인적으로는 그 수수료가 지나치다고는 생각하지 않는다.

- **연평균 수익률 :** 7~9퍼센트
- **장점 :** 주식이나 그 밖의 다른 금융자산과 상관관계가 적다. 인플레이션 헤지가 가능하다. 하락 리스크가 적다(다른 자산보다 '휴지가 될' 가능성이 작다).
- **단점 :** 유동성이 적다(사고팔기 힘들다). 수수료가 높다. 공인

투자자가 되어야 사모형 리츠에 참여할 수 있다.

## 소기업

농지가 마음에 들지 않는다면 소기업 또는 소기업의 일부를 소유하는 방법도 생각해볼 수 있다. 다만 그전에 소유한 소기업을 직접 경영할지, 아니면 자본과 전문지식만 제공할지를 결정해야 한다.

### 소기업을 소유하면서 직접 경영하기

소기업 혹은 프랜차이즈를 소유하는 동시에 경영까지 하고 싶다면 생각보다 훨씬 더 많은 일을 해야 할 각오를 해야 한다.

소기업 투자전문가 브렌트 비쇼어Brent Beshore는 서브웨이 운영자 매뉴얼을 트위터에 올린 적이 있는데, 그 양이 무려 800페이지에 달했다. 서브웨이 같은 소규모 프랜차이즈도 이러한데 5,000만 달러 가치의 물건을 만드는 기업이라면 어떨지 상상해보라.[70]

비쇼어의 트윗은 여러분에게 소기업을 운영하지 말라는 뜻은 아니다. 그보다는 얼마나 많은 일을 하게 될지 사실적으로 예상해보라는 취지였다. 소기업을 소유하며 경영까지 할 수 있다면 리스트에 있는 그 어떤 수익창출자산보다 훨씬 더 높은 수익을 올릴 수 있다. 하지만 이는 엄청나게 힘든 노동의 대가임은 분명히 알아두어야 한다.

### 소기업을 직접 경영하지 않고 소유만 하기

여러분은 운영자 역할을 포기하고, 엔젤투자자 혹은 수동적인 소유자 역할만 할 수도 있다. 이렇게 하는 것만으로도 엄청난 수익을 올릴 수 있다. 여러 연구에 따르면 엔젤투자자의 예상 연간 수익률은 20~25퍼센트에 이른다.[71]

물론 이 수익이 무조건 보장된 수익은 아니다. 엔젤캐피털협회ACA의 연구에 따르면 엔젤투자자의 9분의 1(11퍼센트)만 플러스 수익을 올린다.[72] 애플과 같은 기업으로 성장하는 기업도 몇몇 있을 수 있겠지만 대부분은 그냥 소리소문없이 사라진다는 말이다.

그럼에도 유명 투자자이자 와이콤비네이터YComibinator 사장인 샘 올트먼Sam Altman은 엔젤투자에 대해 다음과 같이 말했다.

"최고의 엔젤투자를 통해 나머지 모든 수익창출자산을 더한 것보다 더 많은 돈을 버는 경우는 매우 일반적이다. 최고의 엔젤투자를 했다면 여러 기업으로부터 투자금(혹은 2배로 보장된 금액)을 회수하는 데 실패할 일은 없다."[73]

소기업 투자는 어렵기도 하지만 잘되었을 경우 그만큼 얻을 수 있는 수익도 크다. 다만 엔젤투자에 집중하기로 한다면 막대한 시간을 투자해야 한다는 사실을 명심해야 한다. 터커 맥스Tucker Max는 자신이 엔젤투자를 포기하고 다른 사람에게도 이를 권하지 않는 이유를 "막대한 수익을 가져다주는 최고의 엔젤투자를 원한다면 반드시 그 일에 깊숙이 관여해야 하기 때문이다."[74]라고 말한다.

여러 연구 역시 맥스의 주장을 확인해주었다. 근면성, 경험, 참여에 쏟은 시간, 이 모두가 엔젤투자자의 장기간 수익과 긍정적인 상관관계를 보였다.[75]

### 소기업에 투자하는 방법

부업 삼아 하는 엔젤투자로는 큰 수익을 기대할 수 없다. 몇몇 사모펀드 플랫폼이 일반투자자에게 투자의 기회를 열어주기도 하지만, 대부분의 기회는 적격투자자만 가능하고 일반투자자가 유망한 기업에 남들보다 빨리 접근할 가능성은 거의 없다고 보아도 좋다.

여러분이 실망하길 바라서 이런 얘기를 하는 것이 아니다. 다만 최고의 엔젤투자자들은 자신들의 시간과 노력을 쏟아부어 유망 기업을 찾아다닌다는 사실을 강조하고 싶을 뿐이다. 소기업 투자자가 되고 싶다면 우선 자신의 라이프스타일부터 뜯어고쳐야 할지도 모른다.

- **연평균 수익률 :** 20~25퍼센트(성공하는 경우에 한해)
- **장점 :** 막대한 수익을 기대할 수 있다. 더 많이 관여할수록 더 많은 가능성을 가질 수 있다.
- **단점 :** 막대한 수익을 기대하는 만큼 막대한 시간과 노력을 투자해야 한다. 큰 실패로 낙담할 수 있다.

## 저작권

여러분은 좀 더 문화적인 곳에 투자하길 원할 수도 있다. 그렇다면 저작재산권을 소유함으로써 로열티를 벌어들이는 방법이 있다. 로열티란 저작권이 있는 저작물을 지속적으로 이용할 때 지불해야 하는 돈이다. 음악, 영화, 상표권의 저작권을 사고팔 수 있으며, 저작권 이용을 통해서 수익을 올리는 웹사이트들도 여럿 있다.

### 저작권에 투자해야 할 이유, 투자하지 말아야 할 이유

저작권은 금융시장 변동과는 관계없이 꾸준한 수입을 창출할 수 있기 때문에 좋은 투자처가 될 수 있다.

예를 들어 제이지Jay-Z와 앨리샤 키스Alicia Keys의 노래 〈엠파이어 스테이트 오브 마인드〉는 12개월 동안 3만 2,733달러를 로열티로 거둬들였다. 로열티익스체인지RoyaltyExchnage.com에서 이 노래의 10년간 저작권은 19만 500달러에 판매되었다.

3만 2,733달러라는 연간 로열티가 변하지 않는다고 가정한다면, 이 저작권을 구매한 사람은 차후 10년간 매년 19만 500달러의 11.2퍼센트를 벌게 될 것이다.

물론 이 노래의 로열티가 앞으로 10년 동안 증가할지 그대로일지 줄어들지는 그 누구도 알 수 없다. 대중의 음악 취향이 어떻게 바뀌느냐에 따라 달라질 것이다. 저작권 투자의 리스크 및 장점이 바로 이것이다. 문화는 변하고, 한때 유행했던 것은 잊히고, 반대로 잊혔던 것이 부활하기도 한다.

로열티익스체인지에서는 '달러 에이지Dollar Age'●라는 지표를 이용해서 어떤 음악이 얼마나 유행할지를 계량화하기도 한다. 예를 들어 두 다른 노래가 작년에 같은 1만 달러 로열티를 벌었는데, 한 곡은 1950년에 다른 한 곡은 2019년에 발표된 곡이라면 1950년에 발표된 노래가 달러 에이지가 더 높고 따라서 장기투자에 더 적합하다는 판정을 받는다. 왜 그럴까?

---

● 특히 음악과 같은 저작물의 수익 안정성을 시간 가중치로 측정한 것이다. 나이(age)는 저작물이 발표된 지 얼마나 되었는가를 나타내며 이 나이 대비 지난해에 창출된 수익을 기준으로 계산한다.

1950년의 노래는 70년간 꾸준히 수익을 입증했지만 2019년의 노래는 단지 1년만 수익을 올렸을 뿐이다. 2019년의 노래는 일시적인 유행으로 끝날 수도 있지만 1950년의 노래는 이미 누구나 인정할 클래식이 되었다고 할 수 있다.

흔히 '린디 효과Lindy Effect'라고 알려진 개념인데, 이것은 어떤 것이 미래에 끌 인기는 과거에 얼마나 오랜 기간 동안 그것이 우리 주변에 있었는가에 비례한다고 규정한다.

이 이론을 바탕으로 우리는 2220년에 대중이 메탈리카Metallica의 음악보다는 모차르트의 음악을 더 많이 들을 것이라 예상할 수 있다. 현재 시점에서는 메탈리카가 모차르트보다 전 세계적으로 더 많은 인기를 얻은 밴드이긴 하나 200년이 지나도 그럴지는 장담할 수 없기 때문이다.

마지막으로 저작권 투자의 다른 단점으로는 판매자에게 지나치게 높은 수수료가 책정된다는 점이다. 일반적으로 판매자는 경매가 마감된 후 최종 판매가의 1퍼센트를 지불해야 하는데, 이 비율이 무시하지 못할 금액의 돈일 수 있다. 따라서 저작권에만 (작지 않은 규모로) 투자하는 것은 그리 바람직하지 못한 선택일 수 있다.

### 저작권에 투자하는 방법

일반투자자는 구매자와 저작권자를 연결해주는 온라인 플

랫폼을 통해서 저작권을 구매할 수 있다. 개인적인 거래도 있겠지만 온라인이 가장 쉽고 흔한 방법이다.

- **연평균 수익률 :** 5~20퍼센트[76]
- **장점 :** 전통적인 금융자산과 상관관계가 없다. 일반적으로 수입이 꾸준하다.
- **단점 :** 판매 수수료가 높다. 취향은 예기치 않게 변하는 법이고 따라서 수입도 변한다.

## 자신의 상품

마지막으로 가장 훌륭한 수익창출자산 중 하나는 바로 자신의 상품이다. 디지털 방식이건 아날로그 방식이건 상관없이 자신의 상품은 리스트에 있는 어떤 종류의 자산보다도 마음대로 할 수 있다는 장점이 있다.

여러분이 상품을 100퍼센트 소유하고 있으므로 가격도 마음대로 정할 수 있고 따라서 (최소한 이론적으로는) 수익률도 마음대로 정할 수 있다. 책, 정보 안내서, 온라인 과정 등이 이러한 상품에 속한다.

### 자신의 상품에 투자해야 할 이유, 투자하지 말아야 할 이유

내 주변에는 자신의 상품을 온라인으로 판매하여 수만에서 수십만 달러를 벌고 있는 사람들이 있다. 여러분이 혹 소셜 미디어나 이메일 혹은 웹사이트에 많은 친구나 팔로워를 가지고 있다면 그 사람들을 통해 상품을 현금화하는 것은 어렵지 않다.

이처럼 일종의 유통망이 없더라도 여러분은 쇼피파이Shopify나 굼로드Gumroad와 같은 온라인 공간에서 쉽게 상품을 팔 수 있다. 쇼피파이는 온라인 쇼핑몰 창업을 지원하는 전자상거래 플랫폼이며 굼로드는 창작자와 구매자를 직접 연결해주는 온라인 마켓플레이스다.

자기 상품을 판매하는 투자 방식의 문제라면 상품 개발에 여러 노력이 필요한 데다 그 노력에 대한 보상이 보장되지 않는다는 점이다. 더구나 현금화도 금방 이뤄지지 않는다.

그러나 일단 한 가지라도 성공적인 상품을 갖게 되면 브랜드를 확장해 다른 상품들도 판매하기 쉬워지는 상황이 된다. 예를 들어 내 블로그OfDollarsAndData.com는 제휴 마케팅 파트너를 넘어 여러 광고를 게재하며 수익도 올리고 프리랜서로 일할 기회도 더 많이 제공하고 있다. 이렇게 돈을 벌기까지는 몇 년이라는 기간이 필요했지만, 지금은 언제나 새로운 기회들이 넘쳐나고 있다.

### 자신의 상품에 투자하는 방법

자신의 상품에 투자하고 싶다면 먼저 상품을 개발해야 한다. 홈페이지를 만들거나 쇼피파이를 통해 온라인스토어를 개설할 수 있다. 하지만 무엇보다 먼저 상품을 만들어야 한다. 많은 시간과 노력이 필요한 일이다.

- **연평균 수익률** : 가변성이 높다. 예측하기 힘들다(소수의 몇몇 상품은 큰 수익을 가져다주기도 한다).
- **장점** : 완전한 소유권을 갖는다. 개인적 성취감이 크다. 가치 있는 브랜드를 만들 수 있다.
- **단점** : 대단히 노동집약적이다. 성과가 보장되지 않는다.

## 금, 가상화폐, 미술품을 제외한 이유

주식에서부터 자신의 상품에 이르기까지, 나는 여러분이 자산을 늘리는 데 유용한 수익창출자산 몇 가지를 소개했다. 그런데 요즘 많이들 투자하는 금, 가상화폐, 미술품, 와인 등은 왜 언급하지 않는지 궁금해하는 사람이 있을지 모르겠다.

금, 가상화폐, 원자재, 미술품, 와인 같은 자산은 신뢰할 만한 지속적 수입을 보여주지 못했기에 수익창출자산 목록에서 과감하게 제외했음을 밝힌다. 여기에서 내 말을 오해하지 않기를 바란다. 이러한 자산을 이용해 절대 돈을 벌 수 없다는 의미가 아니다.

다만 이들 자산가치는 순전히 '인식'에 기반을 두고 있다는 점을 지적하고 싶다. 다시 말해서 '다른 사람들이 기꺼이 그 자산을 위해 돈을 낼 것인가'가 자산가치의 기준이 된다. 이렇게 근본적인 현금 흐름이 없는 곳에서는 인식이 가장 중요한 역할을 한다.

수익창출자산은 이와 다르다. 시장에서의 인식이 자산가치 평가에 중요한 역할을 할 때도 있지만, 최소한 이론적으로는 현금흐름이 자산가치 평가의 기반이 되기 때문이다.

이러한 이유로 나는 수익창출자산에 90퍼센트를 투자하고 남은 10퍼센트 정도를 미술품이나 여러 가상화폐에 투자하고 있다.

지금까지 알아본 주식, 채권, 투자부동산 등 다양한 수익창출자산 각각의 장단점을 잘 비교해볼 수 있도록 표로 만들어보았다. 아직 자신에게 적합한 수익창출자산을 정하지 못한 사람들에게 도움이 되기를 바란다.

어떤 수익창출자산을 어떤 비율로 조합해 투자 포트폴리오를 구성하기로 했든 간에 가장 중요한 것은 여러분 각자의 상

[표 11-2] 자산 종류별 연평균 수익률과 장단점 비교

| 자산 종류 | 연평균 수익률 | 장점 | 단점 |
|---|---|---|---|
| 주식 | 8~10% | 역사적으로 수익이 높다. 소유하기 쉽고 팔기 쉽다. 유지비용이 낮다. | 변동성이 크다. 가치가 빠르게 변한다. |
| 채권 | 2~4% | 변동성이 적다. 재조정에 좋다. 원금은 안전하다. | 특히 인플레이션 이후 수익률이 낮다. 수익률이 낮은 환경에선 정기적 수입원으로 적절하지 않다. |
| 투자부동산 | 12~15% | 수익률이 높다(특히 레버리지를 이용할 때). | 부동산 관리는 힘들다. 분산화·다양화하기가 어렵다. |
| 리츠 | 10~12% | 관리할 필요가 없는 부동산을 소유할 수 있다. | 주식보다 변동성이 크거나 같다. 주식시장이 폭락할 때 함께 폭락한다. |
| 농지 | 7~9% | 주식이나 그 밖의 다른 금융자산과 상관관계가 적다. 인플레이션 헤지가 가능하다. | 유동성이 적다. 거래 수수료가 높다. 적격투자자가 되어야만 투자에 참여할 수 있다. |
| 소기업 | 20~25% | 막대한 수익을 기대할 수 있다. 더 많이 관여할수록 더 많은 가능성을 가질 수 있다. | 그만큼 많은 시간을 투자해야 한다. 실패로 낙담할 수 있다. |
| 저작권 | 5~20% | 전통적인 금융자산과 상관관계가 없다. 일반적으로 수입이 꾸준하다. | 판매 수수료가 높다. 대중의 취향은 계속 변화하며 이것은 수입에도 영향을 미친다. |
| 자신의 상품 | 가변적 | 완전한 소유권을 갖는다. 개인적 성취감이 크다. 가치 있는 브랜드를 만들 수 있다. | 대단히 노동집약적이다. 성과가 보장되지 않는다. |

황에 가장 적합한 것이어야 한다는 사실이다. 사람마다 투자 전략은 다를 수 있고, 그 전략은 모두 옳을 수 있음을 다시 한 번 명심하길 바란다.

자, 여러분이 투자해야 할 목록을 살펴보았으니 이제부터는 왜 개별 주식에 투자하면 안 되는지를 설명하겠다.

The Just Keep Buying's rules

## No.11

# 스스로 주인이 되는 오너십 개념의 수익창출자산을 준비하라

자신에게 맞는 투자법을 찾아라.
당연해 보이면서도 간단명료한 이 한마디가 얼마나 중요한지
그 의미를 제대로 깨달은 사람은 많지 않다.

*

누군가가 주식으로 성공했다고 해서
여러분도 주식으로 무조건 성공하진 않는다.
누군가가 투자부동산으로 성공했다고 해서
여러분도 투자부동산으로 무조건 성공하진 않는다.
어떤 사람에게 효과가 있다고 해서 다른 사람에게도
반드시 그럴 것이라는 착각부터 버려라.

*

나에게 맞는 수익창출자산을 찾는 것.
그러기 위해서는 먼저 투자의 세계에서 제시하는
모든 방법을 고려하길 바란다.
그중 특히나 오너십, 소유권의 개념을 가질 수 있는 수익창출자산은
성공했을 때 큰 수익을 기대할 수 있다.

제12장

# 개별 주식에 투자해선 안 되는 이유

스톡 피킹의 수익률은 낮을 수밖에 없다

유망주를 골라 매수하는 투자자들인

스톡 피커의 세계는 정신적 혼란의 세계이다.

좋은 기회를 놓칠까 전전긍긍하고, 의기양양해하고,

고통스러워하고, 후회한다.

하지만 이런 변화무쌍한 감정은 빙산의 일각에 불과하다.

내 친구 대런Darren이 문자를 보낸 것은 2021년 1월 25일, 월요일 오전 8시였다.

"닉, 장이 열리는 대로 GME에 5만에서 10만 달러를 넣으려고 하는데 괜찮을까?"

그는 게임스탑GameStop, GME을 말하고 있었다. 한 온라인 투자 그룹이 일주일 새 가격을 5배로 끌어 올린 후 전 세계적인 화제를 불러일으킬 주식이었다. 안타깝게도 이때까지 우리는 그런 사실을 모르고 있었다.

대런은 내가 개별 주식 구입은 추천하지 않는다는 것을 잘 알고 있었다. 사실 그는 내 의견에 개의치 않았고 다만 확인하고 싶었을 따름이었다. 농담 삼아 나는 이렇게 대답했다.

"대런, 네게 가장 좋은 일이 될 수도 있을 거야."

대런과의 대화는 그것으로 끝났다. 이후 한 시간 동안 단체채팅방의 모든 대화는 GME의 장점에 대한 얘기였다. 더불어 커뮤니티 사이트 레딧Reddit의 주식게시판 월스트리트벳wallstreetbets에서 예측했듯이 '과연 곧 가격이 뛸 것인가' 여부에 맞춰졌다.

장이 열리자 월스트리트벳의 예언은 기가 막히게 들어맞는 듯했다. 전날 65달러로 마감했던 GME의 주가는 96달러로 출발했다. 그리고 거기서 멈추지 않았다.

10시 22분이 되자 대런은 더는 기다릴 수 없었다. 그는 주당 111달러에 GME를 산 다음 단체채팅방에 "나도 넣었어."라는 문자를 보냈다. 그는 총 3만 달러를 투자했다. GME 주가가 1달러 움직일 때마다 대런에게는 300달러가 왔다갔다하는 셈이었다. GME 주가가 1달러 오르면 대런은 300달러를 벌고, 반대로 1달러 하락하면 300달러를 잃는 것이었다.

하지만 GME는 올랐던 것만큼 빠르게 떨어지기 시작했다. 한 시간도 안 돼서 가격은 111달러 아래로 내려갔고, 이에 맞춰 대런의 문자는 걱정으로 가득 차기 시작했다. 대런은 투자금 회수를 위해 111달러에 지정가주문limit order을 넣으려 했지만 기회를 놓쳐버렸다. 주가는 이미 자유낙하하고 있었다.

GME 주가가 1달러 떨어질 때마다 대런의 고통은 300배 늘어났다. 300달러가 날아가고 또 날아가고 또 날아갔다. 손실은 줄어들 줄을 몰랐다. 12시 27분이 되자 대런은 마침내 두

손을 들고 말았다.

"70에 털고 나왔어."

단체채팅방에 보낸 문자였다. 대런은 1만 2,000달러를 단 두 시간 만에 잃은 것이었다.

하지만 생각만큼 끔찍한 일은 아니다. 대런이 입은 손실액은 그의 전체 순자산 가운데 극히 일부에 불과했다. 정신적 고통을 받은 것은 사실이지만, 그렇다고 사지를 절단당한 건 아니다.

대런의 행동을 칭찬할 마음은 없지만 그가 행동한 방식은 칭찬받을 만하다. 그는 기꺼이 잃을 수 있는 만큼만 투자하고, 그 투자손실로 인해 자신의 재정적 미래가 커다란 타격을 받지 않도록 마무리했다. 여러분도 혹시 개별 주식에 투자하기로 한다면 이렇게 행동하길 바란다.

대런의 이야기는 유망주를 골라 매수하는 투자자들인 '스톡 피커stock picker'의 세계를 잘 보여준다. 한 마디로 이들의 세계는 정신적 혼란의 세계이다. 좋은 기회를 놓칠까 전전긍긍하고, 의기양양해하고, 고통스러워하고, 후회한다. 나도 대런을 통해 이 모든 정신적 혼란을 지켜볼 수 있었다.

하지만 이런 변화무쌍한 감정은 빙산의 일각에 불과하다. 나 역시 스톡 피킹의 경험이 있기에 잘 알고 있다. 금전적 손실에 더하여 '나는 이렇게 유망주를 선택하는 재주가 없나' 하는 자존감 상실까지 견뎌야 한다.

그래서 나는 개별 주식에 투자하는 것을 그만두기로 했다. 여러분에게도 그만두길 권한다. 이는 개인적 경험뿐만 아니라 오랜 연구를 통해서 얻은 결론이기도 하다.

내가 개별 주식투자를 그만둔 것은 '재정적인' 주장이라 부르는 어떤 이유 때문이다. 일리 있는 주장이고 아마 여러분도 들어본 적이 있을 것이다. 하지만 이 그럴듯한 주장도 스톡 피킹에 반대하는 실존적인 주장보다 강력하지는 않다.

하나하나 설명해보겠다.

## 스톡 피킹에 반대하는 재정적 이유

재정적 이유로 스톡 피킹에 반대하는 주장은 이미 수십 년 전부터 존재하던 전통적 주장이다. 여기에 따르면 대부분의 사람들, 심지어는 전문가들조차 광범위한 기업 인덱스에 투자하는 것보다 더 좋은 성과를 거두기는 힘들다. 따라서 굳이 스톡 피킹을 시도해볼 필요가 없다.

이 주장을 지지하는 자료는 수없이 많다. S&P500지수와 액티브펀드지수를 비교하고 분석해서 보여주는 SPIVA[S&P Index Versus Active] 보고서에 따르면, 5년이라는 기간 동안 75퍼센트의 액티브펀드가 기업 인덱스 투자와 같거나 더 낮은 성과를 거두었다.[77] 기억해야 할 것은 이 75퍼센트의 액티브펀드를 전문적이고 직업적인 자산운용전문가들이 운용했다는 점이다. 이들조차 인덱스 투자를 이기지 못하는데, 여러분이라고 가능성이 있겠는가?

게다가 연구에 따르면 장기적으로 훌륭한 수익을 올리는 개별 주식은 극소수에 불과하다. 애리조나대학의 재무학 교수인 헨드릭 베셈바인더Hendrik Bessembinder는 〈주식이 국채보다 우수한 성과를 보일까?〉라는 논문에서 이렇게 설명했다.

"1926년 이후 상장기업 중 최고 성과를 거둔 상위 4퍼센트의 기업들 덕분에 미국 주식시장이 순수익을 거둘 수 있었다."[78]

그렇다. 1926년부터 2016년까지 주식이 국채보다 전반적으로 더 많은 수익을 올릴 수 있었던 것은 겨우 4퍼센트에 해당한 주식이 올려준 수익 덕분이었다. 사실은 "단지 다섯 개 기업이 전체 부의 10퍼센트를 창출했다. 그 다섯 개 기업은 엑손모빌ExxonMobil, 애플Apple, 마이크로소프트Microsoft, 제너럴일렉트릭GeneralElectric, IBM이었다."

여러분은 4퍼센트의 주식 중 하나를 고르고 96퍼센트 중 하나를 선택하지 않을 자신이 있는가?

더구나 상위 4퍼센트의 산업계 거인들도 언젠가는 힘을 잃어버리는 날이 올 수도 있다. 지오프리 웨스트Geoffrey West는 이렇게 추산했다.

"1950년 이후 미국 시장에 상장된 2만 8,853개의 기업 중에서 2009년 현재 2만 2,469개, 즉 78퍼센트가 문을 닫았다."

사실 기업 형태를 막론하고 상장기업 절반이 10년 이내에 사라진다고 한다.[79] 웨스트의 통계 분석은 주식시장의 일시적인 성격을 잘 보여준다. 더 간단한 지표도 있다. 1920년 3월 다우존스지수(DJIA)에 포함되었던 20개 회사 중 100년이 지난 후에도 여전히 이 지수에 포함된 기업은 단 한 군데도 없다. 영원한 건 절대 없다.

이제 무엇이 문제인지 확실히 알았으리라 생각한다. 넓은 바스켓에 담아 놓은 여러 주식(인덱스)의 수익은 아무리 뛰어난 전문 투자자라도 이기기 힘들다. 더구나 여러분이 수익성이 높은 주식을 찾아낼 가능성은 매우 낮다. 심지어 상위 4퍼센트의 수익을 올린 주식이라도 해도 영원하리란 보장이 없다.

그래서 인덱스펀드나 ETF에 투자해서 많은 주식을 소유하는 편이 개별 주식을 고르려 노력하는 것보다 훨씬 낫다. 더 높은 수익을 올릴 수 있는 데다 스트레스는 훨씬 덜할 것이기 때문이다.

그런데 개별 주식투자를 반대하는 데 있어 이런 재정적인 이유보다 더 설득력 있는 것이 있다. 바로 실존적 두려움이라는 이유다.

## 스톡 피킹에 반대하는 실존적 이유

스톡 피킹에 반대하는 실존적 이유는 간단하다. 투자를 하는 '사람'이 갖는 한계 때문이다. 여러분이 개별 주식을 잘 선택할 수 있을지 어떻게 알 수 있단 말인가? 어떤 사람이 특정 분야에 재능이 있는지 판단하는 데 드는 시간은 비교적 짧기 마련이다.

예를 들어 유능한 농구 코치라면 몇 분만 지켜봐도 어떤 사람이 슈팅 능력을 타고났는지 파악할 수 있다. 처음에는 운이 좋아 던지는 슛마다 들어간다고 해도 결국에는 실제 슈팅 비율에 가까워지기 마련이다. 컴퓨터 프로그래밍 같은 전문 분야도 마찬가지다. 훌륭한 프로그래머라면 아주 잠깐 사이에도 상대방이 제대로 된 프로그래머인지 아닌지를 파악할 수 있다.

그러나 스톡 피킹의 경우는 어떨까? 어떤 사람이 정말 주식을 고르는 재능이 탁월한지 판단하는 데 어느 정도의 시간이 필요할까? 한 시간? 일주일? 일 년?

수년의 시간이 필요하다고 가정해보자. 그런데 심지어 수년의 시간이 흐른 뒤에도 여전히 확실히 알기 어려울 수도 있다. 다른 분야에 비해 스톡 피킹에서는 성패의 인과관계를 판단하는 것이 매우 어렵기 때문이다.

농구 경기나 컴퓨터 프로그래밍은 행동 직후에 그 결과를 알 수 있다. 농구 경기에서 공은 림을 통과하거나 혹은 통과하지 않는다. 프로그램은 제대로 돌아가거나 혹은 돌아가지 않는다. 하지만 스톡 피킹의 경우 지금 결정을 내린다 해도 그 결과를 알 수가 없다. 기다려야 한다. 이 피드백 과정은 몇 년이 걸릴 수도 있다.

또 스톡 피킹을 해서 얻은 성과를 S&P500과 같은 인덱스에 투자했을 때와 비교해야 한다. 절대적으로는 돈을 벌었을지라도 상대적으로는 손실을 보았을 수 있기 때문이다.

게다가 어떤 주식을 선택한 이유와 그 주식으로 얻는 성과 사이에는 아무런 상관관계가 없을 가능성이 크다. 예를 들어 여러분이 2020년 말에 GME의 경영 실적이 좋아질 것이란 기대로 주식을 사기로 결정했다고 가정하자. 2021년이 되자 투자자들이 열광하면서 GME 주가가 폭등했다. 여러분은 긍정적인 성과를 손에 쥐었지만 그 성과와 처음 주식을 사기로 결정했던 이유와는 인과관계가 성립하지 않는다.

투자 결정과 성과와의 인과관계가 불확실한 스톡 피킹에서는 이런 일이 자주 일어난다. 여러분이 예상했던 변화로 인해 주가가 오른 경우가 얼마나 되는가? 예상과는 다른 변화로 인해 주가가 오르거나 내렸던 경우는? 그렇다면 시장 상황이 불리하게 변할 때는 어떻게 해야 할까? 위험을 무릅쓰고 두 배 더 많은 주식을 매수해야 할까? 아니면 매수를 재고해야 할까?

스톡 피커라면 투자 결정을 내릴 때마다 스스로 수많은 질문을 던져야 한다. 결국에 스톡 피커는 끝없는 실존적 두려움에 빠질 수 있다. 여러분은 어떤 일이 벌어지고 있는지 알고 있다며 자신을 스스로 안심시킬 수도 있다. 하지만 정말 알고 있는가?

이 질문에 확실하게 긍정으로 대답하는 사람도 있다. 예를 들어 〈뮤추얼펀드의 '스타들'은 실제로 종목을 선택할 수 있을까?〉라는 논문을 발표한 연구자들에 따르면 "상위 10퍼센트 펀드의 막대한 수익은 표본추출 변동성(행운)의 결과일 가능성이 매우 낮다."고 한다.[80] 다시 말해 상위 10퍼센트 정도 되는 스톡 피커들은 오랜 시간에 걸쳐 꾸준히 그 능력을 보여주었다. 이는 거꾸로 말하면 90퍼센트는 그러지 못했다는 말이다.

편의상 상위 10퍼센트와 하위 10퍼센트의 스톡 피커는 자신의 능력(혹은 능력 부재)을 쉽게 파악할 수 있다고 가정해보자. 그러면 개별 주식 종목을 선택해 투자할 때 자신의 능력을 파악할 가능성은 20퍼센트이고 그렇지 못할 가능성은 80퍼센트이다. 그렇다면 스톡 피커 다섯 명 중 네 명에 대해서는 종목 선택을 잘한다고 증명하기 어렵다는 말이 된다.

내가 말하려는 실존적 위기란 바로 이런 것이다. 왜 자신이 잘한다고 증명할 수도 없는 게임을 하려 하는가, 혹은 이를 직업으로 삼으려고 하는가? 내 친구 대런처럼 자신의 재정 상태에 비추어 얼마 안 되는 돈으로 시도해보는 건 나쁠 게 없다. 하지만 그렇지 않은 경우라면 자신의 능력을 입증하기도 힘든 분야에 왜 그리 많은 시간을 낭비하고 있는지 묻고 싶다.

혹 여러분이 종목 선택의 달인, 다시 말해 상위 10퍼센트에 속하는 사람이라 해도 문제는 그리 간단치 않다. 예를 들어 불가피하게 수익이 저조한 시기를 겪게 되면 어떻게 해야 할까? 주식투자에서 실적 저하는 '만일'의 문제가 아니라 '언제'의 문제이다. 언제든 누구나 겪을 수 있는 문제라는 의미다.

베어드자산운용회사Baird Asset Management는 한 연구보고서에서 이렇게 설명했다.

"아무리 뛰어난 펀드매니저도 3년 내외의 시기에서 자신이 세운 기준이나 다른 동료들에 비해 낮은 성과를 올릴 때가 있기 마련이다."[81]

그런 일이 벌어질 때 이들이 얼마나 낙담할지 상상해보라. 예전엔 능력이 있었다. 지금은 어떤가? 제아무리 뛰어난 투자자라도 경험할 수밖에 없는 일시적 소강상태일까? 아니면 감각을 잃은 건 아닐까? 물론 어떤 분야에서든 감각을 잃는다는 건 쉽지 않다. 하지만 실제로 잃지 않았다고 확신하지 못할 때 더더욱 힘들다.

## 개별 투자수익률 vs. 인덱스펀드 수익률

스톡 피킹을 반대하는 사람은 나만이 아니다. 저명한 투자가이자 작가인 빌 번스타인Bill Bernstein은 이렇게 말했다.

> 개별 주식투자의 위험을 파악하는 최고의 방법은 금융 관련 기초지식을 쌓고 다른 사람들의 경험을 많이 읽어보는 것이다. 이게 불가능한 환경이라면 여러분이 가진 돈의 5퍼센트 혹은 10퍼센트를 개별 주식에 투자해보라. 그리고 여러분의 수익률과 연간 수익률을 엄밀하게 계산한 다음 자문해보라.
>
> "그냥 인덱스펀드를 샀더라면 더 낫지 않았을까?"[82]

여러분의 개별 투자수익률과 인덱스펀드의 수익률을 비교하는 일이 썩 내키지 않을 수도 있겠지만, 재미 삼아 투자하는 게 아니라면 반드시 해야 하는 일이다.

여기에서 한 가지 짚고 넘어갈 것이 있다. 나는 스톡 피커에는 반대하지 않는다. 하지만 스톡 피킹에는 반대한다. 이 차이는 중요하다.

숙련된 스톡 피커는 가격을 효율적으로 유지함으로써 시장에서 중요한 역할을 한다. 하지만 스톡 피킹은 지나치게 많은 일반투자자들에게 상처를 주는 투자 방식이다. 대런과 같은 친구에게도 그런 일이 일어났다. 내 가족에게도 일어났다. 여러분에게는 일어나지 않기를 바랄 뿐이다.

모든 스톡 피커를 설득할 수 없다는 사실도 나는 알고 있다. 할 수 없는 일이다. 어쨌든 계속해서 기업을 분석하고 그에 따라 자본을 투자하는 사람도 필요하다.

그럼에도 여러분이 스톡 피킹을 고려하고 있다면 시작조차 하지 말라고 충고하는 바이다. 그토록 운에 좌지우지되는 게임을 굳이 하려들 필요는 없다. 인생에는 이미 충분히 많은 운이 개입하고 있지 않은가.

지금까지 개별 주식투자의 정서적·재정적·실존적 비용까지 살펴봤으니 이제 내가 인덱스펀드나 ETF를 선호하는 이유를 충분히 이해했으리라 생각한다. 인덱스펀드는 정말 단순하기 때문에 투자 포트폴리오보다 훨씬 더 중요한 우리 각자의 삶에 집중할 수 있게 해준다.

이제 개별 주식투자를 왜 하지 말아야 하는지 알았으니 다음은 얼마나 빨리 투자를 시작해야 하는가의 문제로 넘어가 보겠다.

The Just Keep Buying's rules

## No.12

# 개별 종목 주식은 매수하지 말 것

1926년부터 2016년까지 미국에서
주식이 국채보다 더 큰 수익을 올릴 수 있었던 것은
단 4퍼센트에 해당하는 주식이 올려준 수익 덕분이었다.

*

그렇다면 여기에서 중요한 질문을 던지겠다.
여러분은 4퍼센트의 주식 중 하나를 고르고
96퍼센트의 주식 중 하나를 선택하지 않을 자신이 있는가?
이에 대해 100퍼센트 자신있다고 말할 수 있는 사람은 세상에 없다.

*

개별 주식투자에서는 너무나 많은 운이 작용한다.
예상할 수도, 확언할 수 없는 요소가 수면 위아래에서 끝없이 움직인다.
이런 게임에 굳이 뛰어들어 조바심을 칠 이유가 무엇인가?
개별 주식을 사고 좋은 실적이 나길 바라는 것은
어쩌면 동전 던지기 게임을 하는 것과 같을지도 모른다.

# 제13장

# 얼마나 빨리 투자를 시작해야 할까

## 빠른 게 늦은 것보다 나은 이유

주식투자를 하다 보면

언제나 시장이 붕괴하기 직전처럼 느껴지기도 하지만

사실 폭락장은 대단히 드물게 일어난다.

주식시장의 역사를 통틀어서 봤을 때

애버리지인이 바이나우보다 수익이 저조한 것도

바로 이러한 이유 때문이다.

2015년 아메리칸 파라오라는 경주마가 트리플 크라운을 달성했을 때 이 말이 그토록 놀라운 성적을 거두리라 예측한 사람은 없었다. 단 제프 세이더Jeff Seder만은 예외였다.

세이더는 씨티그룹CityGroup 애널리스트로 일하다가 그만두고는 자신이 원하던 경마예측 전문가의 길에 뛰어들었다. 그는 다른 전문가나 사육사들처럼 혈통에 집착하지 않는 독특한 사람이었다.

사육사들의 전통적인 견해에 따르면 말의 모계, 부계, 일반적인 혈통이 경주마의 성공을 좌우하는 가장 중요한 요소였다. 하지만 과거 기록을 검토한 세이더는 혈통이 경주마의 성공을 예측하는 중요한 요소가 아니라는 결론에 도달했다. 세이더는 다른 중요한 요소를 찾으려 했고, 그러기 위해서는 데이터가 필요했다.

세이더는 데이터를 모으기 시작했다. 몇 년 동안 세이더는 말의 모든 것을 측정했다. 콧구멍의 크기, 배설물의 무게, 속근과 백색근의 밀도 등. 하지만 아무것도 발견하지 못했다.

그러다가 느닷없이 초음파 기기를 통해 말의 내장 크기를 측정해봐야겠다는 생각이 들었다. 빙고! 드디어 알아냈다.

세스 스티븐스 다비도위츠Seth Stephens-Davidowitz는 《모두 거짓말을 한다》에서 세이더의 발견에 대해 이렇게 말했다.

"그는 심장의 크기, 특히 좌심실의 크기가 말의 성공 여부를 점지해주는 가장 중요한 변수라는 사실을 발견했다."[83]

그렇다. 심장 크기는 다른 어떤 것보다도 경주마의 능력을 가장 정확하게 예측하도록 해주는 요소였다. 세이더는 자신의 투자자들에게 경매에 나온 다른 151마리의 말은 깡그리 무시하고 오직 아메리칸 파라오를 사라고 설득했다. 그 이후에 일어난 일은 모두 알고 있는 바대로다.

세이더의 사례는 무엇을 말해주는가. 하나의 유용한 데이터 포인트에서 정말 중요한 정보를 얻을 수 있다는 사실을 보여준다. 비슷한 맥락에서 한스 로슬링Hans Rosling은 《팩트풀니스》에서 아동사망률이 한 나라의 발전 수준을 이해하는 데 중요한 요인이라고 이야기한다.

내가 왜 아동사망률 수치에 집착할까요? (···) 아이들은 아주

취약해요. 아이들의 목숨을 노리는 건 아주 많죠. 말레이시아에서 1,000명당 14명이 죽는다는 건 986명은 살아남는다는 뜻이에요. 아이들을 죽일 수도 있는 세균이나 기아, 폭력 같은 온갖 위험에서 부모와 사회가 아이들을 어떻게든 보호하고 있죠. 14라는 숫자는 말레이시아의 대다수 가정이 먹을거리가 충분하고, 하수 시설이 갖춰져 더러운 물이 식수로 흘러들지 않고, 기초적 보건의료가 잘되어 있으며, 엄마들이 글을 읽고 쓸 줄 안다는 뜻이죠. 단지 아이들의 건강 상태만을 나타내는 게 아니라, 사회 전체의 질을 보여주는 수치예요.[84]

한스 로슬링이 말한 아동사망률과 세이더가 발견한 말의 심장 크기는 단 하나의 정확한 정보만으로도 복잡한 시스템을 꿰뚫어 볼 수 있음을 시사하고 있다.

자, 이제 얼마나 빨리 투자를 시작해야 하는가의 문제로 넘어가보자. 여기에서도 역시 하나의 정보가 미래의 모든 결정을 인도할 수 있을 것이다.

## 대부분의 주식시장은 대부분의 기간에 상승한다

투자 결정의 안내지표가 될 수 있는 하나의 정보가 있다면 바로 이것이다.

"대부분의 주식시장은 대부분의 기간에 상승한다."

인간의 역사가 아무리 혼란스럽고 때로 파괴적이어도 이 사실은 계속 유지된다. 워런 버핏의 말을 들어보자.

> 20세기에 미국은 큰 비용과 더불어 커다란 상처를 안겨준 두 번의 세계대전은 물론 수많은 군사 분쟁을 치렀다. 대공황을 겪었고, 열 번 내외의 경기침체 및 금융시장 패닉과 석유 파동을 겪었다. 지독한 독감 대유행으로 고생하고, 탄핵당한 대통령이 사임하는 것도 보았다. 그런데도 다우존스지수는 66에서 1만 1,497로 올랐다.[85]

게다가 이러한 경험은 미국 시장에 국한되지 않는다. 제11장 앞부분에서 설명했듯이 전 세계 주식시장은 장기적으로 플러스 수익 추세를 보여왔다. 이러한 경험적 근거는 여러분이 가능하면 빨리 돈을 투자해야 함을 말해준다. 왜 그럴까?

대부분의 주식시장이 대부분의 기간에 상승한다는 사실은 투자를 망설이며 흘려보내는 하루하루가 미래의 관점에서 보자면 손해를 축적하는 나날이라는 것을 의미한다. 그러니 투자 적기를 기다리지 말고 그냥 뛰어들어라. 지금 당장 가지고 있는 돈을 투자하라.

간단한 사고실험의 예를 들어 설명하겠다. 여러분에게 갑자기 100만 달러가 생겼다. 앞으로 100년 동안 이 돈을 크게 불리고 싶다. 하지만 투자 전략은 둘 중 하나로 제한되어 있다. 여러분은 어떤 것을 택할 것인가?

1. 지금 당장 100만 달러를 모두 투자한다.
2. 매년 1만 달러씩 100년에 걸쳐 투자한다.

어떤 쪽을 선택하겠는가? 시간이 갈수록 투자한 자산의 가치가 오를 것이라 가정한다면(사실 그렇지 않다면 누가 투자하겠는가?) 지금 당장 투자하는 편이 100년에 걸쳐 조금씩 투자하는 것보다 훨씬 나은 방식이다.

투자에 100년이 걸린다면 시간이 지남에 따라 그만큼 높은 가격에 자산을 매입해야 할뿐더러 그동안 투자하지 않고 그냥 가지고 있는 현금은 인플레이션으로 인해 가치가 떨어질 테니 말이다.

똑같은 논리를 100년보다 짧은 시기에도 대입할 수 있다. 100년을 기다려 투자하지 말아야 하는 것과 마찬가지로 100개월 혹은 100주를 기다려서도 안 된다.

오래된 속담이 있다.

"시작하기에 가장 좋았을 때는 어제였다. 다음으로 좋을 때는 오늘이다."

물론 여러분은 '과연 이 결정이 올바른 결정일까' 하는 생각에 찜찜한 기분이 들 수도 있다. '좀 더 좋은 가격에 투자할 수 있지 않을까' 하는 생각이 계속 머릿속을 맴돌 것이다.

그럴 수 있다. 미래의 어느 시점에 더 나은 수익을 안겨줄 가격이 될 가능성은 얼마든지 있다. 하지만 데이터에 따르면 그런 느낌은 완전히 무시해버리는 것이 바람직하다.

이제부터 미래에 낮은 가격이 등장할 가능성이 있더라도 어째서 더 낮은 가격을 기다리지 말고 가능한 한 빨리 투자를 시작해야 하는지 그 이유를 설명하겠다. 미국 주식에 한정되는 이야기가 아니다. 이 세상에 존재하는 어떤 종류의 수익창출자산에 투자하든 가능한 한 빨리 시작하는 것이야말로 최고의 전략이다.

## 더 낮은 가격을 기다리지 말아야 하는 이유

1930년에서 2020년 사이에 무작위로 거래일을 선택해 다우존스지수에 투자했을 경우를 생각해보자. 이때 미래의 어느 한 시점에 다우존스지수가 하락한 채 장을 마감할 확률은 95퍼센트가 넘었다.

이것이 의미하는 바는 무엇인가. 한 달에서 하루 정도만 절대적으로 낮은 가격에 구입해 수익을 창출할 수 있다는 뜻이다. 즉 이 말은 반대로 얘기하면 한 달 거래일 20일 가운데 나머지 19일에 투자했을 때 거의 대부분 미래의 어느 시점에 후회하게 된다는 뜻이다.

이렇게 보면 낮은 가격을 기다리는 것이 괜찮아 보인다. 산술적으로는 낮은 가격을 기다리는 것이 올바른 선택이 될 가능성이 95퍼센트는 된다.

사실 1930년 이후 다우존스지수 주식을 구매했을 때 더 낮은 가격을 보기 위해 기다려야 하는 '중위시간'은 거래일 기준 단 2일이다. 하지만 평균으로 보면 거래일 기준으로 31일이나 기다려야 한다. 이는 1.5개월에 해당하는 기간이다.

또 문제는 가격 하락이 일어나지 않거나 너무 오랜 시간을 기다려야 할 때도 있다는 점이다. 예를 들어 2009년 3월 9일에는 다우존스지수 6,547로 장이 마감했다. 2008년에 시작된 금융위기 중 가장 밑바닥을 찍은 날이었다. 이전에 다우존스지수가 6,547에 가장 가까웠던 때는 1997년 4월 14일, 그러니까 12년 전이었다.

예를 들어 1997년 4월 15일에 미국 주식을 사고 더 낮은 가격을 기다리겠다고 작정했다면 무려 12년은 기다려야 하는 셈이다. 어떤 투자자라도 이렇게 긴 시간을 기다리지는 못한다.

이러한 이유로 가격 변동에 근거해 시장타이밍market timing을 잡아서 주식을 매매하는 전략은 이론적으로만 매력적일 뿐 실제로는 구현하기가 힘들다.

따라서 투자를 해야 할 최적의 시장타이밍은 '가능하면 빨리'다. 개인적인 의견이 아니다. 다양한 종류의 자산과 다양한 시간대의 투자와 관련해 축적된 과거의 자료들이 입증해주고 있다.

## 지금 투자할 것인가, 때를 기다릴 것인가

과거부터 축적된 자료들을 검토하기 전에 앞으로 내가 사용할 용어부터 정의해보자.

- **바이나우**Buy Now : 한 번에 모든 돈을 투자하는 행위. 얼마나 투자하느냐가 아니라 당장에 가진 돈 전부를 투자하는 데 방점이 찍힌다.
- **애버리지인**Average-In : 가진 돈을 오랜 시간에 걸쳐 꾸준히 투자하는 행위. 어떻게 투자하는가는 각자에게 달려 있다. 하지만 일반적인 방법은 정해진 기간에 규칙적으로 같은 금액의 돈을 투자하는 것이다. 예를 들어 12개월에

[표 13-1] 바이나우와 애버리지인

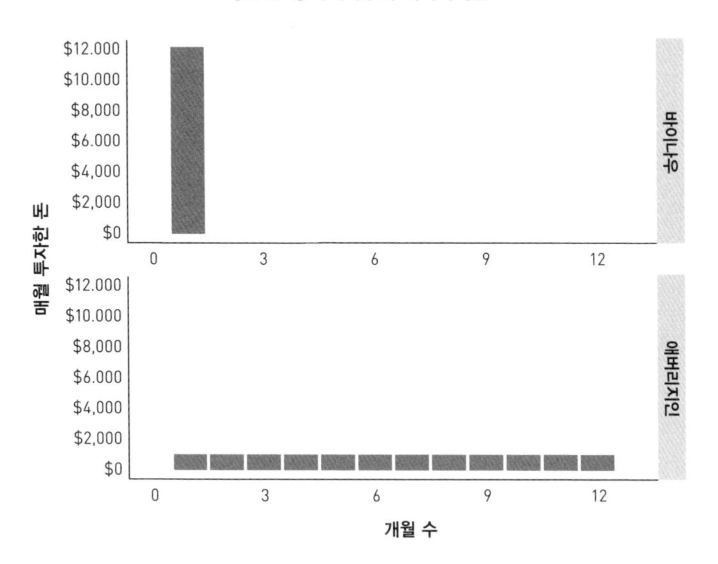


걸쳐 한 달에 한 번씩 정해진 금액을 투자하는 방식이다.

나는 1만 2,000달러를 12개월 동안 바이나우와 애버리지인 방식으로 각각 투자하고 그 결과를 비교해봤다. 바이나우에서는 첫 달에 가진 돈 1만 2,000달러를 전부 투자하고, 애버리지인에서는 첫 달에 1,000달러를 투자하고 나머지 11개월 동안에도 매달 1,000달러씩 투자했다. 결과는 어땠을까?

두 방식 모두 S&P500 주식에 투자했고, 시기를 막론하고 애버리지인 방식이 바이나우 방식보다 수익이 저조했다.

[표 13-2] 애버리지인 vs. 바이나우 수익 비교 (1997~2020년)

조금 더 상세히 설명하자면 애버리지인은 바이나우에 비해 12개월의 모든 구간에서 평균 4퍼센트 낮은 수익률을 올렸고, 이를 1997~2020년 구간에 적용하면 무려 76퍼센트 낮았다.

매년 4퍼센트는 얼마 되지 않는 수치로 여겨질 수도 있다. 하지만 그 수치가 '평균'임을 감안하면 투자 기간이 길어질 경우 더 나쁜 결과를 볼 수도 있다.

예를 들어 [표 13-2]는 1997년 이래 모든 12개월 구간에서 애버리지인과 바이나우 방식으로 각각 S&P500에 투자했을 때 어떤 방식이 더 높은 수익을 올렸는지 그래프로 나타낸 것이다.

[표 13-2]를 보면 2008년 8월에 애버리지인 투자는 바이나우 투자보다 1년 동안 무려 30퍼센트 더 높은 수익을 거두며 최고점을 기록하고 있다.

대체 어떤 일이 있었기에 2008년 8월 바이나우 투자가 애버리지인 투자에 비해 형편없는 수익을 올렸던 것일까? 그 이유는 2008년 8월 직후 미국 주식시장이 폭락했기 때문이다.

만일 여러분이 2008년 8월 말에 S&P500에 1만 2,000달러를 일회성으로 투자했다면, 2009년 8월 말에는 (배당금을 재투자한다고 가정할 때) 9,810달러를 손에 쥐어 총손실이 18.25퍼센트에 달했을 것이다. 반면에 애버리지인 방식으로 2008년 8월부터 12개월간 매월 1,000달러씩 투자했다면 1년 후에 12.5퍼센트의 수익을 올리며 1만 3,500달러를 손에 쥘 수 있을 것이었다.

이러한 사례는 2008년 8월~2009년 8월의 구간에 애버리지인 방식이 어떻게 30퍼센트 더 높은 수익을 올렸지를 설명해준다.

그러나 이 표에서 의미 있게 봐야 할 것은 이러한 예외적 사례가 아니다. 중요한 것은 애버리지인 방식의 투자가 바이나우 방식의 투자보다 더 높은 수익률을 올린 경우가 많지 않다는 사실이다.

표에서 0퍼센트를 기준점으로 그 아래로 간 그래프는 애버

[표 13-3] 애버리지인 vs. 바이나우 수익 비교 (1920~2020년)

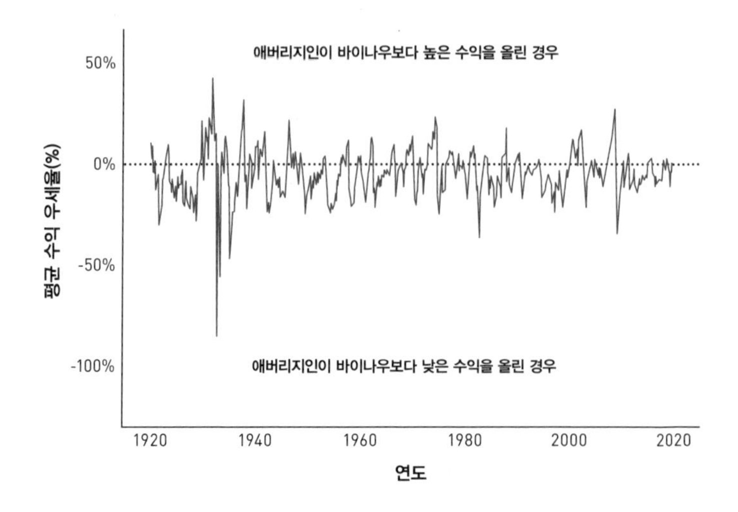


리지인이 바이나우보다 낮은 수익을 올린 해라는 점을 보여준다. 반대로 그 위로 간 그래프는 애버리지인이 바이나우보다 더 높은 수익률을 보인 해를 보여준다.

여러분도 보듯이 그래프가 0퍼센트보다 아래로 간 기간이 훨씬 더 많다. 애버리지인이 바이나우보다 대체로 수익이 좋지 않다는 것으로 해석할 수 있다.

바이나우 방식의 우세는 최근의 경향만은 아니다. 1920년으로 돌아가 미국 주식시장을 살펴보더라도 애버리지인 투자가 바이나우 투자에 비해 12개월 구간의 평균 수익률이 4.5퍼센트 더 낮았다. 1920년부터 전체 기간에서 애버리지인 투자가 바이나우 투자에 비해 수익률이 더 안 좋은 12개월 구간의 비중은 68퍼센트였다. [표 13-3]은 [표 13-2]와 같은 방식에서 비교 기간만 더 늘려서 살펴본 결과이다.

애버리지인이 바이나우보다 확실히 더 높은 수익을 올렸을 때는 1929년과 2008년으로 주식시장이 붕괴하기 직전뿐이다. 이는 폭락을 거듭하는 장에서는 조금씩 나누어 매수하는 것이 단 한 번에 매수하는 것보다 평균 매수가가 더 낮기 때문이다.

주식투자를 하다 보면 언제나 시장이 붕괴하기 직전처럼 느껴지기도 하지만 사실 폭락장은 대단히 드물게 일어난다. 주식시장의 역사를 통틀어서 봤을 때 애버리지인이 바이나우보다 수익이 저조한 것도 바로 이러한 이유 때문이다.

이제 주식투자를 할 때 바이나우가 애버리지인보다 훨씬 좋은 전략임을 이해했을 것이다. 그렇다면 다른 자산의 경우에는 어떨까?

## 미국 주식이 아닌 다른 자산의 경우는 어떨까

바이나우가 애버리지인보다 훨씬 훌륭한 전략임을 증명하기 위해 책 전체를 그래프로 도배하진 않겠다. 대신 간략하게

**[표 13-4] 애버리지인 vs. 바이나우 수익 비교** (1997~2020년)

| 자산<br>(1997~2020) | 애버리지인의<br>평균 수익 저조율<br>(12개월 구간) | 바이나우보다<br>애버리지인의 평균 수익이<br>더 저조한 비중<br>(12개월 구간) |
|---|---|---|
| 비트코인(2014~2020) | 96% | 67% |
| 미국 국채 인덱스 | 2% | 82% |
| 금 | 4% | 63% |
| 선진국 주식시장 | 3% | 62% |
| 신흥 주식시장 | 5% | 60% |
| 60:40 미국 주식/국채 포트폴리오 | 3% | 82% |
| S&P500 총수익 | 4% | 76% |
| 미국 주식(1920~2020) | 4% | 68% |

요약한 표를 하나 만들어보았다. [표 13-4]는 1997~2020년 사이의 모든 12개월 구간에서 애버리지인 전략이 바이나우 전략과 비교해서 얼마나 수익이 저조했는지를 보여주고 있다.

[표 13-4]에 따르면 1997~2020년의 어느 구간에서든 12개월간 애버리지인 방식으로 금에 투자한 사람은 바이나우 방식으로 첫 달에 모든 돈을 투자한 사람보다 평균 4퍼센트 더 적은 수익을 올렸다. 모든 12개월 구간에서 애버리지인 방식

투자가 바이나우 방식 투자수익보다 낮은 경우는 63퍼센트에 해당했다.

대다수 종류의 자산에서 전반적으로 애버리지인 방식 투자는 바이나우 방식 투자보다 평균 2~4퍼센트 더 수익률이 낮았다. 모든 12개월 구간에서 애버리지인 방식의 투자가 바이나우 방식의 투자보다 수익이 안 좋은 경우는 60~80퍼센트였다.

다시 말해 1997~2020년의 어느 시기에든 애버리지인 방식을 통해 투자를 시작했다면 자산의 종류와 상관없이 바이나우 방식의 일회성 투자를 한 것보다 더 낮은 수익을 올렸을 가능성이 컸음을 의미한다.

## 바이나우와 애버리지인, 리스크는 없을까

앞에서 바이나우 전략과 애버리지인 전략의 수익을 비교해 보았다. 투자자라면 여기에서 두 전략의 리스크 차이도 궁금할 것이다.

바이나우가 애버리지인보다 더 위험하지 않을까? 이에 대해서는 모두가 "그렇다!"라고 답한다.

[표 13-5]에서 보듯이 바이나우 전략으로 S&P500에 투자했을 때의 표준편차는 애버리지인 전략으로 투자했을 때의

[표 13-5] 애버리지인 vs. 바이나우의 표준편차
(12개월 구간으로 S&P500에 투자했을 때의 총수익)

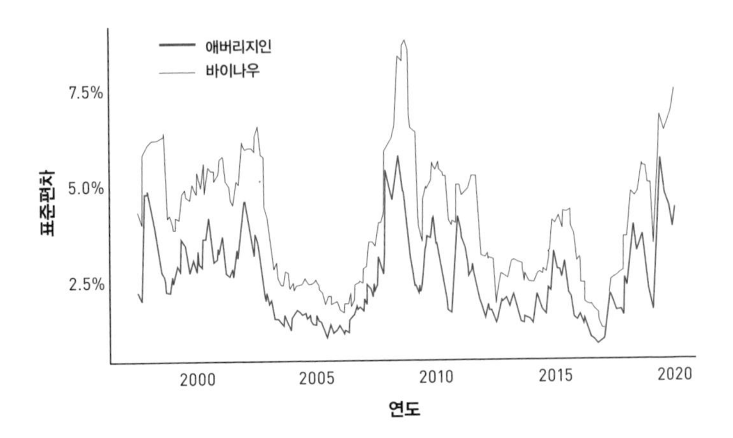


표준편차에 비해 항상 더 높다. 표준편차는 특정 데이터가 평균 결과에서 얼마나 벗어났는지를 보여준다. 따라서 표준편차가 클수록 투자 또는 투자 전략의 리스크 역시 크다는 것을 의미한다.

바이나우 방식은 당장 가진 돈 전부를 투자하고 즉시 기초자산underlying assets●에 완전히 노출되는 반면, 애버리지인 방식은 매수 기간 동안 부분적으로는 현금을 소유하고 있다. 따라서 바이나우 방식의 리스크가 훨씬 더 크다. 우리는 이미 주식이 현금보다 리스크가 더 크다는 사실을 배웠다. 따라서 주식에

● 파생상품의 가격 변동에 영향을 미치는 대상을 기초자산이라고 한다. 파생상품은 다른 대상의 가격 변동에 따라 가격이 결정되는 금융상품을 가리킨다.

[표 13-6] 12개월 S&P500 애버리지인 vs. 주식/채권 60:40 바이나우

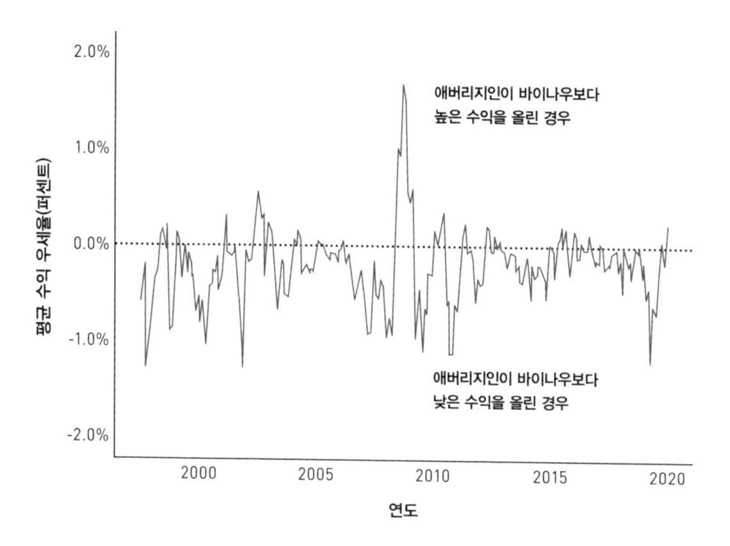


더 많이 노출될수록 리스크는 더 크다.

하지만 리스크가 걱정이라면 차라리 바이나우 전략을 따르되 보수적인 포트폴리오에 투자하는 편이 낫다. 예를 들어 100퍼센트 미국 주식 포트폴리오에 애버리지인 방식으로 투자하지 말고, 바이나우 방식으로 미국 주식과 채권을 각각 60과 40의 비율로 투자하라는 뜻이다. 이렇게 할 경우 비슷한 수준의 리스크로 더 나은 수익을 올릴 수 있다.

[표 13-6]에서 볼 수 있듯이 1997년 이후 미국 주식 100퍼센트 포트폴리오에 애버리지인 투자는 미국 주식/채권 60:40 포트폴리오 바이나우 투자보다 대체로 수익이 저조했다.

**[표 13-7] 12개월 S&P500 애버리지인 vs. 주식/채권 60:40 바이나우 표준편차**

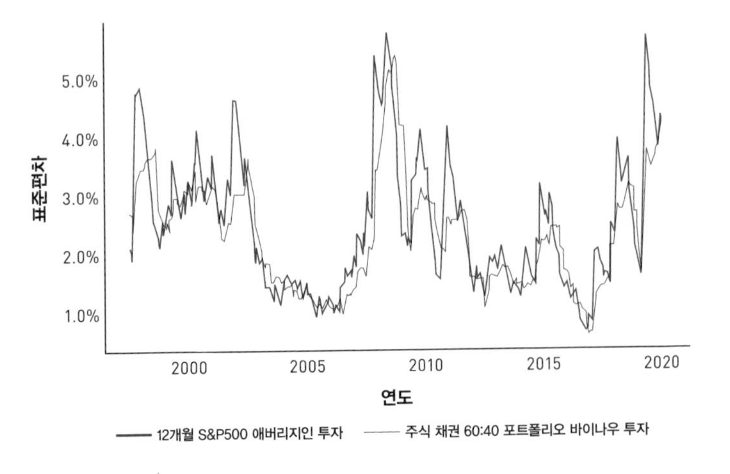


[표 13-6]에서 애버리지인의 수익이 바이나우보다 저조한 경우가 그리 많지 않다. 하지만 바이나우는 같거나 적은 수준의 리스크에서 더 나은 수익을 올린다는 사실에 주목해주길 바란다. 투자자가 원하는 게 바로 더 낮은 리스크와 더 높은 수익 아닌가?

[표 13-7]은 [표 13-6]과 같은 기간에 구간별로 두 전략의 수익 표준편차를 보여준다.

[표 13-7]에서 보듯이 60:40 포트폴리오 바이나우 전략은 S&P500 애버리지인 전략과 같거나 낮은 리스크 수준을 보인다. 요컨대 60:40 포트폴리오 바이나우 투자 전략은 S&P500 애버리지인 투자 전략보다 거의 언제나 더 올바른 선택이다.

따라서 주식에 올인하는 바이나우 전략의 리스크가 커서 걱정된다면 이를 보완한 방법이 있다. 바이나우 전략을 유지하되 주식과 채권 60:40 비율의 리스크 적은 포트폴리오로 조정을 하면 된다.

## 나머지 돈을 국채에 투자하면 더 낫지 않을까

이제까지 설명한 전략에 대해 비판이 없는 것은 아니다. 가장 흔한 비판은 애버리지인 전략에서 남은 투자자금을 모두 현금으로 보유한다는 가정이 틀렸다는 것이다.

예를 들어 총 1만 2,000달러를 투자한다고 할 때 첫 달에 1,000달러를 투자하고 나면 1만 1,000달러가 남는다. 이 돈을 현금으로 보유해야 할 필요가 없다는 것이다. 그래서 몇몇 사람은 남은 자금을 미국 국채에 투자했다가 필요할 때 현금화하면 애버리지인 전략으로 좀 더 많은 수익을 올릴 수 있다고 주장한다.

이론적으로는 옳다고 생각한다. 다만 실제로 이 충고를 따르는 투자자들이 없다는 점이 문제다. 자금을 분할해서 주식에 투자하면서 나머지 자금을 국채에 넣어두는 투자자는 거의 없다.

**[표 13-8] 애버리지인 vs. 바이나우 수익 비교** (1997~2020년)
(애버리지인 방식으로 투자하되 여분의 돈은 채권에 투자했을 때)

| 자산 (1997~2020) | 애버리지인의 평균 수익 저조율 (12개월 구간) | 바이나우보다 애버리지인의 평균 수익이 더 저조한 비중 (12개월 구간) |
|---|---|---|
| 비트코인(2014~2020) | 96% | 65% |
| 미국 국채 인덱스 | 1% | 72% |
| 금 | 3% | 60% |
| 선진국 주식시장 | 2% | 60% |
| 신흥 주식시장 | 4% | 57% |
| 60:40 미국 주식/국채 포트폴리오 | 2% | 77% |
| S&P500 총수익 | 3% | 74% |

개인적으로 투자전문가들과 이야기를 나누던 중 알게 된 내용이다. 수많은 투자자가 몇 년씩 현금을 쌓아놓기만 하고는 "언제가 주식투자 적기냐?"고 알려달라고 조른다는 것이다.

이는 미국개인투자자협회AAII에서 시행한 자산배분 관련 설문조사 결과를 보더라도 알 수 있다. 설문조사 결과에 따르면 1989년 이후 개인 투자자 포트폴리오에서 현금의 평균 비중은 20퍼센트를 상회했다.[86]

여분의 돈을 국채에 투자한다는 이론을 실천하는 투자자들은 매우 적은 것으로 드러났지만, 어쨌든 그럴 수 있다고 가정하고 검토해보았다. 결과는 어땠을까? [표 13-8]은 주식시장에 애버리지인 방식으로 투자하면서 동시에 여분의 돈은 미국 국채에 투자할 때도 애버리지인 전략은 바이나우 전략에 비해 여전히 수익이 더 저조함을 보여준다.

[표 13-8]에 따르면 1997~2020년에 어떤 12개월 구간에서든 애버리지인 방식으로 비트코인에 투자하면서 동시에 여분의 돈은 국채에 투자한다고 할 때 바이나우 방식으로 투자했을 때와 비교해 96퍼센트나 더 저조한 수익을 올렸고, 평균 수익이 더 저조한 12개월 구간의 비중도 65퍼센트에 달한다.

앞의 표와 차이가 있다면 애버리지인 방식이 바이나우 방식에 비해 평균 수익이 더 부진한 저조율이 2~4퍼센트에서 1~3퍼센트로 줄어들었다는 점이다. 또 애버리지인 방식의 수익이 더 저조한 12개월 구간의 비중도 60~80퍼센트에서 60~70퍼센트로 내려왔다. 전반적인 수익 격차가 다소 줄어들긴 했지만, 여분의 돈을 국채에 투자할 때도 애버리지인 방식이 바이나우 방식보다 더 나은 수익을 보여주진 않았다.

## 주식 가치평가가 영향을 미칠까

바이나우 전략을 추천했을 때 흔하게 접하는 반응이 하나 있다. "보통은 합리적인 방법이지만 극단적인 시장에서는 그렇지 않다."라는 의견이다. 여기에서 극단적이란 것은 주가가 지나치게 과대평가되었거나 저평가되었다는 의미다.

그렇다면 주식시장 전반적으로 주가가 과대평가되었을 때는 바이나우가 아닌 애버리지인 전략을 고려해야 할까? 꼭 그렇지는 않다.

용어에 익숙하지 않은 사람들을 위해 잠깐 설명하자면, 내가 이용하는 가치평가비율valuation ratio은 경기조정주가수익비율cyclically-adjusted price-to-earnings ratio, CAPE이라고 하는 것이다. CAPE는 미국 주식 전반에서 1달러 수익을 올리기 위해 얼마나 돈을 써야 하는가를 보여주는 척도이다.

예를 들어 CAPE 지수가 '10'이라면 1달러를 벌기 위해 10달러를 지불해야 한다는 의미이다. 따라서 CAPE 지수가 높으면 수익에 비해 주가가 비싸다는 것이고 CAPE 지수가 낮으면 주가가치가 저평가되었다고 판단한다. 애버리지인과 바이나우의 수익을 1960년대 이래 CAPE 백분위를 기준으로 분석해보면 애버리지인이 바이나우에 비해 모든 경우에 수익이 저조했음을 알 수 있다.

**[표 13-9] 애버리지인 vs. 바이나우 수익 비교**
(CAPE 백분위로 분석했을 때)

| CAPE 백분위 | 애버리지인의 평균 수익 저조율 (12개월 구간) | 바이나우보다 애버리지인의 평균 수익이 더 저조한 비중 (12개월 구간) |
|---|---|---|
| CAPE < 15 (<25 백분위) | 5% | 67% |
| CAPE < 15–20 (25–50 백분위) | 4% | 68% |
| CAPE < 20–25 (50-75 백분위) | 3% | 71% |
| CAPE > 25 (>75 백분위) | 2% | 70% |

CAPE 지수가 높을수록, 즉 주가가 더 과대평가되었을 때 애버리지인의 수익 저조율은 상대적으로 감소한다. 이렇게 애버리지인 전략이 우세한 수익을 보이는, 주가가 과대평가되었던 시기를 더 분석해보려 했지만 안타깝게도 샘플 데이터의 양이 너무 빈약했다.

예를 들어 2019년 말처럼 CAPE가 30 이상 수준일 때만 보면 애버리지인 방식이 바이나우 방식보다 12개월 구간에서 1.2퍼센트 더 높은 평균 수익을 보였다. 하지만 2019년을 제외하면 CAPE가 30을 넘어선 것은 닷컴버블 시기 단 한 번뿐이었다!

CAPE 지수가 너무 높다고 해서 투자를 망설이고 있다면 큰 수익을 놓칠 수도 있다. 예를 들어 가장 최근에 CAPE가 30을 넘었던 것은 2017년 7월이었다. 그때 주식을 현금화했다면 2020년 말 S&P500지수가 65퍼센트 상승한 기회를 놓쳤을 것이다.

주식 가치가 과대평가되었거나 큰 폭락장이 임박했다고 판단하더라도 그 판단이 틀리지 않았음을 입증하기 위해서는 수년을 기다려야 한다. 주가가 과대평가되었다는 이유로 애버리지인 방식으로 투자하며 현금보유를 고집하려면 이것을 잘 고려해봐야 할 것이다.

## 기다리는 시간이 길어질수록 가난해진다

당장 가진 돈 전부를 투자할 것이냐, 아니면 시간을 두고 조금씩 투자할 것이냐를 결정하는 문제라면 나의 대답은 명확하다. 거의 언제나 지금 당장 전부를 투자하는 게 옳다.

어떤 가치평가체계를 이용하든 어떤 종류의 자산에 투자하든 마찬가지다. 일반적으로 투자 적기를 기다리는 기간이 길어질수록 여러분은 그만큼 가난해진다.

여기에서 '일반적'이라고 말하는 이유는 주가가 폭락하고 있는 경우라면 애버리지인 방식으로 투자하는 방법이 조금 더 낫기 때문이다. 하지만 주가가 폭락하고 있을 때는 투자를 하고픈 열의가 거의 사라져버릴 것이다.

감정과 맞서 싸우기란 힘든 일이다. 그래서 지금도 많은 투자자가 시장이 하락하길 기다리며 투자를 망설이고 있다.

지금 당장 큰돈을 투자하는 것이 여전히 걱정된다면 여러분의 투자 성향에 비해 지나치게 리스크가 큰 포트폴리오를 구성한 것은 아닌지 검토해야 한다. 해결 방안은 여러분의 투자 성향에 비해 보수적으로 포트폴리오를 구성하는 것이다. 여러분의 투자 성향에서 목표할당target allocation이 주식과 채권 80:20이라면 비율을 조정해서 60:40 포트폴리오를 고려해보라. 그런 다음 시간을 두고 원래의 목표할당으로 조금씩 옮겨갈 수도 있다.

예를 들어 지금은 60:40 포트폴리오에 투자하고 1년 후에 70:30 포트폴리오로 조정한 다음 일정 기간이 지난 다음 다시 80:20 포트폴리오로 돌아가면 된다. 이렇게 하면 커다란 리크스를 감수하지 않고도 어느 정도의 수익을 올릴 수 있다.

이번 장에서는 기다리는 것보다 당장 투자하는 것이 왜 더 나은지에 대해 알아보았다. 다음에는 저가매수 기회를 기다리지 말아야 하는 이유를 살펴보겠다.

The Just Keep Buying's rules

## No.13

# 빨리 사고 천천히 팔아라

대부분의 시장은 장기적으로는 상승하기 마련이다.
따라서 빨리 사서 천천히 파는 것이
부를 극대화하는 최적의 방법이다.
만약 이 방법조차 스스로에게 맞지 않는다는 생각이 든다면,
여러분에게는 사고팔기 자체가
지나치게 리스크가 큰 방법이라는 의미이다.

제14장

# 저가매수 타이밍을 기다릴 필요가 없는 이유

신도 평균단가분할매입법보다 높은 수익을 내지는 못한다

이 모든 자료가 말하는 바는 명확하다.

아무리 완벽한 정보를 갖고 있더라도

바이더딥은 평균단가분할매입법보다

더 좋은 수익을 올리지 못한다.

앞 장을 읽고도 여전히 시장타이밍 잡을 생각을 하고 있는가? 그렇다면 제14장에서 설명하는 내용이 분명 도움이 될 것이다. 대담한 주장이긴 하나 충분한 자료와 근거를 제시할 테니 걱정하지 않아도 된다.

우선 하나의 게임을 해보자. 여러분이 1920~1980년의 어느 날로 돌아가 향후 40년간 미국 주식에 투자해야 한다고 가정해보자. 여러분은 다음 두 가지 중 하나의 전략을 선택할 수 있다.

1. **평균단가분할매입법**DCA : 매달 100달러씩 40년 동안 꾸준히 주식을 매수한다.
2. **바이더딥**buy the dip : 최저점 매수 전략을 의미한다. 매달 100달러씩 현금을 저축하되 주식은 저점dip일 때만 매수한다.

> 여기에서 '저점'은 단순한 하락세를 의미하지 않는다. 단기간에 다시 가격 반등이 예상될 때의 저점을 의미한다. 나는 이 두 번째 전략을 조금 수정해 더 나은 전략으로 만들어보려 한다. 여러분에게 모든 것을 알고 있는 능력을 부여해 주식 매수 타이밍까지 파악하도록 해줄 것이다. 그러면 여러분은 두 번의 사상최고가 지점 사이에 있는 바닥을 정확히 알 수 있고, 따라서 언제 바이더딥을 해야 하는지도 확실할 수 있게 될 것이다.

이 게임에 또 하나 유일한 규칙이 있다. 주식을 추가로 더 매수하거나 매도하지 못한다는 것이다. 일단 주식을 매수하면 정해진 기간까지는 그 주식을 보유해야 한다.

자, 여러분은 어떤 전략을 선택하겠는가? 평균단가분할매입법인가, 바이더딥인가?

논리적으로 생각하면 바이더딥이 손실을 볼 가능성은 없어 보인다. 주식시장이 바닥을 칠 때를 안다면 언제나 최고점에 비해 더 싼 가격으로 주식을 매수할 수 있을 테니까 말이다.

그러나 이 전략을 실전에 적용해보면, 1920~1980년의 어느 시기이든 40년간의 투자수익을 비교하면 바이더딥이 평균단가분할매입법보다 70퍼센트 더 수익이 저조했다. 언제 시장이 바닥을 칠지 정확하게 알고 있더라도 이 사실은 변함이 없다.

아무리 모든 것을 알고 있는 신이라 해도 평균단가분할매입법을 이길 수 없다! 왜 그럴까?

바이더딥은 심각한 하락장이 멀지 않았다는 사실을 알고 그 타이밍을 완벽하게 맞출 수 있을 때만 효과가 있는 전략이기 때문이다. 문제는 심각한 하락장이 자주 일어나지 않는다는 점이다.

미국 주식시장 역사에서 주식시장이 붕괴에 가까운 폭락을 보인 것은 1930년대, 1970년대, 2000년대 단 세 번뿐이다. 아주 드문 일이다. 다시 말해 바이더딥이 평균단가분할매입법을 이길 가능성은 거의 없다는 말이다.

게다가 바이더딥이 평균단가분할매입법보다 더 높은 수익을 올리려면 완벽한 타이밍이 필요하다. 저점을 겨우 두 달만 놓쳐도 평균단가분할매입법보다 더 나은 수익을 올릴 가능성이 30퍼센트에서 3퍼센트로 줄어든다.

내 말이 믿기 어렵다면 더 구체적인 내용을 살펴보기로 하자.

## 바이더딥의 원리

우선 미국 주식시장이 1996년 1월부터 2019년 12월까지 24년 동안 어떻게 움직여왔는지를 살펴보며 바이더딥의 원리를 파

[표 14-1] S&P500 사상최고가 (1996~2019년)

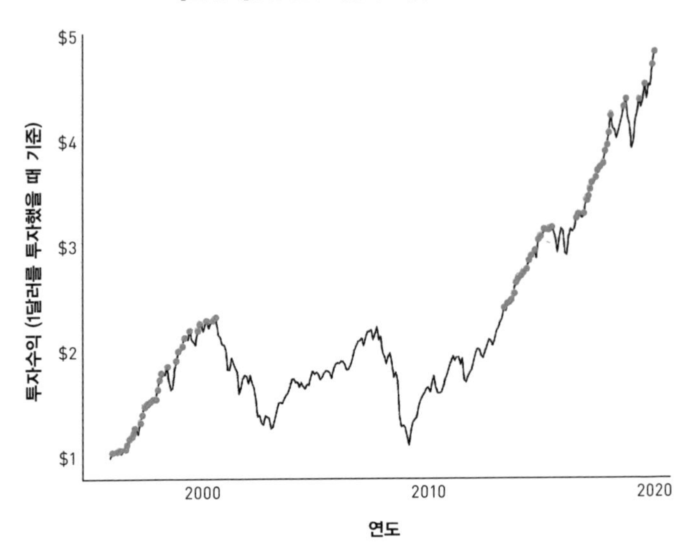


헤쳐보기로 하자.

[표 14-1]은 24년 동안 (배당금은 재투자하고 인플레이션 조정을 거친) S&P500에 투자했을 때의 수익 추이를 보여준다. 사상최고가 지점은 붉은 점으로 표시했다.

[표 14-2]는 [표 14-1]과 같은 표에 저점을 검은색으로 표시한 것이다(여기에서 저점은 두 번의 사상최고가 사이에서 가장 큰 하락 지점을 의미한다). 바이더딥 전략에 따르면 매수에 나서야 하는 지점이다.

가장 눈에 띄는 저점은 2010년 8월 이전 유일한 검은색 점

[표 14-2] S&P500 사상최고가와 저점 (1996~2019년)

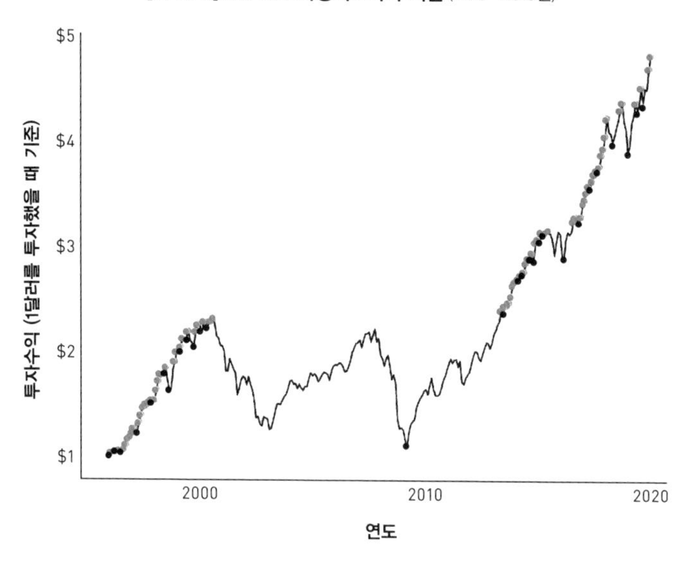


인 2009년 3월의 저점으로 2000년 8월에 시장이 고점을 찍은 후 가장 낮은 저점이다.

여러분은 사상최고가 사이에 자리 잡은 덜 두드러지는 저점들이 여러 개 있다는 것도 확인할 수 있을 것이다. 그 저점들은 주로 1990년대 중후반과 2010년대 중반 주식시장이 강세를 보였던 두 기간에 몰려 있다.

[표 14-3]은 바이더딥 전략이 어떤 성과를 거두었는지 살펴보기 위해 1996~2019년에 이 전략으로 투자한 금액과 그것의 현금잔고cash balance를 그래프로 나타낸 것이다.

[표 14-3] 바이더딥 전략 (1996~2019년)

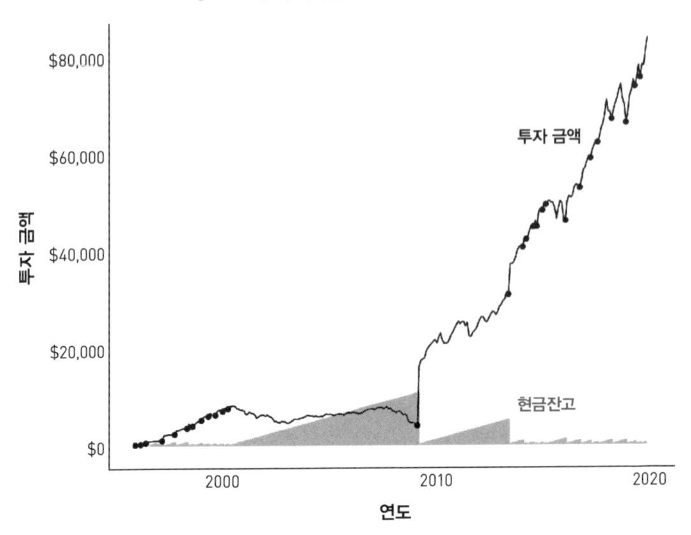


바이더딥 전략으로 저점에서 매수할 때마다 현금잔고는 0이 되고 그만큼 투자 금액은 많아진다. 이는 대략 9년에 걸쳐 현금을 저축하고 난 다음 바이더딥 전략에 따라 1만 600달러를 투자한 2009년 3월에 가장 잘 나타난다.

바이더딥과 평균단가분할매입법의 포트폴리오를 비교해보면 [표 14-4]에서 보듯이 2009년 3월을 기점으로 바이더딥이 평균단가분할매입법을 앞서기 시작하는 것을 알 수 있다. 이 표에서도 검은색 점은 바이더딥 전략에 따라 주식을 매수하는 저점이다.

2009년 3월의 이 매수가 왜 중요한지 이해하려면 바이더

[표 14-4] 바이더딥 vs. 평균단가분할매입법 (1996~2019년)

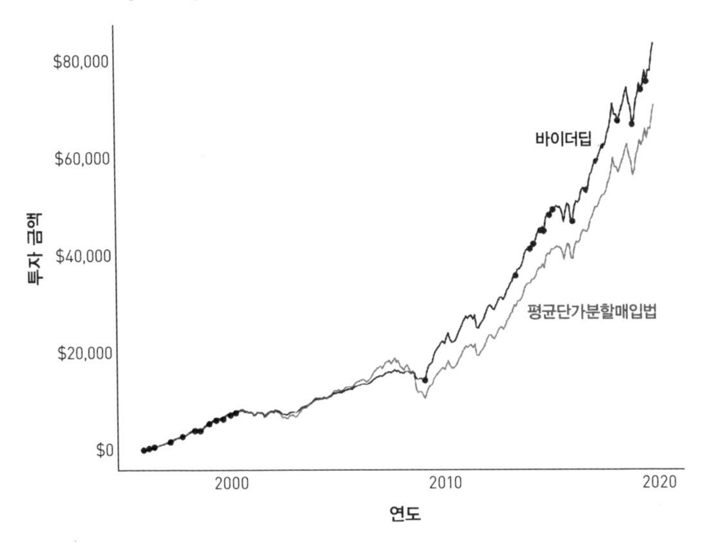


딥으로 매수한 시점에 평균단가분할매입법으로 매수한 개별 주식의 가치가 투자 종료 시점에 최종적으로 얼마나 늘어났는지를 검토해야 한다. [표 14-5]는 평균단가분할매입법으로 100달러에 매수한 각각의 주식이 2019년 12월 시점에는 얼마가 되었는지를 보여준다.

예를 들어 1996년 1월 100달러에 매수한 주식의 가치가 2019년 12월에는 500달러 가까이 되었다는 것을 알 수 있다. 이 표에서도 검은색 점은 바이더딥으로 주식을 매수한 시점이다.

[표 14-5]를 보더라도 2009년 3월 저점에서의 바이더딥은

**[표 14-5] 평균단가분할매입법으로 매수한 주식의 가치 증가** (1996~2019년)

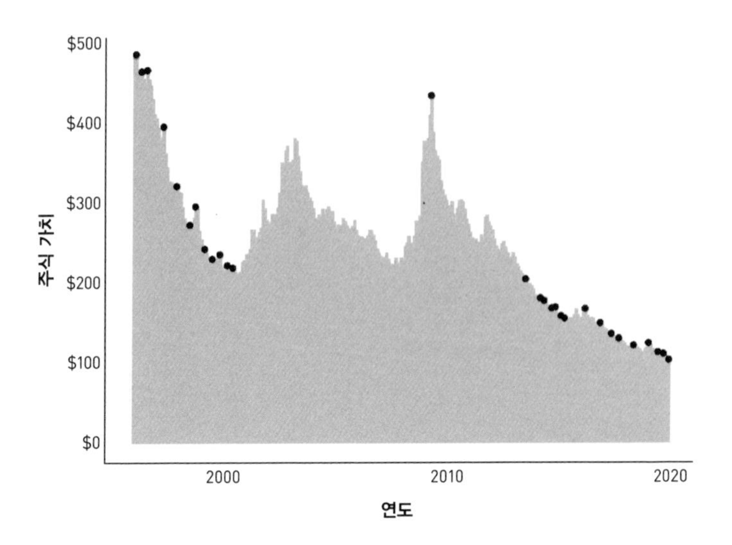


훌륭한 전략이다. 2009년 3월의 저점에 100달러를 투자했다면 2019년 12월에는 거의 450달러를 벌 수 있었다.

이 표에서는 두 가지를 주목해야 한다.

1. 평균적으로 더 일찍 매수할수록 복리효과로 인해 가치가 더 많이 증가했다.
2. (2003년 2월, 2009년 3월처럼) 가치가 훨씬 더 많이 증가한 시기도 더러 있다.

이 두 가지를 종합하면 결국에 바이더딥은 해당 투자 기간

[표 14-6] 평균단가분할매입법으로 매수한 주식의 가치 증가 (1928~1957년)

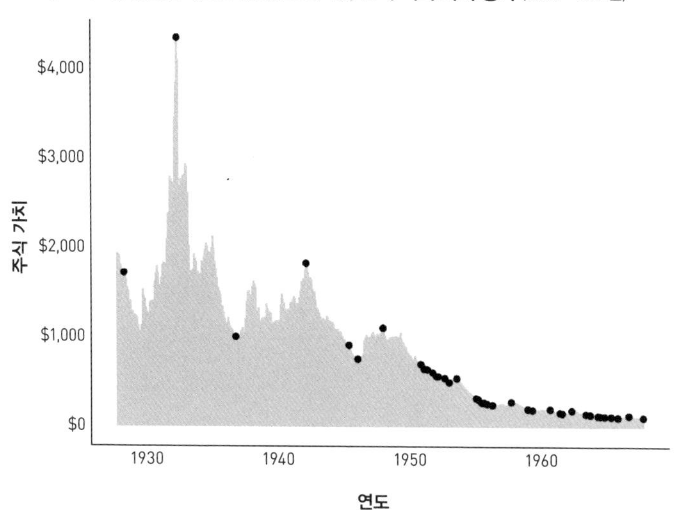


초기에 큰 폭의 하락이 발생했을 때에만 평균단가분할매입법보다 더 나은 성과를 올렸다.

이를 가장 잘 보여주는 시기는 1928년부터 1957년까지다. 미국 주식시장 역사상 가장 커다란 저점이 있었던 1932년 6월이 이 시기에 포함되기 때문이다.

[표 14-6]을 보면 1928~1957년의 기간에는 바이더딥 전략이 대단히 성공적이었는데, 그 이유는 1932년 6월에 사상최저점이 바로 이전에 등장했기 때문이다. 1932년 6월 주식시장 최저점에서 100달러였던 주식이 투자 종료 시점인 1957년에는 무려 4,000달러 이상으로 가치가 늘어났다! 미국 주식시

장 역사를 아무리 뒤져보더라도 이와 비슷했던 시기조차 찾아볼 수가 없다.

여기까지만 읽고 내가 바이더딥 전략을 옹호한다고 생각할지도 모르겠다. 어쨌든 1996~2019년과 1928~1957년의 두 시기는 오랫동안 약세장을 면치 못했던 시기로 바이더딥 전략을 적용하기에 좋은 시기였다.

하지만 역사적으로 좀 더 길게 본다면 바이더딥 전략의 수익이 좋다고 말할 수 없다. [표 14-7]은 전체 기간에 40년 구간마다 평균단가분할매입법과 비교해 바이더딥으로 거둔 수익의 우세율 또는 저조율을 보여준다.

0퍼센트 기준선 위는 바이더딥이 평균단가분할매입법보다 수익이 우세했던 경우이고, 0퍼센트 기준선 아래로 표시된 것은 바이더딥이 평균단가분할매입법보다 수익이 저조했던 경우이다. 그래프가 0퍼센트 기준선 아래로 내려간 비율은 70퍼센트이다. 이는 다시 말해 바이더딥이 평균단가분할매입법보다 수익이 좋지 못한 경우가 70퍼센트 이상이었다는 의미다.

[표 14-7]에서 보듯이 1920년대 바이더딥은 1930년대 극심한 하락장의 영향으로 평균단가분할매입법보다 20퍼센트 더 높은 수익을 올리며 멋지게 출발했다. 하지만 이 하락장이 끝나자 바이더딥의 수익은 계속 더 떨어졌다. 1974년 약세장 직후에는 평균단가분할매입법에 비해 최악의 수익을 보여주었다.

[표 14-7] 바이더딥 vs. 평균단가분할매입법

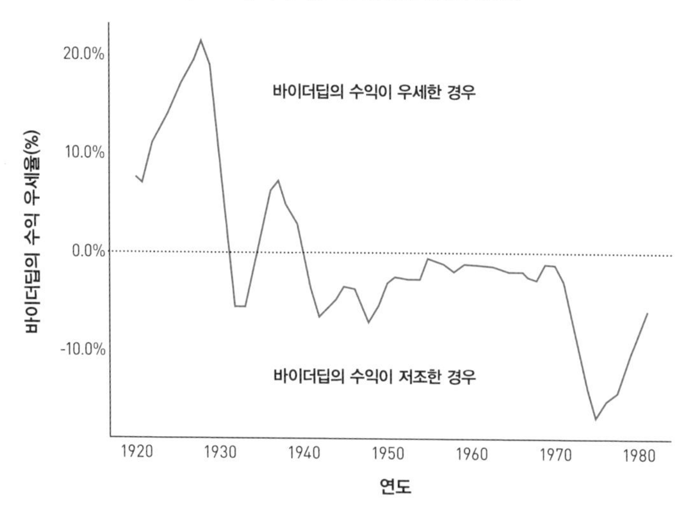


1975~2014년에는 특히 바이더딥의 수익이 저조했는데, 이는 1974년 최저점을 놓쳤기 때문이다. 1975년이라는 시점에서 보면 다음 사상최고점은 1985년에야 등장한다. 그때까지는 매수에 나설 만한 저점이 없었다는 말이다.

바이더딥으로 투자할 만큼 타이밍이 좋은 경우는 대단히 드물다. 그것이 평균단가분할매입법이 바이더딥보다 어렵지 않게 더 높은 수익을 올릴 수 있는 이유이다.

[표 14-8]은 1975년부터 40년간 바이더딥과 평균단가분할매입법의 수익을 비교하고 있다. 앞서와 마찬가지로 검은색 점은 바이더딥으로 주식을 매수한 시점이다.

[표 14-8] 1975년부터 40년간의 바이더딥 vs. 평균단가분할매입법

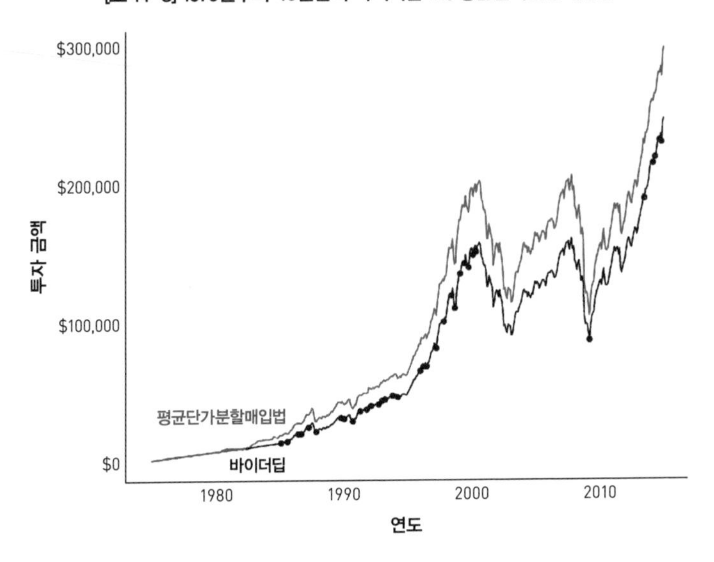


[표 14-8]을 보면 평균단가분할매입법은 초반부터 바이더딥을 앞서 나가서 끝까지 뒤지지 않는다. 바이더딥으로 매수에 나서는 큰 폭의 하락장도 몇 번 있었지만 복리 효과는 크지 않았다.

이는 동일 기간에서 자산가치가 얼마나 증가했는지를 보여주는 [표 14-9]를 보면 좀 더 분명해진다.

[표 14-6]의 1928~1957년, [표 14-5]의 1996~2019년 시뮬레이션과는 다르게 [표 14-9]의 1975~2014년 시뮬레이션에서는 초반에 바이더딥 전략으로 매수에 나서지 않았다. 2009년 3월 저점에서 매수는 했지만 매수 시점이 늦다 보니 평균

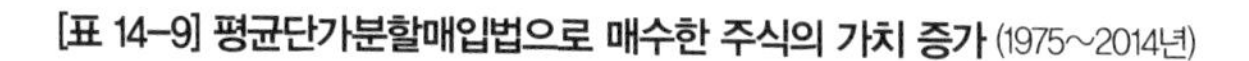
[표 14-9] 평균단가분할매입법으로 매수한 주식의 가치 증가 (1975~2014년)

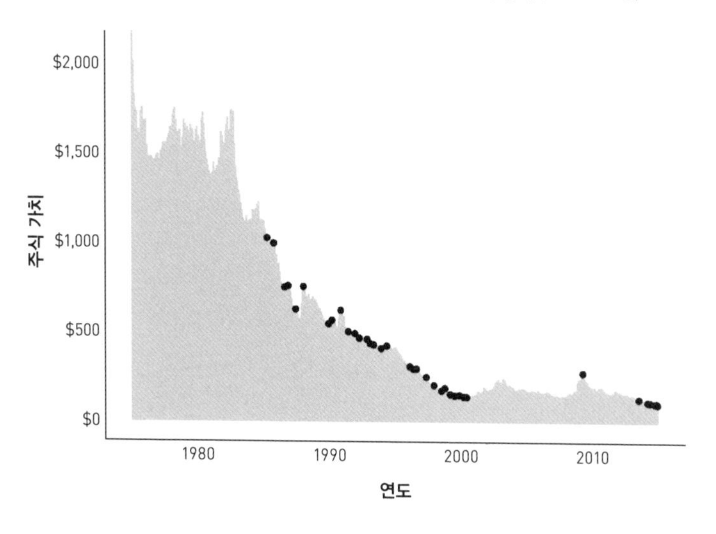


단가분할매입법을 능가할 만한 충분한 수익을 낳지는 못했다.

이 모든 자료가 말하는 바는 명확하다. 아무리 완벽한 정보를 갖고 있더라도 일반적으로 바이더딥은 평균단가분할매입법보다 더 좋은 수익을 올리지 못한다. 따라서 다음 저점에서 매수를 시작하기 위해 현금을 모으는 전략은 지금 당장 매수에 나서는 것보다 수익률이 낮을 가능성이 크다. 왜 그럴까?

여러분을 포함한 많은 사람들이 고대하고 또 고대하며 저점을 기다리지만, 그 저점은 오지 않을 수도 있기 때문이다. 결국에 시장이 상승세를 유지하며 앞으로 달려가는 동안 여러분은 복리 효과를 누릴 기회를 놓치며 시간을 허비하는 셈이다.

바이더딥 전략이 문제가 되는 또 다른 이유는 애당초 우리는 매수에 나서야 할 최적의 저점이 언제인지 알 수 없기 때문이다. 비록 지금까지는 우리가 언제가 최적의 저점인지 알고서 바이더딥에 나선다는 가정으로 분석을 했지만, 그것은 말 그대로 분석을 위한 가정이었을 뿐이다. 완벽한 바이더딥 타이밍을 포착하기란 사실상 불가능하다.

나는 바이더딥 전략을 약간 변형해서 최적의 저점을 두 달 놓치는 시뮬레이션도 해보았다. 어떤 일이 일어났는가? 겨우 두 달 저점을 놓쳤는데도 평균단가분할매입법보다 97퍼센트 뒤지는 결과를 낳았다! 다시 말해 주가 최저점을 2개월 내외로 거의 정확히 예측할 수 있는 사람이라도 결국은 다른 방법을 사용하는 것보다 손해를 보기 마련이다.

## 가능하면 빨리, 그리고 자주 투자하라

제14장에서의 목표는 현금을 계속 모으며 완벽한 바이더딥 타이밍을 기다리는 전략이 비생산적이라는 사실을 보여주는 것이었다. '그냥 계속 사는' 편이 훨씬 더 나은 결과를 낳는다. 그리고 앞 장에서 보았듯이 가능하면 빨리 투자하는 편이 더 낫다.

이제까지의 내용을 정리해보면, 다음과 같은 부정할 수 없는 결론을 도출할 수 있다.

"가능하면 빨리 투자를 시작하라. 그리고 가능하면 자주 투자하라."

이 명제야말로 이 책의 핵심 주제이며, 모든 시간과 공간을 뛰어넘는 투자의 금언이다.

예를 들어보자. 1926년부터 시작해서 어느 시점에 개별 주식이 아닌 인덱스에 투자하는 방식으로 주식을 매수하고 이후 10년 동안 계속 매수한다면 현금보유보다 더 많은 수익을 올릴 가능성은 98퍼센트이고, 5년 만기 채권투자보다 더 많은 수익을 올릴 가능성은 83퍼센트이다. 게다가 일반적으로 투자금 10.5퍼센트 정도의 배당금도 받았을 것이다.[87]

1970년 이후 전 세계 주식에 같은 방식으로 투자했다면 10년 후 현금보다 더 많은 수익을 올릴 가능성은 85퍼센트이고, 투자금의 8퍼센트를 벌었을 것이다.[88]

두 경우에서 부를 축적한 방법은 같다. 그냥 계속 샀다!

하느님이 와도 평균단가분할매입법보다 더 높은 수익을 내지 못하는 마당에 여러분이라고 별수 있겠는가?

## 그래도 최후의 승자는 신이다

이 장의 모든 수치를 살펴보면서 나는 타이밍을 잘 잡는 운이 투자에서 얼마나 중요한지를 깨달았다. 이를 '수익률순서위험sequence of return risk'이라고도 하는데 이에 대해서는 다음 장에서 논의하겠다.

예를 들어 앞에서 분석한 바에 따르면 투자에 가장 적합한 40년 구간은 1922~1961년이었다. 이때 평균단가분할매입법으로 4만 8,000달러(40년×12개월×100달러)를 투자했다면 (인플레이션 조정을 거쳐) 50만 달러를 손에 쥐게 된다.

반면 최악의 40년 구간은 1942~1981년으로 4만 8,000달러를 투자해 겨우 15만 3,000달러로 마감한다. 226퍼센트의 차이가 있는 셈이다. 평균단가분할매입법과 바이더딥의 수익 차이보다 훨씬 더 큰 수치이다.

이러한 수치는 안타깝게도 여러분이 어떤 전략을 채택하든 시장의 움직임을 예측할 수는 없다는 사실을 잘 보여준다. 여전히 최후의 승자는 신이다.

이제 다음 장에서는 투자에서 운의 역할을 살펴보도록 하겠다.

The Just Keep Buying's rules

## No.14

# 가능하면 빨리 투자하라, 그리고 자주 투자하라

현금을 저축하면서 때를 보아
적기에 시장에 들어가겠다는 생각을 아직도 하고 있는가?
그렇다면 제발 생각을 바꾸길 바란다.
신조차도 평균단가분할매입법식 투자보다
더 나은 수익을 올릴 순 없다!

제15장

# 투자에서 운은 왜 중요한가

또한 투자에서 운은 왜 중요하지 않은가

나는 투자에서도 인생에서도

운은 중요하다고 인정하고 존중하는 바이지만,

그렇다고 운 때문에 일어나는 일은 어쩔 수 없다는 식의

무기력한 태도로 임하지는 않는다.

여러분도 그래야 한다.

악운이 일어나기 전에 혹은 일어난 다음에도

그에 맞서는 방법은 언제나 있기 마련이다.

1970년대 말 출판계에서는 한 저자가 1년에 한 권 이상 책을 내서는 안 된다는 불문율이 있었다. 많은 책을 쓰는 저자는 자신의 브랜드를 훼손하는 대가를 치른다는 이유에서였다. 일 년에 보통 두 권 정도의 책을 쓰는 스티븐 킹Steven King은 이를 받아들이기 힘들었다. 킹은 책을 쓰는 속도를 줄이는 대신 리처드 바크먼Richard Bachman이라는 필명으로 다른 작품들을 발표했다.

그 후 몇 년에 걸쳐 킹이 출간하는 책은 모두 100만 부를 돌파했지만, 리처드 바크먼은 상대적으로 주목받지 못했다. 킹은 전설이었지만, 바크먼은 철저한 무명작가였다.

하지만 스티브 브라운Steve Brown이라는 워싱턴 DC의 한 서점 직원이 두 사람 문체의 유사성에 주목하면서 상황이 바뀌었다. 증거를 제시하자 킹은 사실을 시인했고 몇 주 후 브라운과 인터뷰하는 데 동의했다.

프란스 요한슨Frans Johansson의 《클릭 모먼트》를 보면 이후 일들을 상세히 묘사하고 있다.

> 1986년에 일단 비밀이 밝혀지자 킹은 이미 바크먼의 이름으로 출간한 모든 책을 자신의 이름으로 바꿔 재출간했다. 이 책들은 순식간에 베스트셀러 목록에 올랐다. 《시너》 초판은 2만 8,000부가 팔렸다. 바크먼이라는 이름으로 낸 책 중에서는 그래도 가장 많이 팔렸고 일반적인 소설 중에서도 평균 이상의 판매 부수를 기록한 셈이었다. 하지만 바크먼이 사실은 킹이라는 사실이 밝혀지자마자 책은 순식간에 팔려나가기 시작해 얼마 안 가 무려 300만 부를 돌파했다.

킹에게만 이런 일이 있었던 것은 아니다. 《해리 포터》 시리즈로 유명한 J. K. 롤링J. K. Rolling은 로버트 갤브레이스Robert Galbraith라는 필명으로 《쿠쿠스 콜링》이라는 소설을 출간했는데, 역시나 어떤 한 사람이 텍스트를 분석해 작가의 정체를 밝혀냈다.[89]

갤브레이스가 롤링이라는 사실이 알려지는 순간 판매 부수가 무려 15만 퍼센트 솟구쳤고 아마존 베스트셀러 순위는 4,709위에서 순식간에 3위까지 치솟았다.[90]

킹과 롤링의 필명 사례는 성공에서 운이 하는 역할에 관한 가혹한 진실을 잘 보여준다. 당연한 얘기지만 킹과 롤링의 업적 자체가 우연의 결과라는 말은 아니다. 다만 바크먼과 갤브레이스의 책은 킹과 롤링의 책과 질적인 차이는 전혀 없었음에도 그다지 팔리지 않았던 반면에 '우연히도' 그 정체가 밝혀지자마자 수백만 권이 팔렸다는 사실은 운의 작용 말고는 다른 무엇으로도 설명되지 않는다. 운은 정말 중요한 역할을 한다.

직업적 성공을 좌지우지하는 이 신비로운 힘은 여러분의 투자 결과에도 매우 큰 영향을 미칠 수 있다.

## 출생연도가 투자수익에 미치는 영향

여러분은 출생연도와 같은 우연한 사건은 자산을 축적하는 능력에 별다른 영향을 미치지 않을 것이라 생각할지 모른다. 하지만 그렇지 않다. 역사를 들여다보면 주식시장은 예측하기 힘들 만큼 부침이 심했다는 점을 알 수 있다.

여러분의 출생연도가 투자수익에 영향을 미친다는 사실을 증명하기 위해 1910년 이후 10년 단위로 S&P500의 연평균 수익률을 살펴보기로 하자. 이제까지와 마찬가지로 배당금을

**[표 15-1] S&P500 투자의 연평균 실질수익률** (10년 구간)

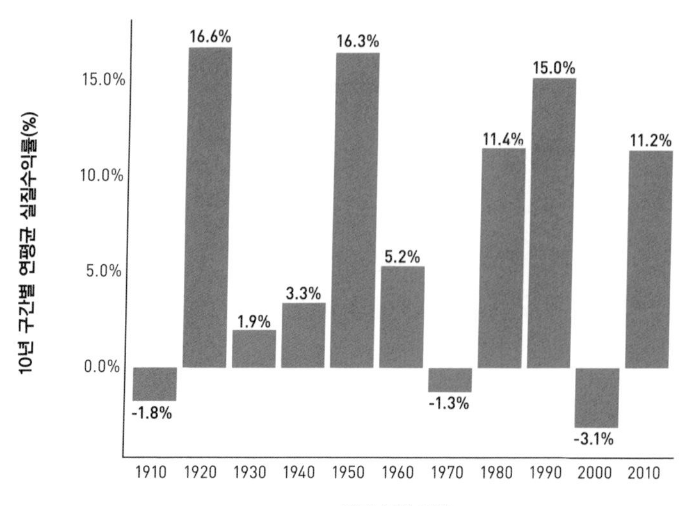


재투자하고 인플레이션도 적용한 후의 수치이다.

[표 15-1]을 보면 알 수 있듯이 어떤 10년 구간에 투자하느냐에 따라 연평균 실질수익률이 16.6퍼센트가 될 수도 있고 마이너스 3.1퍼센트가 될 수도 있다. 여러분이 어떤 방식으로 투자하느냐에 상관없이 연평균 실질수익률의 차이가 20퍼센트에 달한다.

그러나 이는 투자의 시각에서 보자면 빙산의 일각에 지나지 않는다. 20년 이상의 기간을 살펴보아도 연평균 수익률 변동폭은 여전히 크다.

[표 15-2] S&P500 투자의 연평균 실질수익률 (20년 구간)

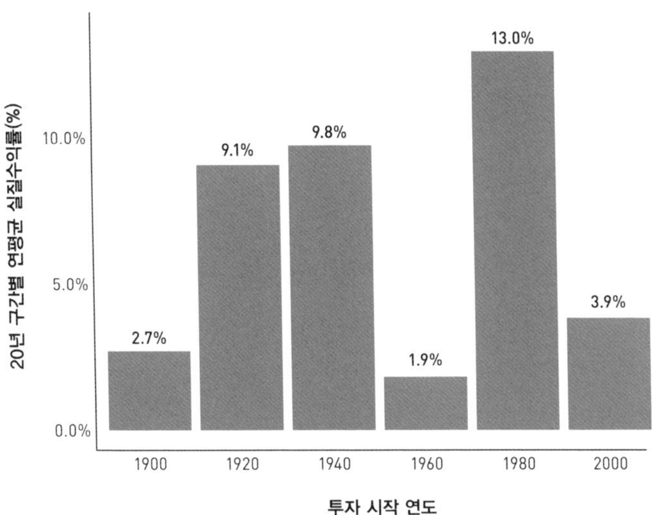


[표 15-2]에서 보듯이 언제 투자를 시작하느냐에 따라 20년간 최고 13.0퍼센트에서 최저 1.9퍼센트의 실질수익률을 올릴 수 있었다. 이렇듯 시기에 따른 수익률이 워낙 불확실하고 부침이 심하기 때문에 아무리 능력이 뛰어난 투자자라도 그저 운이 좋았던 사람에 비해 수익이 더 낮을 수도 있다.

예를 들어 누군가 1960~1980년에 시장평균보다 5퍼센트 더 높은 수익을 올렸다고 해도, 1980~2000년에 시장평균보다 5퍼센트 더 낮은 수익을 올린 사람에 비해서는 오히려 적은 돈을 벌었을 것이다. 1960~1980년 구간의 연평균 실질수익률

**[표 15-3] S&P500 투자의 연평균 실질수익률** (30년 구간)

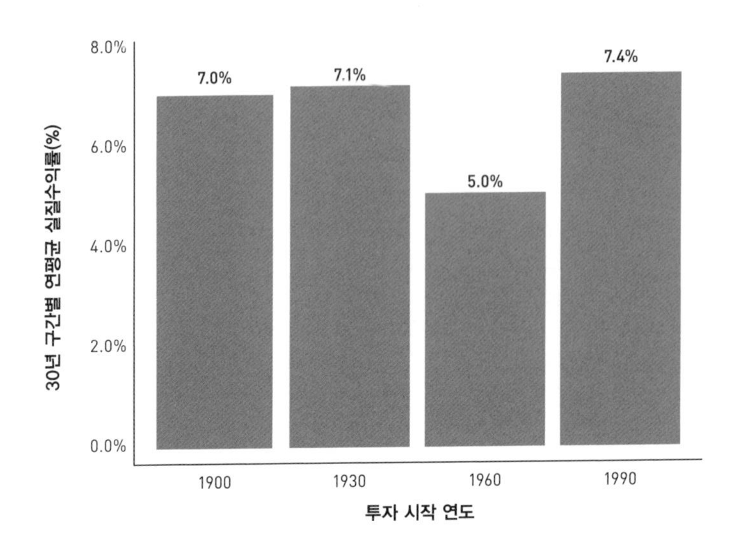


은 1.9퍼센트이고, 1980~2000년 구간의 연평균 실질수익률은 13퍼센트이기 때문이다. '1.9퍼센트+5퍼센트'의 값보다 '13퍼센트-5퍼센트'의 값이 더 크지 않은가.

자, 생각해보자. 매년 시장평균 대비 플러스 5퍼센트 수익을 올리는 놀라운 능력을 지닌 투자자라도 '언제 투자를 시작했느냐에 따라' 매년 시장평균 대비 마이너스 5퍼센트 수익을 올리는 형편없는 투자자보다 돈을 많이 벌지 못할 수 있다. 이 예는 다소 편향적인 표본일 수 있지만, 아무리 노련한 투자자라도 어려운 시장 환경에서 투자한다면 미숙한 투자자보다 못한 결과를 손에 쥐게 될 수도 있다는 건 엄연한 사실이다.

한 가지 위안이 될 만한 것은 비교적 긴 기간인 30년 구간에서 비교하면 노련한 투자자나 미숙한 투자자나 연평균 수익률에서 큰 차이를 보이지 않는다는 점이다.

[표 15-3]은 비록 겹치지 않는 4개의 구간 데이터만 갖고 비교한 것이지만, 일반적으로 장기투자를 했을 때 노력한 만큼 보상받는다는 점을 보여준다. 미래에도 이러한 추세가 이어질지 확신할 순 없다. 하지만 나는 역사를 믿고 싶다.

투자 시기에 따라 행운이 수익에 미치는 영향에 대해 살펴봤으니, 이제 투자수익의 순서와 그것이 중요한 이유를 살펴보겠다.

## 수익률 순서가 중요한 이유

여러분이 투자계좌에 1만 달러를 넣어두었고 이후 4년간의 수익률이 다음과 같다고 하자.

- **1년 차 수익률 :** +25퍼센트
- **2년 차 수익률 :** +10퍼센트
- **3년 차 수익률 :** -10퍼센트
- **4년 차 수익률 :** -25퍼센트

이 수익률 순서가 다르다면 전체 최종 수익률이 더 높을까? 예를 들어 위와 수치는 정확히 일치하는데 다만 순서만 반대였다고 가정해보자.

- **1년 차 수익률 :** -25퍼센트
- **2년 차 수익률 :** -10퍼센트
- **3년 차 수익률 :** +10퍼센트
- **4년 차 수익률 :** +25퍼센트

이러한 순서가 처음 투자했던 1만 달러의 가치에 최종적으로 영향을 미칠까? 그렇지 않다.

투자자금을 더하거나 빼지 않고 처음 투자금액을 끝까지 유지하는 경우라면 수익의 순서는 중요하지 않다. 내 말이 믿기지 않는다면 잠시 시간을 내어 3×2×1의 값과 1×2×3의 값이 어떻게 다른지 비교해보라.

그러나 장기적으로 시간을 두고 투자자금을 더하거나 뺀다면 어떨까? 그러면 수익의 순서가 중요할까? 그렇다.

시간을 두고 투자자금을 추가하게 되면 나중으로 갈수록 자금이 많아지므로 미래의 수익이 더 중요해진다. 다시 말해 투자자금을 추가하고 마이너스 수익을 올리면 자금을 추가하지 않았을 때 마이너스 수익이 발생한 것보다 절대 금액 기준으로 더 큰 비용을 치른다는 것이다.

일반적으로 개별 투자자는 시간을 두고 조금씩 천천히 자산을 추가하기 때문에 투자수익률 순서가 다른 재정적 리스크보다 더욱 중요하다. 이를 '수익률순서위험sequence of return risk'이라고 부르며, 다음의 사고실험을 통해 설명할 수 있다.

다른 두 개의 시나리오를 바탕으로 20년에 걸쳐 한 해에 5,000달러씩 투자한다고 가정하자.

1. **마이너스 수익률 먼저 :** 10년간 -10퍼센트 수익을 먼저 올리고, 그 이후 +10퍼센트 수익을 10년간 올린다.
2. **마이너스 수익률 나중 :** 10년간 +10퍼센트 수익을 먼저 올리고, 그 이후 -10퍼센트 수익을 10년간 올린다.

두 시나리오 모두 20년 동안 총 10만 달러를 넣었으며 수익률도 같다. 유일한 차이라면 기간별로 발생하는 수익률의 차이뿐이다.

[표 15-4]는 각 시나리오에 따른 포트폴리오의 최종 가치를 보여준다. 수직 점선은 수익률 순서가 -10퍼센트에서 +10퍼센트 혹은 거꾸로 +10퍼센트에서 -10퍼센트로 바뀌는 지점을 나타낸다.

**[표 15-4] 시나리오에 따른 포트폴리오의 최종 가치**

(마이너스 수익률은 시간이 갈수록 영향력이 크다)

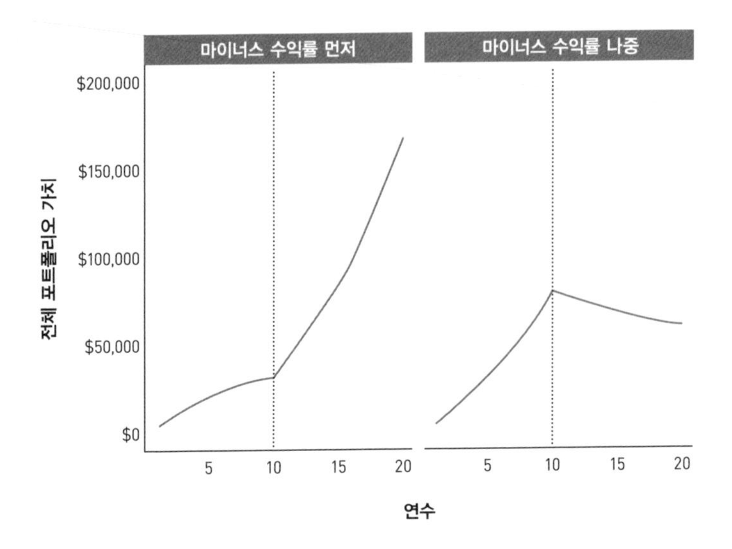


표에서 보듯이 매년 5,000달러를 똑같이 투자하더라도 기간별 수익률 순서에 따라 포트폴리오의 최종 가치는 크게 다르다. 같은 기간에 같은 금액을 투자했지만 '마이너스 수익률 먼저' 시나리오는 '마이너스 수익률 나중' 시나리오보다 10만 달러 더 많은 수익을 올렸다.

나이가 많이 든 후에 '마이너스 수익률 나중' 시나리오를 택하게 된다면 처음 투자를 시작할 때 마이너스 수익률을 경험했을 때보다 훨씬 더 끔찍한 결과를 초래할 수 있다. 결국 마지막이 가장 중요하기 때문이다.

## 마지막이 가장 중요하다

여러분이 평생에 걸쳐 저축하고 투자하며 자산을 축적했다고 가정해보자. 이는 여러분의 가장 중요한 투자수익이 은퇴에 가까운 시점이나 은퇴한 시점에 일어난다는 의미이다.

그런데 이 시기에 큰 폭의 마이너스 수익률이 되면 여러분의 은퇴자산은 심각한 수준으로 줄어들 것이다. 최악의 시나리오는 원금 회수도 하지 못한 채 생을 마감하는 것이다.

사실 더 끔찍한 시나리오도 있다. 여러분은 은퇴 후에 자산 일부를 인출할 수밖에 없고 따라서 여러분의 돈은 훨씬 더 빨리 고갈된다.

다행히도 여러 연구에 따르면 주식시장이 1~2년 나쁜 정도는 여러분의 은퇴자산에 커다란 영향을 미치지 않는다. 투자 전문가 마이클 키치스Michael Kitces는 "자료를 깊숙이 들여다보면 은퇴 후 1~2년 동안의 수익률은 주식시장과는 크게 관련이 없는 것으로 나옵니다. 안전하게 포트폴리오를 유지하며 인출해도 됩니다. 시장이 폭락하는 해에 은퇴하더라도 말이죠."라고 말한다.[91]

하지만 시장 상황은 은퇴 후 첫 10년간의 수익률(특히 인플레이션율 적용 후의 수익률)에는 크게 영향을 미칠 수 있다. 주식시장이 1~2년 바닥을 치는 것은 크게 걱정할 일이 아니지만,

그 기간이 10년이 되면 심각한 문제가 된다는 의미다. 결국에 은퇴 후 첫 10년 동안의 투자수익률이 가장 중요하다.

자, 그러면 이제 여러분이 태어난 해를 기준으로 투자수익률이 중요한 10년은 언제인지를 살펴보기로 하자. 일단 여러분이 65세에 은퇴한다고 가정했다.

- 1960년생 → 2025~2035년
- 1970년생 → 2035~2045년
- 1980년생 → 2045~2055년
- 1990년생 → 2055~2065년
- 2000년생 → 2065~2075년

나는 1989년에 태어났으므로 가장 높은 수익률이 필요한 시점은 2055~2065년이다(그때 내 돈의 거의 전부는 이미 투자되어 있을 것이다). 내가 바라는 엄청난 수익은 올리지 못하더라도 운이 내 재정에 영향을 덜 미치도록 만드는 방법을 이용하면 어느 정도 수익은 올릴 수 있을 것이다.

## 악운의 영향 줄이기

투자에서 운이 중요하다는 말은 사실이다. 하지만 그래도 여러분은 자신의 미래를 어느 정도까지는 통제할 수 있다. 시장이 어떤 상황이든 간에 여러분은 얼마나 저축하고 투자할지, 어떤 자산에 투자할지, 얼마나 자주 투자할지 정도는 결정할 수 있기 때문이다. 투자에서 중요한 것은 어떤 카드가 내 손에 들어오느냐가 아니라 그 카드를 가지고 어떻게 게임을 전개하느냐이다.

나는 투자에서도 인생에서도 운은 중요하다고 인정하고 존중하는 바이지만, 그렇다고 운 때문에 일어나는 일은 어쩔 수 없다는 식의 무기력한 태도로 임하지는 않는다. 여러분도 그래야 한다. 악운이 일어나기 전에 혹은 일어난 다음에도 그에 맞서는 방법은 언제나 있기 마련이다.

예를 들어 은퇴를 목전에 두고 있는데 시장 상황이 향후 10년간 하락을 거듭할 것으로 우려된다면 방법은 있다. 여기에 여러분의 손실을 줄일 수 있는 몇 가지 대안이 있다.

- **채권처럼 리스크가 적은 자산을 활용해 분산투자하라.** 은퇴 생활로 접어드는 시점에 채권 비중이 높은 포트폴리오를 가지고 있다면 충분한 수입은 보장받으면서 폭락장에서 주

식을 팔지 않아도 될 것이다.

- **하락장에서는 인출을 줄여라.** 은퇴자산 포트폴리오에서 연간 4퍼센트를 인출하기로 했다 하더라도 하락장에서는 일시적으로 인출 금액을 낮춰서 시장 폭락으로 인한 피해를 줄여라.
- **수입을 보충하는 파트타임 일을 하라.** 은퇴의 장점은 남는 시간에 원하는 일을 할 수 있다는 것이다. 그렇다면 기존 자산을 계속 팔아치우며 사는 대신 새로운 일을 시작해 수입을 창출할 수도 있다.

은퇴를 목전에 둔 사람이 아니더라도 적절한 분산투자 전략을 이용하고, 일시적으로 수입 및 지출 구조에 변화를 주는 것은 어려운 상황에서 대단히 도움이 될 것이다.

여러분이 젊은 투자자라면 악운을 극복하는 최고의 방법은 바로 시간을 흘려보내는 것이다. 이미 제13장에서 설명했듯이 대부분의 시장은 결국에 오르기 마련이므로 젊음의 가장 좋은 친구인 시간과 친하게 지내보라.

어떤 상황이든 간에 악운은 언젠가 닥치기 마련이고 투자자는 그런 악운과 싸울 수밖에 없다. 다만 악운이 생각만큼 그렇게 끔찍하지는 않다는 사실도 기억하길 바란다. 때로는 그저 게임의 한 부분일 수도 있다.

다음 장에서는 시장의 변동성에 대해 살펴보며 변동성을 두려워할 필요가 없는 이유도 함께 알아보도록 하겠다.

The Just Keep Buying's rules

## No.15

# 투자는 어떤 패를 손에 쥐느냐가 아니라, 그 패로 어떤 게임을 하느냐의 문제다

투자에서 운이 중요하다는 말은 사실이다.
하지만 '그럼에도 불구하고' 우리는 우리의 미래를 통제할 수 있다.
물론 어느 정도지만 말이다.
어차피 이런 조건은 모두가 똑같다.
그러니 절망할 것도 없고 포기할 것도 없다.

*

얼마나 어디에 저축할지, 얼마나 어디에 투자할지,
어떻게 포트폴리오를 조정하여 위기 상황에 대응할지
우리는 갖가지 카드를 선택할 수 있고 또 사용할 수 있다.
결국 승부는 그 카드를 가지고 어떻게 게임을 전개하느냐의 문제이다.

제16장

# 투자자라면 변동성을 두려워할 필요가 없다

## 성공적인 투자를 위해 치르는 대가

시장은 공짜로 투자자들을 원하는 곳까지 데려다주지 않는다.

어떤 길에든 굴곡이 있듯이 수익을 올리기 위해서는

힘든 일도 겪어야 하기 마련이다.

프레드 스미스Fred Smith는 난감했다. 이제껏 번 돈은 막 창업한 항공택배회사 페더럴익스프레스Federal Express(나중에 페덱스가 됨)에 모두 재투자한 상태였고, 자금줄이었던 제너럴다이내믹스General Dynamics는 추가 펀딩을 거부했다.

어느 금요일이었다. 스미스는 돌아오는 월요일에 제트기 연료비 2만 4,000달러를 결제해야 했다. 하지만 은행 잔고는 달랑 5,000달러였다. 생각나는 대안은 한 가지뿐이었다. 그는 비행기를 타고 라스베이거스로 가서 남은 5,000달러로 블랙잭을 시작했다.

월요일 아침에 페더럴익스프레스의 COO였던 로저 프록Roger Frock은 은행 계좌를 보고 깜짝 놀랐다. 프록은 즉시 스미스를 찾아 대체 무슨 일이 있었는지 물었다.

스미스는 순순히 털어놓았다.

"제너럴다이내믹스 임원진과 한 협상은 결렬되고 월요일에 돈은 필요하고 해서 비행기 타고 라스베이거스로 가서 2만 7,000달러를 벌어왔죠."

그렇다. 스미스는 회사에 마지막 남은 5,000달러로 블랙잭을 해서 크게 남겼다.

여전히 충격에서 벗어나지 못한 프록은 어떻게 회사에 마지막 남은 돈을 가지고 그런 도박을 할 수 있냐고 물었다. 스미스는 "무슨 상관이죠? 어차피 연료비가 없으면 망하는 건데요."라고 대답했다.[92]

스미스 이야기는 리스크를 감수하는 것과 아무런 행동도 하지 않는 것의 비용에 관해 중요한 교훈을 준다. 때로는 아무런 리스크도 감수하지 않으려는 태도가 가장 커다란 리스크가 될 수 있다.

투자에서도 마찬가지다. 투자 매체에서 헤지펀드가 망했다거나 복권 당첨자가 파산했다는 말은 흔히 들을 수 있다. 하지만 수십 년간 현금을 갖고만 있다가 자산을 모으는 데 실패한 사람의 이야기는 들어본 적이 있는가? 거의 없을 것이다.

안전만 추구하며 아무런 행동도 하지 않는 사람은 오랜 시간이 지나도 아무런 결과를 얻지 못한다. 한 가지 얻을 수 있는 결과는 지나친 리스크를 감수했을 때와 마찬가지로 대체로 부정적인 결과뿐이다. 시장 변동성을 굳이 피하려 애쓰는 사람들은 지나친 손실을 피하려다가 결국에 높은 수익을 올리지 못할 수도 있다.

자산을 크게 불리고 싶다면 시장 변동성과 더불어 주기적인 하락도 당연한 것으로 받아들여야 한다. 이는 장기투자에서 성공하고 싶다면 당연히 치러야 하는 대가이다. 문제는 어느 정도까지 받아들일 것인가, 그리고 그 대가는 무엇인가 하는 점이다.

간단한 사고실험을 통해 알아보자.

## 장기투자의 결과로 치러야 하는 대가

매년 12월 31일에 여러분을 찾아와 다음 해 주식시장 정보를 알려주는 요정이 있다고 가정해보자. 그런데 이 요정은 특정한 주식을 찍어주거나 시장이 어떻게 움직일지는 말해주지 않는다. 다음 12월 동안의 주식시장에서 언제가 최저점일지만 말해준다. 이를 연도별 최대하락폭[MDD]이라 부르기도 한다.

이제 질문을 던지겠다. 여러분은 다음 해에 시장이 몇 퍼센트까지 하락해야 주식투자를 완전히 포기하고 채권투자로 전환하겠는가?

질문을 바꿔보자. 요정이 내년도의 언젠가 주식시장이 40퍼센트 하락할 것이라고 알려주었다면, 여러분은 투자를 유지할 것인가? 아니면 게임에서 빠지겠는가? 하락폭이 20퍼센트라면 어떨까? 여러분이 생각하는 하락폭의 한계는 몇 퍼센트인가?

여러분이 질문에 답하기 전에 더 많은 정보를 제공하겠다. 1950년 이후 S&P500 평균 최대하락폭은 13.7퍼센트였고, 중위 최대하락폭은 10.6퍼센트였다. 다시 말해 여러분이 1950년 이후 어느 해이든 1월 2일에 S&P500에 투자했다면 연초부터 투자기간의 절반은 10.6퍼센트 이상 하락했을 것이고, 투자기간의 또 절반은 10.6퍼센트 이하로 하락했을 것이라는 의미이다. 그리고 평균적으로 볼 때 한 해 동안 어떤 시기에는 주식시장의 하락폭은 약 13.7퍼센트 정도였다.

[표 16-1]은 1950년 이래 S&P500의 연도별 최대하락폭을 보여준다. [표 16-1]에서도 볼 수 있듯이 최악의 손실을 기록한 해는 2008년으로 S&P500은 그해 11월 말에 48퍼센트까지 떨어졌다. 자료를 보았으니 다시 질문을 해보자. 여러분은 어느 정도 수준의 하락장이라면 시장에서 빠져나오겠는가?

일단 여러분이 투자에 대단히 보수적인 태도를 지녔으며, 따라서 연간 하락폭이 5퍼센트 이상이면 주식시장에서 빠져나와 채권에 투자하겠다고 말하는 사람이라고 가정해보자.

여러분은 하락에 따른 손실을 회피할 전략으로 주식시장

[표 16-1] 연도별 최대하락폭

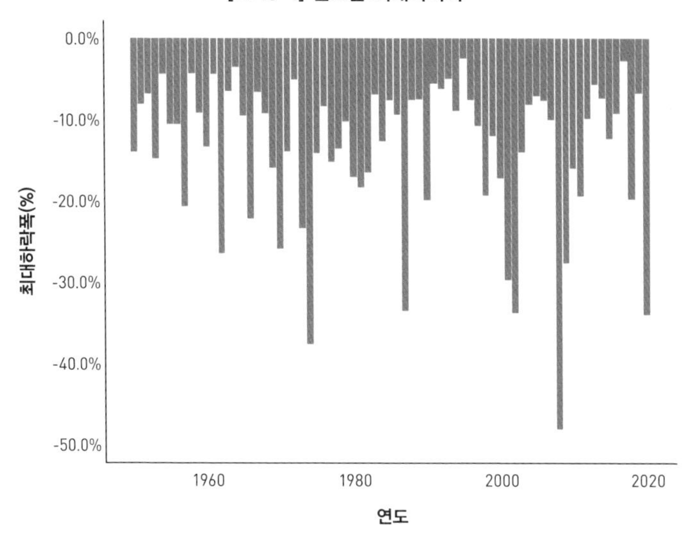


하락폭이 5퍼센트 이상인 경우 주식투자에 넣어두었던 돈을 빼서 다시 채권에 투자한다. 그리고 하락폭이 다시 5퍼센트 이하가 되면 채권에 투자했던 돈을 빼서 다시 주식에 투자한다.

이러한 손실회피 전략을 통해 1950~2020년에 (5퍼센트 이상 하락률을 기록한 모든 해를 피해) 1달러를 투자했다면 여러분은 아마도 값비싼 대가를 치렀을 것이다. 2018년 현재 주식을 계속 보유하고 있던 것에 비해 90퍼센트는 적은 돈을 벌었을 테니 말이다. 주식을 매수해 장기간 보유하는 투자 전략을 매수후보유Buy&Hold 전략이라고 한다.

[표 16-2]는 1달러로 투자를 시작했을 때를 기준으로 손실

[표 16-2] 매수후보유 전략 vs. 손실회피 전략 (하락폭 5% 이상)

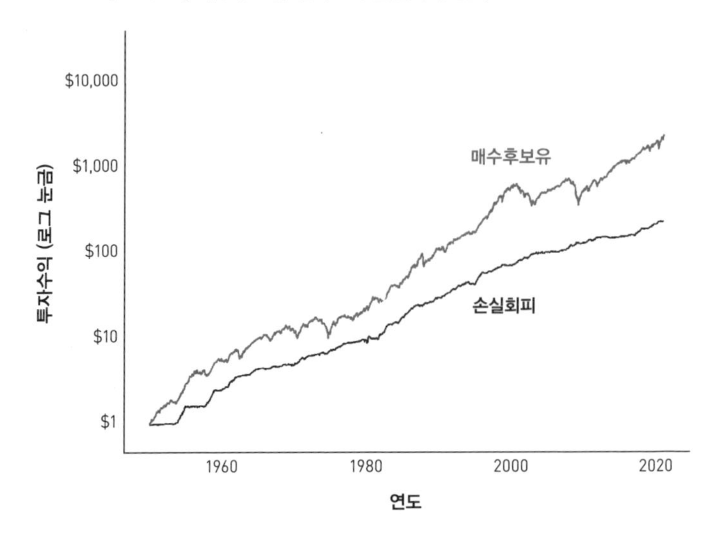


회피 전략과 매수후보유 전략의 차이를 잘 보여준다(그래프의 세로축은 시간에 따른 변화를 좀 더 잘 보여주기 위한 로그 눈금이다).

매수후보유보다 손실회피를 했을 때 수익이 더 저조한 이유는 무엇일까. 그것은 간단히 말해 주식시장에서 빠져나간 기간이 너무 길기 때문이다. 손실회피 전략을 사용했다면 1950년 이후 단 일곱 해를 제외하고는 매년 90퍼센트 정도를 채권에만 투자했을 것이다.

이는 손실회피 전략으로 채권에 투자한 결과를 함께 보여주는 [표 16-3]을 통해서도 확인할 수 있다. [표 16-3]은 채권에 투자한 기간을 음영으로 표시한 것을 제외하고는 [표

[표 16-3] 매수후보유 전략 vs. 손실회피 전략 (하락폭 5% 이상)

16-2]와 같다.

표의 음영이 나타내듯이 채권투자 비중이 많다 보니 주식시장 성장에 편승하지 못했다. 어떠한 리스크도 감수하지 않으려다 보니 결국 매수후보유 전략보다 상당히 부진한 결과를 얻은 것이었다. 하락폭 5퍼센트 이상 손실회피 전략은 확실히 지나치게 안전한 길이다.

그렇다면 이번에는 다른 극단적인 방법으로 하락폭 40퍼센트 이상일 때만 손실회피 전략을 사용한다면 어떨까? 이 전략을 채택한다면 1950년 이후 2008년이 유일하게 주식시장에서 발을 빼는 해가 될 것이다. 다음 [표 16-4]에서도 볼 수

[표 16-4] 매수후보유 전략 vs. 손실회피 전략 (하락폭 40% 이상)

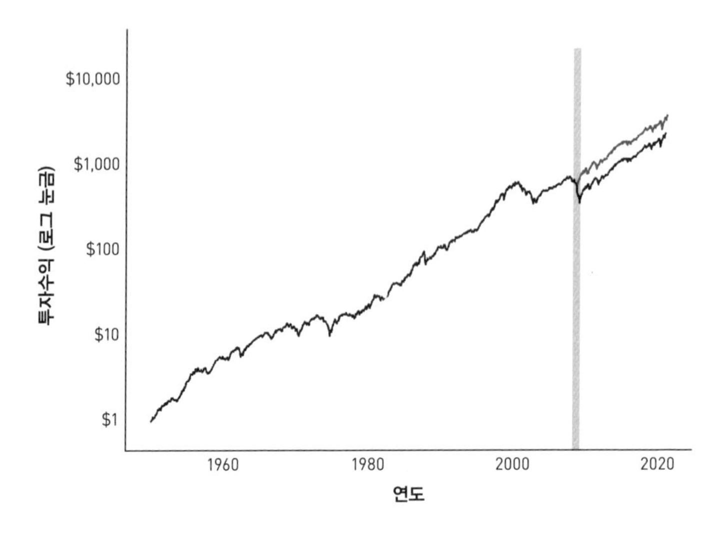


있듯이 이때가 바로 손실회피 전략과 매수후보유 전략이 차이를 보이는 지점이다.

표에서 수직선이 손실회피 전략으로 주식시장에서 빠져나와 채권에 투자하기 시작한 지점이다. 이때부터 손실회피 전략이 검은색 선의 매수후보유 전략을 앞서 나가는데, 다만 그 차이가 크지는 않다. 차라리 더 보수적이었다면 더 높은 수익을 올렸을 것이다. 그렇다면 얼마나 더 보수적이어야 투자수익을 극대화할 수 있을까?

정답은 하락폭 15퍼센트 이상일 때 손실회피 전략을 사용하는 것이다. 즉 주식시장이 15퍼센트 이상 하락할 때는 채권

**[표 16-5] 매수후보유 전략 vs. 손실회피 전략** (하락폭 15% 이상)

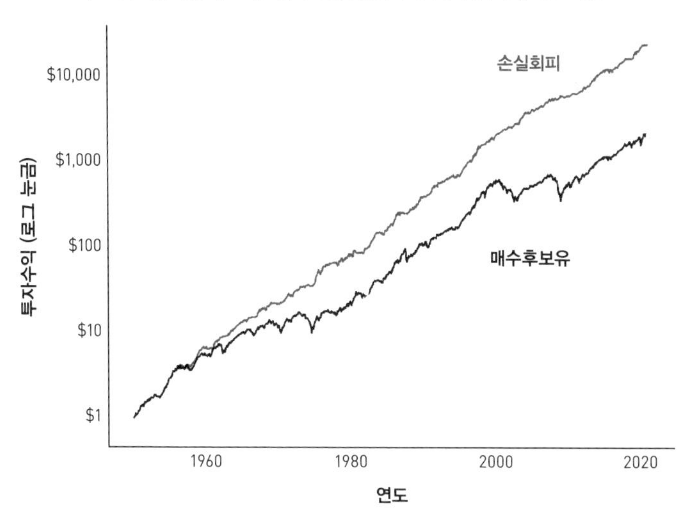


에 투자하고, 그렇지 않은 해는 모두 주식에 투자하는 것이 장기적으로 투자수익을 극대화하는 방법이다.

사실 1950~2020년에 주식시장이 15퍼센트 이상 하락할 때마다 채권에 투자했다면 매수후보유 전략으로 투자했을 때보다 10배 이상 더 벌었을 것이다.

다음 [표 16-5]는 매수후보유 전략과 하락폭 15퍼센트 이상 기준으로 손실회피 전략으로 투자했을 때 각각의 수익을 비교해서 보여준다.

결론적으로 보자면 하락폭 15퍼센트가 손실회피 전략의 골

[표 16-6] 매수후보유 전략 vs. 손실회피 전략 (하락폭 15% 이상)

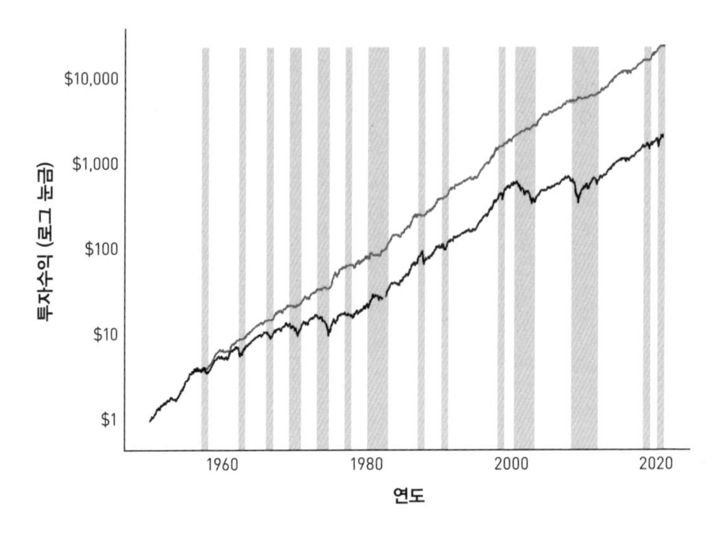


디락스 존goldilocks zone●이라고 할 수 있다. 리스크가 크지도 않고 적지도 않은 상태 말이다. 사실 이 전략을 따르면 3분의 1 정도의 기간에는 채권에 투자하게 된다.

[표 16-6]은 손실회피 전략으로 채권에 투자한 기간을 하락폭 15퍼센트 이상이라는 손실회피 한계점을 20퍼센트나 30퍼센트 등으로 상향 조정할수록 수익은 더 저조해진다. 돈을 잃을 가능성이 큰 주식시장에서 더 오랜 기간 머무르기 때문이

● 원래의 의미는 행성이 지구와 유사한 조건을 가지고 있어 물과 생명체가 존재할 수 있는 항성 주변의 구역을 가리키는 말이나 여기에서는 손실회피 전략을 해서 더 나은 투자수익을 올릴 수 있는 '가장 이상적인 상태'를 의미하는 말로 쓰였다.

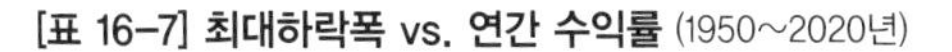
[표 16-7] 최대하락폭 vs. 연간 수익률 (1950~2020년)

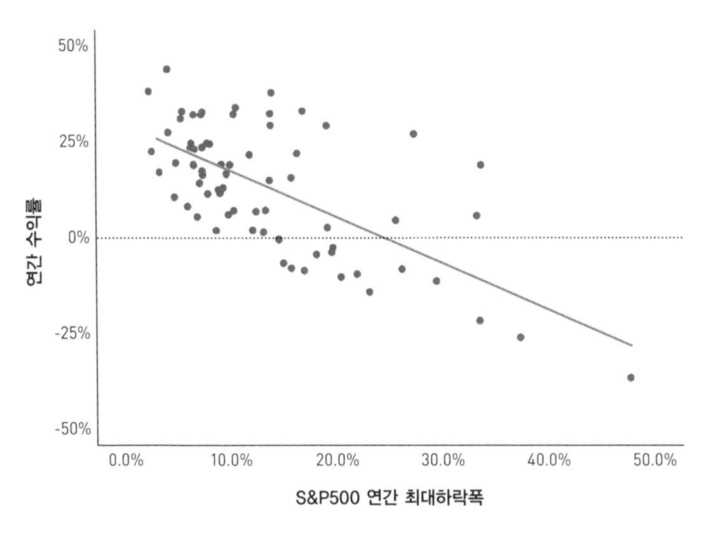


다. 왜 그럴까? 어느 시점에서 S&P500 하락폭의 영향은 일반적으로 당해 연말까지 계속 이어지며 수익률을 더 많이 떨어뜨리기 때문이다.

[표 16-7]은 S&P500의 연간 최대하락폭과 연간 수익률을 비교한 것이다. [표 16-7]에서 보듯이 하락폭과 수익률은 두 변수 중 하나의 변수가 증가하면 다른 변수는 감소하는 부적 상관negative correlation, 즉 음(-)의 상관관계를 보인다. 하락폭이 컸던 해의 주식투자수익은 상대적으로 좋지 못했다.

하지만 모든 하락이 항상 나쁜 것만은 아니다. 1950년 이래 S&P500은 연간 하락폭이 10퍼센트 이하일 때 매년 플러스 수익을 기록했다.

## 미래를 알려주는 요정은 없다

이제까지의 분석을 통해 투자수익을 극대화하길 원한다면 어느 정도 수준(0~15퍼센트)의 하락은 받아들이고, 그 이상의 수준(>15퍼센트)이라면 회피해야 한다는 생각이 들었을 것이다.

이는 주식투자자들이 내야 할 입장료라고 할 수 있다. 시장은 공짜로 투자자들을 원하는 곳까지 데려다주지 않는다. 어떤 길에든 굴곡이 있듯이 수익을 올리기 위해서는 힘든 일도 겪어야 하기 마련이다.

언제 굴곡을 만날지 예측하긴 불가능하다. 앞의 표에서 짐작할 수 있듯이 굴곡을 피할 수 있다면 큰 도움이 되겠지만 안타깝게도 그런 미래를 알려주는 요정은 없다. 그렇다면 우리에겐 아무런 대안이 없을까? 요정 대신 어떤 것이 있을까?

우리에게는 분산투자라는 능력이 있다. 이미 가지고 있는 자산을 분산할 수 있고, 자산에 투자하는 방식도 다양화할 수 있다. 시간을 두고 여러 종류의 수익창출자산을 사들이는 것은 시장 변동성이라는 괴물과 싸워 이기는 가장 좋은 방법 가운데 하나이다.

투자자라면 변동성이 게임의 당연한 일부이기에 감당해야 한다는 사실도 받아들여야 한다. 워런 버핏의 오랜 사업 파트너였던 찰스 멍거Charles Munger는 이런 지혜로운 말을 남겼다.

"한 세기에 두세 번 정도는 시장이 50퍼센트 이상 하락하게 된다. 이럴 때 평정심을 잃는 사람이라면 주식투자에 적합하지 않으며 형편없는 결과를 손에 쥐어도 할 말이 없을 것이다."

다른 위대한 투자가들과 마찬가지로 멍거 역시 시장 변동성은 기꺼이 감수해야 한다고 했다. 여러분도 그럴 수 있는가?

여전히 변동성이 두렵다면 시장 폭락에 관한 생각을 완전히 뜯어고쳐야 할 수도 있다. 그러기 위해서는 다음 장을 보라.

The Just Keep Buying's rules

## No.16

# 변동성은 필연이다, 두려워하지 마라

굴곡은 반드시 온다.

다만 '언제냐'의 문제일 뿐이다.

받아들여라.

누구도 변동성을 피해갈 수는 없다.

제 17장

# 위기 상황에서도 계속 매수하는 법

길거리에 유혈이 낭자할 때가 매수 시점이다

데이터들은 말한다.

여러분에게 자금이 있다면

이 매수 기회를 최대한 활용해야 한다고.

2020년 3월 22일 아침, 그날의 일을 나는 결코 잊을 수 없을 것이다. 마침 일요일이었고, 나는 맨해튼 30번가와 2번 도로가 교차하는 집에서 출발해 식료품점에 가는 참이었다.

48시간 전에 S&P500지수는 한 주 전보다 3.4퍼센트 하락해서 한 달 전 고점에 비해서는 32퍼센트 떨어진 상태였다. 내가 이것을 기억하는 이유는 팬데믹의 결과로 세계 경제가 사실상 멈춘 상태에서 과연 회복이 가능할지 알아내려 노력하는 중이었기 때문이다.

뉴욕시 레스토랑 내부 취식은 금지되었고, 프로 농구는 연기되었으며, 결혼식이 취소되었다는 소식만으로도 메일함이 가득 찰 정도였다. 모두가 패닉을 겪고 있었다. 친구와 가족들이 걱정으로 가득한 문자를 보내왔다.

"바닥을 친 건가요?"

"주식을 팔아야 할까요?"

"여기에서 얼마나 더 나빠질까요?"

솔직히 말하자면 나로서도 전혀 알 수 없었다. 하지만 나는 (나에게 연락한 사람들과 더불어) 제정신을 유지하면서 갑작스런 위기에 대해 차분히 생각해야만 했다.

에스컬레이터를 타고 아트리움으로 내려가면서 보니 커다란 꽃다발이 할인판매 중이었다. 에스컬레이터 아래 꽃집이 있는 것은 알고 있었지만, 꽃다발을 만드는 남자의 존재를 알아챈 것은 그날이 처음이었다.

바로 그 순간 나는 모든 것이 괜찮아질 것이라는 확신이 들었다. 주변 세상이 무너지고 있었지만, 남자는 아랑곳하지 않고 여전히 꽃을 손질하며 팔고 있었다.

너무나 담대해 보였던 것일까. 그 순간 어떤 생각이 머리를 스쳤다. 이런 상황에서도 꽃이 필요할까? 통조림과 화장지가 필요한 게 아닌가? 하지만 사실상 남자의 모습은 담대함과는 거리가 먼 것이었다. 너무나도 정상적인 일상의 풍경이었다.

여전히 희망을 버리지 않고 하던 일을 계속하는 사람을 보며 투자자로서 나 역시 희망을 버려야 할 이유가 없다고 생각했다. 이때의 일은 그 누구에게도 이야기해본 적이 없다. 하지만 나에게는 정말 깨달음이 필요한 순간이었고, 그 광경으로 인해 기분이 훨씬 좋아졌다.

일단 그렇게 기분이 좀 나아지자 금융 패닉의 상황에서 어떻게 투자를 이어갈지에 관한 아이디어들이 계속해서 떠올랐다. 이제 그 새로운 투자 방법을 이야기하려 한다. 미래에 시장이 붕괴하는 상황에서도 '그냥 계속 사기' 위한 전략을 고민할 때 도움이 되길 바란다.

이 장은 금융시장이 불확실할 때마다 참조할 수 있는 안내서 역할을 해줄 것이다. 폭풍우로 시장이 휘청거릴 때가 언젠가 또 올 것이다. 그럴 때 여러분은 이 제17장을 다시 찾아 읽어주길 바란다. 올바르게 이해한다면 이 장에 있는 내용만으로도 책값의 몇 배는 얻어갈 것이다. 투자의 신이 여러분과 함께하길 바란다.

## 주식시장 폭락장이 왜 매수 적기인가

18세기 은행가 로스차일드 남작Baron Rothschild은 다음과 같은 말을 남겼다고 한다.

"길거리에 유혈이 낭자할 때가 바로 매수 시점이다."

실제로 로스차일드는 워털루전투 후 패닉 상황에서 자신의 말을 실천에 옮겨 돈을 벌었다. 그의 말은 정말 사실일까?

제14장에서 나는 시장이 조정장에 진입했을 때, 즉 거리에

유혈이 낭자할 때 주식을 매수하겠다고 현금을 계속 쌓아두기만 하는 것은 현명하지 못한 전략이라고 설명했다. 시장이 큰 폭으로 하락하는 일은 워낙 드물게 일어나기 때문에 아무리 현금을 깔고 앉아 호시탐탐 기회를 엿보아도 높은 수익을 얻지 못하는 경우가 대다수이다.

하지만 그간의 데이터에 따르면 투자할 현금이 있는 상태에서 주식시장이 조정장에 진입한다면 최고의 투자 기회 중 하나를 맞는 셈이다. 이유는 간단하다. 시장이 결국은 회복하리라 가정할 때 폭락장에서 투자하는 자산은 폭락장이 시작되기 몇 달 전에 투자한 돈보다 훨씬 더 큰 수익을 낳기 때문이다.

1929년 8월에서 1936년 11월 사이에 미국 주식에 매월 100달러씩 투자한다고 가정해보자. 이 시기는 1929년 주식시장이 붕괴하고 그 이후 회복세를 보인 기간이다.

[표 17-1]은 1929년 8월부터 매월 100달러를 투자했을 때 각 100달러가 1936년 11월 미국 주식이 회복세를 보이는 시점에 얼마의 가치로 상승했을지를 보여준다. 물론 배당금은 재투자하고 인플레이션을 적용한 후의 수치이다.

표에서도 볼 수 있듯이 최저점에서 가까운 시기인 1932년 여름에 투자한 100달러의 가치가 가장 크게 늘어났다. 이때 투자한 100달러는 투자 종료 시점인 1936년 11월에 440달러로 불어났다. 1930년에 투자한 100달러가 150달러로 불어난

[표 17-1] 각 100달러의 최종 가치 (미국 주식에 매월 100달러 투자했을 때)

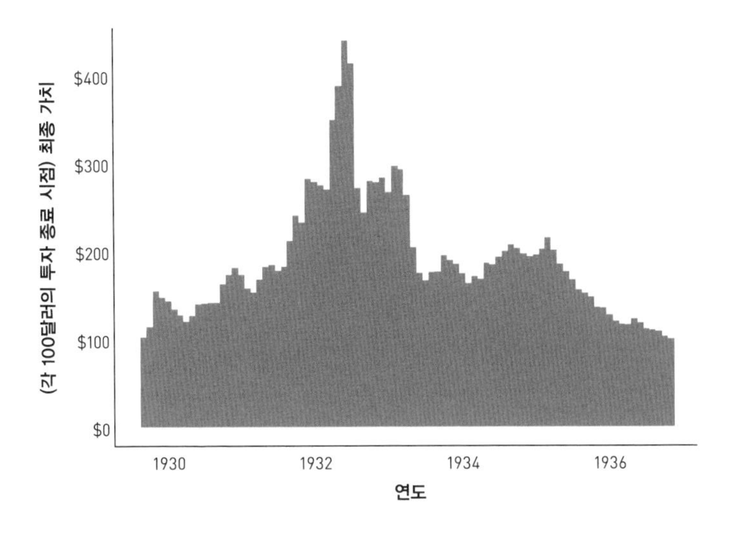


것과 비교하면 3배의 수익을 올린 셈이다.

조정장에서 50~100퍼센트 수익을 올릴 기회는 적지 않지만, 시장 폭락이 이렇게 3배에 달하는 수익을 낳는 경우는 많지 않다. 그렇다면 폭락장 이후 상대적으로 더 큰 수익을 얻는 것은 어떤 원리일까?

이는 간단한 수학적 사실이다. 손실률이 평행상태로 돌아가기 위해서는 더 많은 수익률이 필요한 법이다. 10퍼센트 손실을 보았다면 원상태로 회복하기 위해서 11.11퍼센트의 수익이 필요하다. 20퍼센트의 손실을 보았다면 25퍼센트의 수익이 회복할 수 있고, 50퍼센트를 잃으면 100퍼센트가 더 필요하다.

**[표 17-2] 손실률 대비 회복에 필요한 수익률**

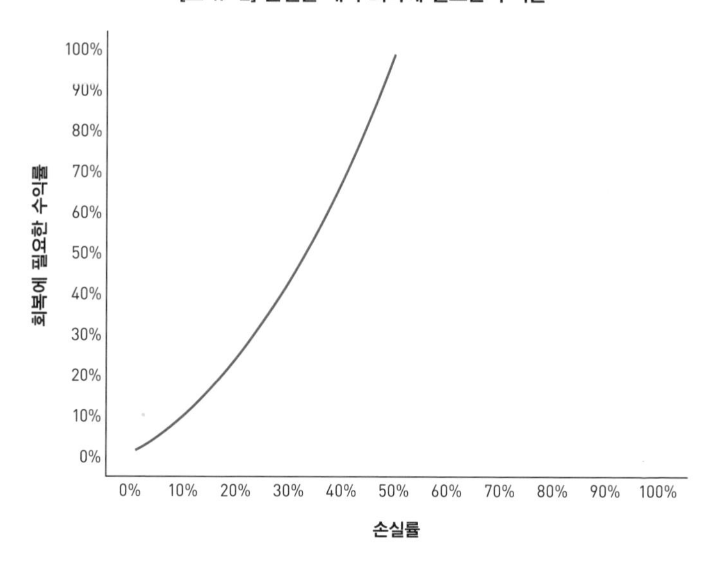


[표 17-2]에서 이 지수함수 관계를 명확히 볼 수 있다.

2020년 3월 22일, 세상이 결국은 코로나 팬데믹을 이겨낼 것이라는 깨달음을 얻었을 때 S&P500지수는 33퍼센트 하락해 있었다.

[표 17-2]를 참조하면 시장이 원상태로 돌아가기 위해서는 50퍼센트 이상의 수익이 필요하다. 미래의 언젠가 시장은 원래의 수준으로 돌아가리라 가정하고, 다음 거래일이었던 2020년 3월 23일 1달러를 투자했다면 그 돈은 1.5달러로 늘어나 있을 것이다.

고맙게도 시장은 기록적인 수준으로 회복했다. 6개월도 채 되지 않아 S&P500지수는 다시 한번 사상최고점을 찍었다. 3월 23일에 투자한 사람은 6개월 만에 50퍼센트 수익을 올릴 수 있었다.

회복하는 데 몇 년 더 걸렸더라도 2020년 3월 23일의 투자는 훌륭한 결정이라고 할 수 있다. 이 결정에 필요한 것은 업사이드upside● 를 바라보는 생각의 프레임을 바꾸는 것뿐이다.

## 업사이드에 대한 생각 바꾸기

2020년 3월 23일의 매수는 지금 보기에도 명백히 괜찮은 결정으로 보이지만, 당시 많은 투자자는 두려움에 망설이고 있었다. 문제는 업사이드를 바라보는 투자자들의 관점에 있었다.

예를 들어 2020년 3월 22일에 "시장이 현재 33퍼센트의 손실률을 극복하는 데 어느 정도의 시간이 필요하다고 생각하나요?"라는 질문을 받았다면 여러분은 어떻게 대답했겠는가?

한 달 후면 사상최고점을 찍을 수 있을까? 아니면 1년 후?

● 업사이드의 사전적 의미는 '전반적으로 나쁜 상황에서의 비교적 괜찮은 긍정적인 면'이다. 주식투자에서 업사이드는 '시장이 폭락했을 때 다시 회복될 가능성'을 가리킨다.

10년 후? 대답에 따라 미래에 예상되는 연간 수익률을 계산할 수 있다.

어떻게?

앞에서 33퍼센트의 손실을 만회하려면 50퍼센트의 수익이 필요하다는 점을 이야기했다. 만회하는 데 걸리는 시간을 예측하면 이를 토대로 50퍼센트 수익을 연간 수치로 환산할 수 있다.

공식은 다음과 같다.

**예상 연간수익 = (1 + 회복에 필요한 수익률)^(1/회복에 필요한 기간) − 1**

회복에 필요한 수익률이 50퍼센트이므로 이를 식에 대입하면 다음과 같다.

**예상 연간수익 = (1.5) ^ (1/회복에 필요한 기간) − 1**

손실을 회복하는 데 필요한 기간에 따라서 연간 수익률은 다음과 같다.

- **1년 :** 예상 연간 수익률 = 50퍼센트
- **2년 :** 예상 연간 수익률 = 22퍼센트
- **3년 :** 예상 연간 수익률 = 14퍼센트

- **4년 :** 예상 연간 수익률 = 11퍼센트
- **5년 :** 예상 연간 수익률 = 8퍼센트

당시에 나는 시장이 회복하는 데 1~2년은 걸릴 것으로 생각했다. 2년이라고 가정하면 예상 연간 수익률은 22퍼센트이다. 즉 2020년 3월 23일에 투자한 주식이 2년간 매년 22퍼센트 이상의 수익을 올린다는 의미이다.

회복에 5년은 걸릴 것이라고 예상했던 사람도 같은 날 투자했다면 8퍼센트의 연간 수익률을 기대할 수 있었다. 8퍼센트라는 수치는 미국 주식시장에서 장기투자의 평균 수익률에 가깝다.

금융 패닉과 같은 위기 상황에서 주식을 매수하는 데 엄청난 지략이 필요한 것은 아니다. 회복하는 데 5년이나 걸린다는 보수적인 시나리오에서도 8퍼센트의 수익은 올릴 수 있으니 말이다.

이러한 논리는 앞으로 어떤 시장 위기가 오더라도 똑같이 적용할 수 있다. 시장이 30퍼센트 정도 크게 하락하는 위기 상황에서도 '그냥 계속 사기'를 한다면 미래의 연간 수익률은 썩 괜찮을 것이다.

[표 17-3]의 세로축은 1920~2020년에 미국 주식이 30퍼센트 이상 하락했을 때 특정 시점에서 주식을 매수한 경우 각 연

[표 17-3] 30퍼센트 이상 하락장에서 주식 매수 후의 연간 수익률

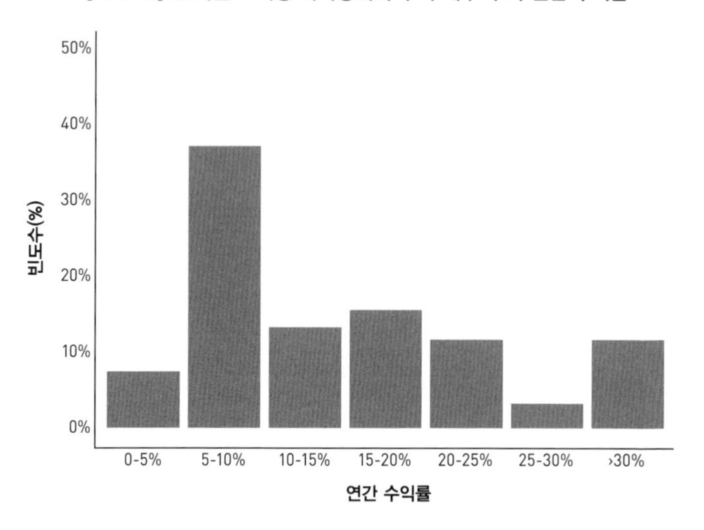


간 수익률을 얻을 가능성을 수치로 보여준다. 표에서 가로축의 수치는 주가가 처음 30퍼센트 이상 떨어졌을 때부터 그다음 사상최고치를 기록했을 때까지의 연간 수익률을 나타낸다.

[표 17-3]에서 보듯이 시장이 최소 30퍼센트 하락한 시점에 주식을 매수하면 (배당금을 재투자하고 인플레이션 조정을 거쳤을 때) 연간 수익률이 0~5퍼센트가 될 가능성은 10퍼센트도 되지 않는다. 회복기 동안 연간 수익률이 10퍼센트를 넘을 확률은 50퍼센트 이상이다. 이는 일일이 계산하지 않아도 간단하게 알 수 있다. 0~5퍼센트일 때와 5~10퍼센트일 때를 더하면 50퍼센트가 채 되지 않기 때문이다.

[표 17-4] 50퍼센트 이상 하락장에서 주식 매수 후의 연간 수익률

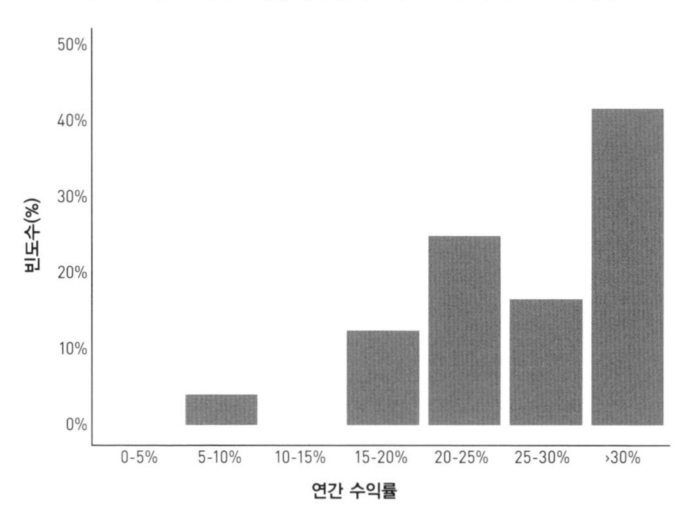


하지만 여기에서 끝이 아니다. 1920~2020년에 시장이 50퍼센트 이상 하락했던 기간만 포함하도록 범위를 좁히면 [표 17-4]에서 보듯이 미래 수익률은 훨씬 더 매력적으로 보일 것이다.

[표 17-4]에 따르면 미국 주식시장이 50퍼센트 하락했을 때 미래의 연간 수익률은 대개 25퍼센트 이상이다. 따라서 시장이 50퍼센트 폭락했다면 바로 트럭을 후진시켜back up the truck● 가능한 한 많은 투자를 해야 한다.

물론 아주 가끔 오는 폭락장에 대량 매수를 할 만큼의 충

● '트럭을 후진시킨다'는 것은 투자자가 주식을 대량 매수하는 것을 일컫는 속어이다. 트럭을 후진시킨다는 것은 주식의 미래 수익률이 매우 낙관적임을 의미한다.

분한 투자자금을 확보하지 못하는 사람도 있을 것이다. 시장이 폭락할 때는 경제 상황 역시 좋지 않을 테니까 말이다. 하지만 지금까지 분석한 데이터들은 여러분에게 자금이 있다면 이 매수 기회를 최대한 활용해야 한다고 말해주고 있다.

## 일본처럼 시장이 빨리 회복하지 않는다면

지금까지의 분석은 주식시장이 대규모 폭락을 겪은 후 아무리 길더라도 10년 이내에는 회복할 것으로 가정하고 있다. 이 가정은 대체로 들어맞는다. 하지만 주목할 만한 예외도 있다.

예를 들어 일본 주식시장은 [표 17-5]에서 보듯이 2020년 말 현재까지도 1989년 12월 고점을 회복하지 못하고 있다.

장기투자의 중요성을 이야기할 때마다 일본은 가장 중요한 반증 사례counterexample로 거론된다. 일본 주식시장에서 장기투자는 위험하다.

일본뿐만이 아니다. 예를 들어 2008년과 비교해 2020년 말에 러시아 주식은 50퍼센트, 그리스 주식은 98퍼센트 하락했다. 이 시장들이 회복할 수 있을까? 현재로선 알 수가 없다.

그러나 이러한 사례들은 규칙이 아니라 '예외'이다. 대부분의 주식시장은 대부분의 기간에 상승한다.

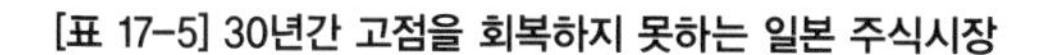
[표 17-5] 30년간 고점을 회복하지 못하는 일본 주식시장

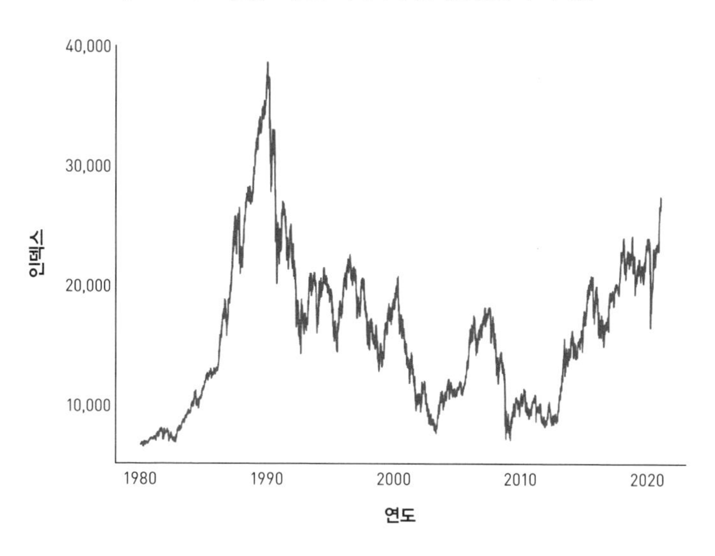


그렇다. 장기적으로 볼 때 수익이 나쁠 때도 있기 마련이다. 미국 주식도 2000~2010년은 '잃어버린 10년'이 아닌가?

그렇다면 주식시장이 수십 년에 걸쳐 돈을 잃을 가능성은 어느 정도일까?

1841년부터 2019년까지 39개 선진국의 주식시장 수익률을 분석한 연구자들에 따르면 30년이라는 시간 동안 인플레이션을 적용한 후에 손해를 볼 확률은 12퍼센트였다.[93] 다시 말해 30년에 걸쳐 특정 주식투자자의 자산가치가 줄어들 가능성은 8분의 1 정도다. 이 8분의 1에 해당하는 사례 중 하나가 일본 주식시장이다.

여러분에게는 무시무시한 이야기일 수도 있지만, 이 연구자들 덕분에 나는 세계 주식시장을 더 많이 신뢰할 수 있게 되었다. 왜냐하면 장기적으로 볼 때 주식시장을 통해 자산가치를 늘릴 가능성은 무려 8분의 7이나 되기 때문이다. 나는 이 확률이 마음에 든다.

또 이 연구는 주식시장에 정기적으로 오랜 시간에 걸쳐 투자한 게 아니라 단 한 번 투자한다고 가정하고 있다는 점이 중요하다. 예를 들어 1989년 일본 시장 최고점에서 모든 돈을 투자했다면 30년 후에도 만회하지 못하고 있을 것이다. 하지만 이렇게 큰 금액을 한꺼번에 투자하는 사람이 얼마나 있겠는가? 거의 없을 것이다.

일반적으로 사람들은 수익창출자산을 살 때 시간을 두고 여러 번에 걸쳐서 산다. 단 한 번에 끝내는 투자가 아니라 여러 번 지속해서 하는 투자라면 수십 년 내내 돈을 잃을 확률은 매우 낮다.

예를 들어 1989년부터 2020년 말까지 거래일마다 1달러씩 일본 주식에 투자했다면 40년 후 포트폴리오는 작은 폭이긴 해도 플러스 수익을 기록할 것이다.

[표 17-6]에서 보듯이 지난 40년간 포트폴리오의 자산가치가 본래의 자산가치보다 높을 때도 있었고 그렇지 않을 때도 있었다.

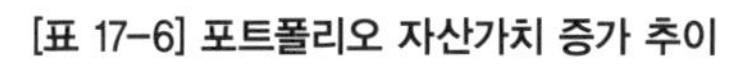
[표 17-6] 포트폴리오 자산가치 증가 추이

오른쪽으로 비스듬하게 상승하는 선은 본래의 자산가치 금액을 나타낸다. 이 선보다 위로 간 때는 플러스 수익을 올린 경우고 아래로 간 때는 마이너스 수익을 올린 경우이다.

투자를 시작하고 40년이 지난 시점인 2020년 포트폴리오는 약간의 플러스 수익을 올렸다. 대단하다고는 할 수 없지만, 지난 30년간 지구상에서 최악의 주식시장이었던 일본 주식에 투자해서 거둔 수익임을 고려하면 그리 나쁜 결과도 아니다.

결국에 수십 년 동안 몇몇 주식시장에서는 돈을 잃을 수도 있지만, (대다수 투자자처럼) 시간을 두고 여러 번에 나눠 투자한다면 손실을 볼 가능성은 크지 않다는 사실을 일본 주식시장 역시 보여주고 있다.

일본과 다른 예를 핑계로 들며 다음 위기를 기다리겠다고 돈에 먼지가 앉을 때까지 깔고 앉아 있는 사람도 여전히 있을 것이다. 하지만 그 돈에 먼지가 앉을 때쯤이면 이미 시장은 상승장에 접어든 지 오래일 것이다.

위기 상황에서의 기회를 이용하는 것을 두려워하는 겁쟁이들은 결국 뒤처지기 마련이다. 2020년 3월 내 눈으로 이러한 사람들을 보았고, 앞으로도 여러 번 보게 될 것이라 확신한다.

물론 여러분이 위기 상황에서 수익창출자산을 계속 사는 것을 주저한다고 해서 비난할 생각은 없다. 지난 역사를 돌아보면 위기 상황에서의 투자가 어리석은 결정이었음이 드러난 경우도 없지 않기 때문이다. 하지만 그것은 예외적인 현상이다. 어떤 나쁜 일이 일어날지 모른다는 두려움이 투자를 결정하게 두어서는 안 된다. 그랬다간 아무런 투자도 할 수 없게 될 것이다.

프리드리히 니체는 이렇게 말한 적이 있다.

"과거를 무시하면 한쪽 눈을 잃게 될 것이다. 과거에서 살아가면 두 눈을 잃을 것이다."

역사는 중요하다. 하지만 역사에만 사로잡히면 잘못된 길을 선택하게 된다. 반드시 데이터에 근거해서 투자해야 한다. 제러미 시겔은 이런 근사한 말을 했다.

"인간의 행동은 역사적 근거보다는 오히려 두려움을 통해 더 잘 이해할 수 있다."

내가 가장 좋아하는 투자 격언이고 이 장을 마무리하기에도 적절한 격언이다. 여러분이 이 격언을 통해 다음에 '거리에 선혈이 낭자한' 시기가 되었을 때 '그냥 계속 사는' 용기를 얻길 바란다.

지금까지는 '그냥 계속 사기'의 구체적인 방법을 살펴보았다. 최악의 시기에도 그냥 일단 사야 하는 이유도 알아보았다. 이제 더 어려운 문제로 가보자. 그렇다면 언제 팔아야 할까?

The Just Keep Buying's rules

## No.17

# 시장 폭락은 (대체로) 매입의 기회다

심각한 폭락장 이후의 수익이 가장 높은 법이다.
이러한 폭락이 주기적으로 일어날 때는
두려워하지 말고 기회를 적극 활용하라.
금융 패닉은 기회이다.

제 18 장

# 그렇다면 언제 파는 것이 좋을까

## 자산을 매도해야 하는 세 가지 경우

자산을 매도해야 하는 마지막 이유는 매우 명확하다.

원하는 삶을 살기 위해서다.

'그냥 계속 사라'는 투자 철학을 알고 있음에도 실제로 투자를 하다 보면 자산을 팔아야 할 때가 온다. 매도 타이밍 결정은 투자자에게 가장 힘든 결정 중 하나이다. 왜 그럴까?

매도를 위해서는 투자자의 가장 강력한 감정적 편향, 즉 손실에 대한 두려움과 싸워야 하기 때문이다. 매도를 하는 투자자들은 상승장을 놓치면 어쩌나, 하락장에서 돈을 잃으면 어쩌나 하는 두려움을 느낀다. 이러한 두려움은 여러분이 내리는 모든 투자 결정에 의문을 품게 만든다.

이러한 감정적 편향을 피하기 위해서는 감정을 배제하고 일련의 객관적 기준에 따라서 매도 결정을 하도록 상황을 만들어야 한다. 객관적 기준을 미리 마련해두면 두려운 감정이 들더라도 매도를 결정할 수 있다.

여러 이유를 검토해보고 나서 나는 오직 세 가지 이유만이 자산 매도를 정당화할 수 있다는 결론에 도달했다.

1. 포트폴리오 재조정rebalance을 위해
2. 편중된(손실을 보는) 포지션position에서 빠져나오기 위해
3. 재정적인 필요needs가 있을 때

포트폴리오 재조정, 편중된(손실을 보는) 포지션 전환, 재정적인 필요, 이 세 가지 경우를 제외하면 다른 어떤 경우도 '절대로' 매도 이유가 될 수 없다고 생각한다.

내가 이렇게 강하게 말하는 이유는 세금 때문이기도 하다. 세금은 가능하면 피하고 봐야 한다. 하지만 세금과 앞선 세 가지 조건을 논의하기 전에, 우선 가장 중요하다고 할 수 있는 매도 시기 전략부터 이야기해보기로 하자.

## 당장 팔 것인가, 시간을 두고 조금씩 팔 것인가

제13장에서 주식 매수 시기와 관련해 하루라도 빨리 매수하는 편이 나은 이유에 대해 살펴보았다. 간단하다. 대부분의 시장은 대체로 상승하므로 매수를 늦추는 것은 대개의 상승장을 놓치는 것이나 마찬가지기 때문이다.

자산을 매도할 때도 같은 논리를 적용할 수 있다. 하지만 이번의 결론은 정반대다. 시장은 장기적으로 상승하므로 최적의 매도 시점은 최대한 '나중'으로 미루는 것이 좋다. 매수와 달리 매도는 긴 시간에 걸쳐서 (혹은 가능하면 나중에) 하는 것이 좋다.

물론 즉시 매도가 유리한 상황도 있다. 하지만 선택권이 있다면 가능하면 오래 기다리거나 조금씩 분할 매도 방식으로 빠져나오는 게 일반적으로 더 낫다. 다시 말하자면 "빨리 사서, 천천히 팔아라."이다.

이 말을 강조하는 이유는 미래에 매수와 매도 타이밍을 잡는 데 도움이 될 수 있기 때문이다. 안타깝게도 이러한 판단 기준이 있는데도, 특히 포트폴리오 재조정을 위한 매도를 할 때 타이밍을 못 잡고 혼란에 빠지는 경우를 많이 보았다.

그러면 매도의 세 가지 이유 가운데 하나인 포트폴리오 재조정에 대해 먼저 알아보도록 하자.

## 포트폴리오 재조정은 무조건 좋을까

"세상 모든 것이 그래야 하듯이 완벽하게 균형이 잡혔군."

마블시네마틱유니버스MCU 최악의 빌런이었던 타노스가 했던 말로 유명하다. 이 말은 포트폴리오 관리에도 적용할 수 있다.

제11장에서 우리는 '그냥 계속 사야' 할 수익창출자산의 목록을 살펴보았다. 하지만 시간이 지남에 따라 자산들의 비율이 원래의 비율에서 벗어나는 문제는 이야기하지 않았다. 이 문제에 대해 투자전문가들이 제시하는 해답이 바로 '재조정 rebalancing'이다. 재조정은 대개 포트폴리오의 각 자산들의 비율을 원래의 목표할당대로 조정하는 것을 가리킨다.

혹시 모르는 사람이 있을지 모르니 기본적인 이야기를 해보자. 처음 포트폴리오를 구성할 때는 목표할당, 즉 각자의 재정 목표에 부합하는 비율에 따라 자산을 매입한다. 예를 들어 주식과 채권을 각각 60:40의 비율로 매입해 포트폴리오를 구성할 수 있다. 총 1,000달러를 투자했다면 600달러는 주식에 400달러는 채권에 투자한다는 이야기다.

하지만 재조정 과정을 거치지 않으면 포트폴리오는 점차 목표할당에서 벗어나 수익률이 높은 자산 위주로 재편된다. 예를 들어 주식/채권 60:40에 투자하고 30년간 재조정을 하지 않았다면 포트폴리오는 거의 주식으로만 채워져 있을 것이다.

[표 18-1]을 보면 1930~1960년에 단 한 번 60:40 포트폴리오에 투자하고 재조정은 전혀 하지 않았더니 투자 종료 시점에는 90:10의 포트폴리오로 바뀌어 있다.

대공황이 있었던 1930년대에 국한된 현상이 아니냐고 질문하는 사람도 있을 것이다. 그러나 이 분석을 1926~2020년의

[표 18-1] 재조정을 거치지 않은 주식/채권 60:40 포트폴리오

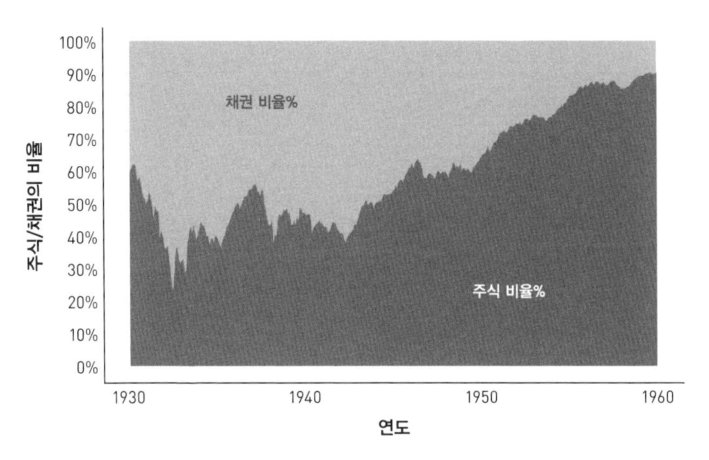


모든 30년 구간으로 확장해 적용하더라도 결과는 비슷하다.

[표 18-2]는 주식/채권 60:40 포트폴리오를 매년 재조정했을 때와 한 번도 재조정하지 않았을 때 각각 30년 후에 주식 비율이 어떻게 바뀌는지를 보여준다.

표에서도 보듯이 매년 재조정을 했을 때는 30년 후에도 주식의 비율이 60퍼센트를 유지했다. 당연한 일이다. 재조정 전략의 목표 자체가 매년 주식 보유 비율을 조정해 원래의 60퍼센트를 유지하는 것이기 때문이다.

반면 한 번도 재조정을 하지 않은 경우에는 30년 후 포트폴리오의 주식 비율이 75~95퍼센트로 높아졌다. 이렇게 된 이유는 장기적으로 볼 때 주식이 채권보다 더 수익률이 높기 때

[표 18-2] 60:40 포트폴리오의 30년 후 최종 주식 비율

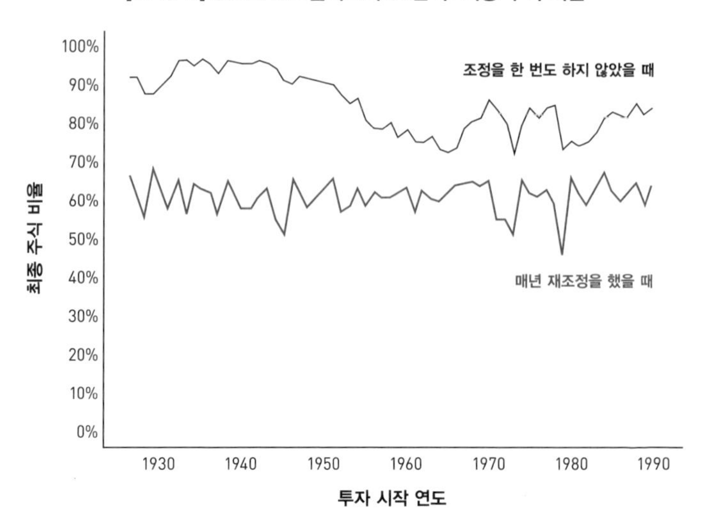


문이다. 그 결과 주식이 포트폴리오를 지배하게 된다.

이러한 단순한 사실에 근거해 우리는 재조정이 없는 포트폴리오가 매년 재조정을 하는 포트폴리오보다 일반적으로 더 나은 성과를 거둘 것으로 예측할 수 있다. 왜 그럴까?

재조정은 대개 수익률이 높은 주식을 팔아 수익률이 상대적으로 낮은 채권을 매입하는 과정이기 때문이다. 이 과정은 결국 장기적으로 총수익을 떨어뜨린다. 매년 재조정을 하는 전략과 한 번도 재조정을 하지 않는 전략으로 각각 100달러를 투자하고 30년 후 그 결과를 비교하면 분명히 드러나는 사실이다. [표 18-3]을 보자.

[표 18-3] 60:40 포트폴리오의 30년 후 최종 포트폴리오 가치

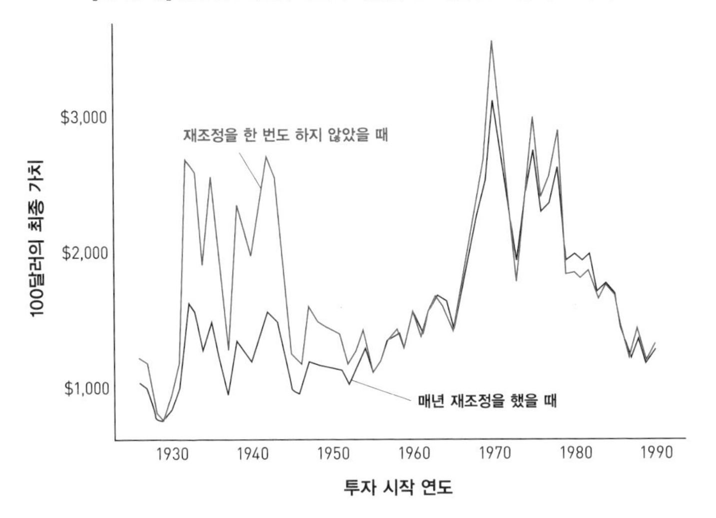


표를 보면 확실히 재조정을 했을 때 수익이 상대적으로 낮아지는 경향을 보인다.

이러한 추세에 예외가 있다면 1980~2010년이다. 당시 채권시장 수익률이 높았고 주식시장은 마지막 10년인 2000~2010년에 결정적인 타격을 입었기 때문이다.

그렇다면 포트폴리오 재조정이 일반적으로 수익을 높여주지도 않는데 왜 사람들은 열심히 재조정을 하려고 할까? 리스크를 줄이기 위해서이다.

재조정은 리스크 관리를 위해 하는 것이다. 목표할당 포트폴리오가 주식/채권 60:40이라면 재조정 없이 방치할 경우 수십 년도 안 돼서 주식/채권 비율이 75:25가 될 수 있고 심지어 95:5가 될 수도 있다. 주식 비율이 높아진 포트폴리오는 훨씬 큰 리스크를 감수해야 한다.

간단한 예시를 위해 30년 동안 재조정 전략과 재조정을 하지 않는 전략의 최대하락폭(MDD)을 비교해보자. 최대하락폭은 정해진 투자 기간 내에서 포트폴리오 가치가 가장 많이 떨어졌을 때의 손실률이다. 100달러에서 시작해 최저 30달러까지 떨어졌다면 최대하락폭은 70퍼센트이다.

[표 18-4]에서 보듯이 30년 구간에서 재조정을 할 때보다 재조정을 하지 않을 때 최대하락폭이 훨씬 더 크다.

예를 들어 1960년에 주식/채권 60:40 포트폴리오에 100달러를 투자하고, 30년 구간에서 한 번도 재조정을 하지 않았다면 최악의 시나리오에서 포트폴리오의 자산가치는 최고 가치에 비해 대략 30퍼센트 하락한다. 이것이 30년에 걸친 최대하락폭이고 [표 18-4]에서는 1960년 위에 찍힌 붉은 선의 값으로 나타난다.

하지만 매년 포트폴리오를 재조정해서 원래의 목표할당으로 돌아간다면 최대하락폭은 25퍼센트가 된다. 표에서 1960년 위의 검은색 선을 확인하라.

[표 18-4]에서 볼 때 재조정은 변동성이 높은 자산(주식)에서 변동성이 낮은 자산(채권)으로 돈을 옮김으로써 대체로 리

[표 18-4] 30년 구간 60:40 포트폴리오의 최대하락폭

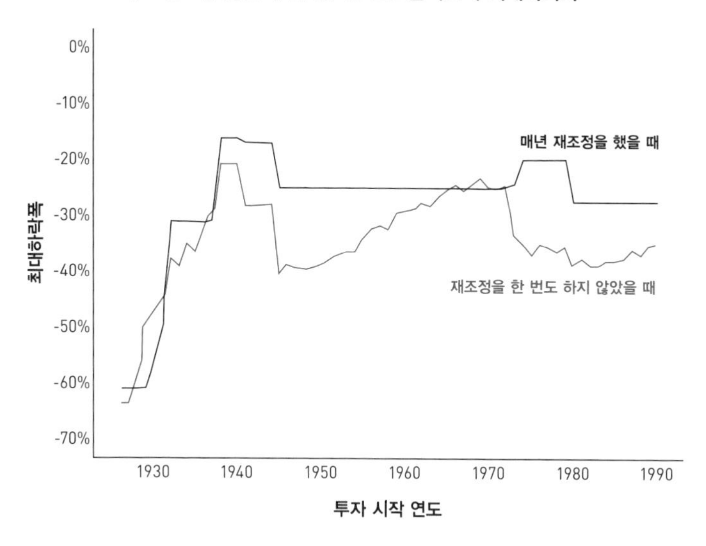


스크를 감소시킨다. 하지만 1930년대 초반이나 1970년대와 같이 주식시장이 장기적으로 하락세일 때는 정반대 효과를 낳는다. 이 경우 재조정은 채권을 팔아 계속 떨어지기만 하는 주식을 매입함으로써 오히려 변동성을 증가시키는 역할을 한다.

이러한 상황이 흔하진 않지만 정기적인 재조정이 리스크를 관리하기에 불완전한 해결책이라는 사실을 보여주기에는 충분하다. 그러함에도 나는 개인 투자자들에게 계획을 세우고 그 계획에 따라서 재조정을 하라고 추천한다. 물론 올바른 계획을 세우기가 어렵긴 하지만 말이다.

## 얼마나 자주 포트폴리오를 재조정해야 할까

여러분에게 얼마나 자주 포트폴리오를 재조정해야 하는지 명확한 답을 알려주고 싶지만, 사실 그 누구도 정답을 모른다. 한 달에 한 번에서 일 년에 한 번까지 여러 주기로 시뮬레이션해봤지만 확실한 답을 얻을 수 없었다. 다행인지 불행인지, 어떤 시기에는 아예 재조정을 하지 않는 쪽이 재조정을 하는 것보다 일관성 있게 더 나은 수익률을 보였다.

전문자산운용사 뱅가드Vangard의 연구자들도 비슷한 결론에 도달했다. 이들은 세계 주식/채권 50:50 포트폴리오로 최적의 재조정 빈도수를 분석한 결과를 이렇게 설명했다.

"포트폴리오를 달마다, 분기마다, 혹은 해마다 등등 어떤 빈도로 재조정하든 간에 수익률의 차이가 유의미하게 드러나지 않았다. 하지만 재조정이 잦을수록 그에 따른 비용은 상당히 증가했다."[94]

뱅가드에서 분석한 것은 주식과 채권처럼 리스크 특성이 다른 자산들 사이의 재조정이었지만, 리스크 특성이 비슷한 자산들 사이의 재조정에도 똑같은 논리가 적용된다.

예를 들어 저명한 투자전문가 윌리엄 번스타인은 두 개의 세계 주식 포트폴리오 재조정 빈도수를 비교·검토한 다음 "어떤 하나의 재조정 빈도수가 다른 빈도수에 비해 더 나은

결과를 가져온다고 말할 수 없다."라는 결론을 내렸다.[95]

이 모든 분석은 한 가지 사실을 가리키고 있다. 주기적으로만 한다면 언제 얼마나 자주 재조정하는가는 중요하지 않다.

다만 나는 다음과 같은 두 가지 이유로 매년 한 번씩 하는 연례 재조정을 추천한다.

1. 시간이 덜 든다.
2. 납세 시즌과 겹친다.

이 둘은 각기 다른 이유로 중요하다.

우선 첫째로, 해마다 포트폴리오를 모니터하는 데 쓸 시간을 줄이면 자신이 좋아하는 일을 하는 데 더 많은 시간을 쏟을 수 있다. 이러한 이유로 포트폴리오 비율이 목표할당에서 허용범위tolerance bands를 넘어서서 크게 벗어났을 때 부정기적으로 재조정하는 방식을 좋아하지 않는다. 이렇게 하려면 포트폴리오를 자주 모니터해야 하기 때문이다.

예를 들어 여러분의 포트폴리오에서 주식 비율이 60퍼센트이고 허용범위는 10퍼센트라고 가정해보자. 여러분은 주식 비율이 70퍼센트 이상이 되거나 50퍼센트 아래로 떨어질 때마다 60퍼센트로 되돌리는 재조정을 해야 한다. 이러한 전략은 꽤 효과가 있다. 하지만 주기적인 재조정에 비해 훨씬 더 많은 시간을 모니터하는 데 써야 한다.

둘째, 연례 재조정은 다른 세금 관련 재정 결정과 동시에 할 수 있다는 점에서 유리하다. 예를 들어 여러분이 양도소득세를 내야 하는 자산을 매도한다면 동시에 포트폴리오를 전반적으로 재조정해서 가능한 한 일을 줄이는 게 도움이 될 것이다.

언제, 얼마나 자주 재조정을 하든 불필요한 세금은 반드시 피해야 한다. 예를 들어 증권거래계좌와 같은 과세 가능한 계좌에서는 빈번한 재조정을 피해야 한다. 재조정할 때마다 세금을 내야 하기 때문이다.

그럼 세금을 내지 않고 포트폴리오를 재조정할 방법은 없을까? 매도 말고 더 나은 방법은 없을까?

## 더 나은 재조정 방법이 있을까

자산을 매도함으로써 재조정하는 방법이 최악이라고는 할 수 없지만 그보다 나은 방법, 즉 세금 없이 포트폴리오를 재조정하는 방법도 있다. 그냥 계속 사면 된다.

그렇다. 여러분은 계속 사서 포트폴리오를 원래 상태로 되돌릴 수 있다. 나는 이를 '매입 재조정accumulation rebalance'이라고 부른다. 목표할당에서 부족한 자산을 시간을 두고 계속 사서 포트폴리오를 재조정하는 방법이다.

예를 들어 여러분의 포트폴리오가 현재 주식과 채권 각각 70:30으로 구성되었다고 가정하자. 그리고 여러분은 주식과 채권의 비율을 60:40으로 조정하고 싶다. 이때 10퍼센트의 주식을 매도해 그만큼의 채권을 사는 것이 아니라, 원하는 비율이 될 때까지 계속 채권을 매입하면 된다. 이것이 매입 재조정 전략이다.

안타깝게도 이 전략은 계속해서 자산을 매입할 여력이 있는 사람에게만 유효하다. 더는 투자자금이 없는데 재조정을 해야 한다면 기존 자산을 매도하는 수밖에 없다.

매입 재조정 전략은 폭락장이 닥치더라도 포트폴리오의 가치가 크게 하락하는 것을 어느 정도는 보전해준다. 특히 시간을 두고 포트폴리오에 자산을 계속 추가하는 방법은 시장 하락에 따른 손실을 효과적으로 상쇄할 수 있다.

예를 들어 60:40 포트폴리오로 돌아가기 위해 30년간 계속 채권을 매입했다면 그렇지 않았을 때와 비교해서 대부분의 시기에 훨씬 더 적은 최대하락폭을 겪을 것이다.

[표 18-5]에서 보듯이 매달 펀드에 자금을 넣으며 재조정하는 전략은 때때로 최대하락폭을 무려 절반까지 상쇄해주었다. [표 18-5]는 30년 구간에서 재조정을 하되 자산을 추가하지 않은 포트폴리오와 매입 재조정 전략을 통해 30년간 매월 자

[표 18-5] 주식/채권 60:40 포트폴리오의 최대하락폭 (30년 구간)

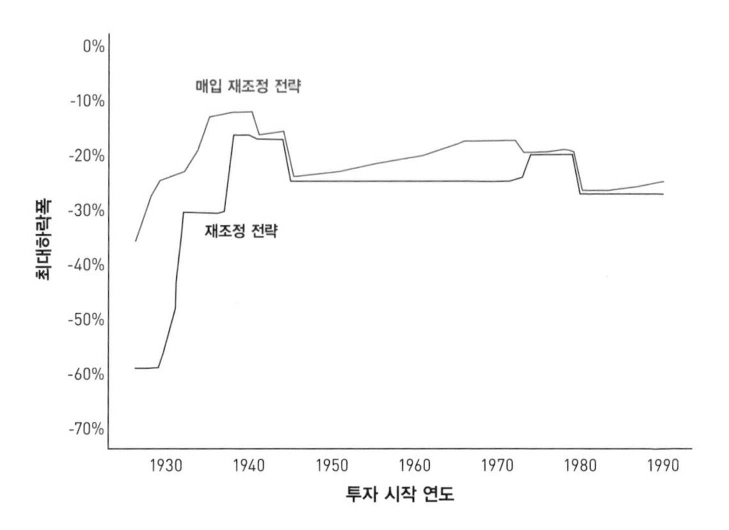


산을 추가한 포트폴리오를 비교해서 보여준다.

두 개의 시뮬레이션 모두에서 매년 재조정을 했지만, 오랜 기간 계속해서 자산을 추가한 포트폴리오의 가치가 덜 하락하는 결과를 볼 수 있다.

매입 재조정 전략의 유일한 문제점이라면 포트폴리오가 커지면서 자산을 추가하기가 점점 어려워진다는 점이다. 포트폴리오 규모가 작을 때는 자산을 추가해 재조정하기가 쉽지만, 포트폴리오가 커질수록 재조정을 위해서는 많은 자금이 필요하다.

포트폴리오 재조정을 위한 매도에 대해 살펴봤으니 다음에는 편중된(손실을 보는) 포지션에서 벗어나기 위한 매도에 대해 이야기해보기로 하자.

## 편중된 포지션에서 빠져나오기

제12장에서 설명했듯이 나는 특정 개별 주식에 편중된 포지션을 좋아하지 않는다. 하지만 살다 보면 어쩔 수 없이 그럴 수밖에 없을 때도 있다. 예를 들어 여러분이 스타트업 회사에 다니다가 주식을 인센티브로 받았을 수 있다. 그런 경우 언젠가 자산의 상당 부분이 그 하나의 주식으로 '편중되어' 구성된 것을 발견할 수도 있다.

이런 경우라면 많은 수익을 올렸으니 축하하는 바이다! 하지만 여러분은 그 주식을 어느 정도 매도함으로써 편중된 포지션에서 벗어나길 원할 수도 있다. 얼마나 팔아야 할까? 여러분의 재정적 목표에 따라 다를 수 있다.

예를 들어 여러분이 주택담보대출을 갚으려 하고 하나의 주식에 편중된 포지션을 갖고 있다면 그 주식을 충분히 팔아서 대출금을 갚아버리는 게 합리적일 수 있다. 물론 수익성이라는 측면에서 보자면 반드시 최적의 방법은 아닐 수 있다. 편중된 자산이 부동산보다 훨씬 더 빨리, 그리고 많이 가치가 증가할 수도 있기 때문이다.

하지만 리스크라는 관점에서 보면 이해할 수 있는 행동이다. 편중된 포지션의 미래 수익은 가능성에 불과하지만, 주택담보대출금은 언제든 무조건 갚아야 하는 것이다. 때로는 확실성을 위해 불확실성을 희생하는 게 더 낫다. 그렇다면 정확히 얼마를 매도해야 할까?

우선은 매도 방법을 찾고 그 방법을 고수하라. 그 방법이 매월 혹은 매 분기에 10퍼센트를 매도하는 방법일 수도 있고, 50퍼센트는 매도하고 나머지는 보유하는 방법, 혹은 당장 거의 전부를 처분하는 방법일 수도 있다. 어쨌든 밤에 두 다리를 뻗고 잘 방법을 찾아라. 또 가격 기준을 정해놓고 매도할 수도 있다. 얼마의 가격까지 상승하거나 하락했을 때 매도를 하기로 미리 기준을 정해놓는 것이다. 이렇게 하면 매도 결정에서 불필요한 감정적 요소를 제거할 수 있다.

어떤 매도 방법을 선택해도 괜찮지만, 다만 한 번에 전부를 매도하는 방법은 말리고 싶다. 왜 그럴까? 세금 때문에도 그렇지만, 매도 후에 가격이 상승하면 후회할 가능성이 있기 때문이다. 모두 팔아버렸는데 주가가 10배 더 오른다면 95퍼센트는 팔아치우고 나머지 5퍼센트가 휴지 조각이 된 것보다도 훨씬 기분이 나쁠 것이다. 매도수량을 결정할 때는 반드시 이러한 '후회 최소화' 프레임워크를 사용해야 한다.

어쨌든 편중된 포지션을 보유했다면 전반적인 주식시장과 비교해 수익률이 더 낮을 가능성이 크다. 1963년으로 돌아가 미국 개별 주식의 연간 중위 수익률은 배당금을 포함해 6.6퍼센트였다. 다시 말해 1963년으로 돌아가 어떤 시점에 무작위로 개별 주식을 매수했다면, 여러분은 다음 해까지 대략 6.6퍼센트를 벌었을 것이다. 하지만 S&P500을 택했다면 여러분은 9.9퍼센트를 벌 수 있었다.

이 예는 편중된 포지션의 진짜 리스크를 잘 보여준다. 그것은 바로 '수익 저조'이다. 이 리스크를 괜찮다는 사람도 있겠지만 참을 수 없다는 사람도 있다. 여러분이 편중된 포지션을 갖고 있다면 어느 정도까지의 리스크를 받아들일지 생각해보고 그 기준에 따라서 매도하면 된다.

주식 매도를 통해 편중된 포지션을 벗어나는 동시에 어느 시점에서는 돈을 잃는 포지션에서도 벗어나야 한다. 특정 종류의 자산에 대한 여러분의 믿음이 바뀌거나 편중된 포지션의 자산이 계속 하락한다면 때로는 그만두고 벗어날 줄도 알아야 한다.

개인적인 경험을 소개하겠다. 몇 년 동안 금을 분석하며 금은 장기적인 보유 자산은 아니라는 생각을 하게 되었다. 이 자산에 대한 나의 믿음이 (감정이 아니라) 근본적인 분석을 통해 바뀐 것이다. 그래서 나는 그때까지 보유하던 금을 모두 팔았다. 금의 가치가 증가했더라도 내 생각에는 변함이 없었다. 아직은 아니지만 결국에는 금의 보유로 손실을 볼 것이라는 믿음 때문이다.

장기적으로 볼 때 손실을 볼 포지션은 흔치 않기 때문에 나처럼 아예 포지션을 바꾸는 일은 자주 일어나지 않는다. 그리고 시장 변동으로 인한 일시적 수익 저조를 포지션의 손실과 혼동해서는 안 된다.

모든 종류의 자산은 언젠가는 수익 저조를 겪기 마련이다. 따라서 일시적인 수익 저조를 이유로 장기적으로는 손실을 볼 가능성이 매우 낮은 자산을 팔아치워서는 안 된다.

예를 들어 2010~2019년에 미국 주식은 총수익률이 257퍼센트에 달했던 반면에 신흥시장의 주식은 겨우 41퍼센트의 수익률을 올렸다. 하지만 2000~2009년에는 정반대의 일이 일어났다. 신흥시장 주식은 84퍼센트 평가절상되었고, 미국 주식은 겨우 3퍼센트 이하로 올랐다. 내가 말하려는 요지는 이것이다. 수익 저조는 불가피한 현상이니 그것이 자산을 매도하는 근거가 되어서는 안 된다.

이제까지 매도를 통해 편중된(손실을 보는) 포지션에서 빠져나오는 방법에 대해 논의했다. 자산을 매도해야 할 이유가 한 가지 더 남아있다. 이어서 살펴보도록 하자.

## 원하는 삶을 살기 위해서

자산을 매도해야 하는 마지막 이유는 명확하다. 원하는 삶을 살기 위해서다. 은퇴 후 라이프스타일을 위한 자금 마련이든, 주택과 같은 대규모 구매를 위한 자금 마련이든 자산 매도는 원하는 것을 얻기 위한 하나의 방법이다. 투자의 결과를 즐길 수 없다면 그토록 열심히 투자한들 무슨 소용이 있겠는가?

이는 특히 매우 크고 편중된 자산을 가진 사람에게 해당한다. 이런 사람은 이미 게임에서 이겼음에도 여전히 게임을 멈추고 싶어 하지 않는다. 하지만 편중된 자산으로 인한 리스크를 더 이상 감당하지 않아도 된다. 자산 일부를 매도하고 자산 포트폴리오를 재조정해보라. 그런 다음 여러분이 기분 좋게 감당할 만한 최저생활 기준을 정해보라.

일부 자산을 매도한 돈으로는 여러분 자신과 사랑하는 사람들을 위한 안전망을 구축할 수 있다. 자녀 교육을 위한 투자계좌를 만들 수도 있고, 주택담보대출금을 상환할 수도 있다. 원한다면 드림카를 살 수도 있다.

나는 여러분이 자신의 돈을 갖고 무엇을 하든 상관하지 않는다. 그냥 원하는 대로 마음껏 써라. 여러분이 원하는 삶을 위해 리스크를 감수하기 전에, 그보다 먼저 여러분이 원하는 삶을 위해 돈을 써라.

내가 이러한 조언을 하는 이유는 그것이 인간의 본성에 부합하는 현명한 방식이기 때문이다. 제3장의 한계효용체감의 법칙에서 논의했듯이 처음 먹을 때에 비해 두 번째 먹을 때는 주관적인 만족감이 줄어든다. 돈도 마찬가지다.

무일푼에서 100만 달러를 버는 것이 100만 달러를 가진 상태에서 200만 달러를 버는 것보다 훨씬 더 행복할 수 있다. 똑같이 100만 달러를 번 것이지만 무일푼에서 100만 달러를 번 사람은 상대적으로 훨씬 더 큰 변화를 경험한다. 자산이 늘어났는데도 그만큼 더 행복하지 않다면 때로는 자산을 매도하는 것도 고려해야 한다.

이번 장에서는 자산을 언제 매도해야 하는지에 대해 논의했다. 이어서 여러분의 자산을 어디에 투자해야 하는가에 관한 문제로 넘어가보겠다.

The Just Keep Buying's rules

## No.18

# 자산을 매도해도 되는 경우는 단 세 가지뿐이다

반복해서 얘기해왔다.

그냥, 계속, 사라.

하지만 팔아야 할 때도 있다.

단 자산 매도가 정당화되는 것은 다음 세 가지 경우뿐이다.

포트폴리오 재조정을 위해.

손실을 보는 포지션에서 빠져나오기 위해.

그리고 원하는 삶을 살기 위해.

*

여기에서 중요한 사실만 잊지 말자.

우리가 돈을 버는 목적은 부자가 되기 위해서가 아니다.

원하는 삶을 살기 위해서다.

무엇도 이 명제보다 앞설 수는 없다.

필요하다면 자산을 매도하여 훌륭하게 소비할 필요도 있다.

제19장

# 당신의 돈은 '어디'에 있는가

가장 유리한 투자계좌를 선택하는 방법

안타깝게도 세금에 관해서라면 누구에게나 들어맞는

단 하나의 해결방안이란 것이 없다.

따라서 지금부터 나는 세금에 관한 구체적인 조언이 아니라

세금에 관한 유용한 '사고방식'을 제시해보려고 한다.

"잠깐만요. 나머지는 어디 갔죠?"

나는 충격을 받은 상태였다. 손에는 생애 최초의 월급명세서를 쥐고 있었다. 나는 멍하니 월급명세서를 보며 뭔가 오류가 있음이 분명하다고 생각했다. 옆에 계셨던 어머니는 내 말을 듣고 웃음을 터트리셨다.

그런데 흔한 웃음은 아니었다. 어머니는 지혜롭게 미소 지으며 자신이 오랫동안 알고 있던 진실을 내게 전해주셨다.

"세금이란다, 얘야. 세금 말이다."

여러분도 아마 처음 월급명세서를 받고는 비슷한 경험을 했으리라 믿는다. 혼란의 순간이 지나면 이내 실망이 밀려온다. "나머지는 어디 갔지?"라는 의문이 드는 건 아마 보편적인 반응일 것이다.

아직 우리는 세금이 투자 결정에 미치는 영향에 대해선 알아보지 않았다. 이제는 그 문제를 다뤄야 할 때이다. 지금부터 투자와 관련된 가장 중요한 몇몇 세금 문제를 들여다볼 것이다.

1. 로스roth401(k)에 투자해야 할까, 전통적인 401(k)에 투자해야 할까?
2. 401(k)에 최대한도까지 돈을 넣어야 할까?
3. 자산을 어떻게 구성해야 할까?

이 질문에 대한 답을 살펴봄으로써 여러분은 돈을 어디에 투자해야 하는지에 관한 일반적인 지침을 얻을 수 있다. 이 장에서는 전통적인 퇴직연금계좌인 401(k) 계좌 혹은 개인연금계좌IRA 등 주로 미국 계좌에 관한 내용을 다루겠지만, 논의하는 '원칙'들은 투자와 과세가 발생하는 모든 곳에 적용될 수 있다.

## 세금의 변동성

"삶에서 확실한 것은 단 두 개밖에 없다. 죽음과 세금이다."

벤저민 프랭클린Benjamin Franklin이 남긴 이 말은 생각보다 현실에 그리 잘 들어맞지는 않는다. 세금이 확실한 경우는 그리 많지 않기 때문이다. 미국 소득세의 역사만 훑어보아도 그 이유를 알 수 있다.

현대적인 의미의 미국 소득세는 1900년대 초부터 시행되었지만 그 역사는 대단히 복잡하다. 미국에서 처음 소득세가 제안된 것은 1812년 전쟁 중이었는데 당시에는 입법화되지 않았다.

1862년 남북전쟁 기간에는 소득세가 일종의 구제책으로 다시 모습을 드러냈다. 이 법안은 통과되었지만, 전쟁이 끝나고 몇 년이 지난 1872년에 다시 폐지되었다.

20년도 더 지난 1894년에 미국 의회는 세입법을 통해 전시가 아닌 평상시에도 소득세를 부과하기로 결정했다. 하지만 불과 1년 후에 연방 대법원은 '폴록 대 농민금융신탁회사'의 사건●을 통해 소득에 따른 소득세 부과를 위헌으로 판결했다.

이러한 우여곡절에도 불구하고 대다수 시민은 여전히 소득세를 지지했다. 1909년 16차 헌법 수정안이 통과되고, 1913년 수정안이 비준되면서 의회는 공식적으로 "모든 소득에 세금을 부과하고 징수하는 권력을 갖게 되었다."

16차 수정안이 통과되기 이전에 미국 의회는 술이나 담배와 같은 특정 품목에 대한 관세와 소비세를 통해 합법적으로

● 뉴욕의 한 농민금융신탁회사의 소액주주였던 찰스 폴록이 '직접세인 소득세를 인구 비례가 아니라 소득에 따라 부과하는 것은 위헌'이라며 소송을 건 사건이다. 연방 헌법에는 '직접세는 주의 인구 비율에 따라 부과한다'는 조항이 있었는데, 찰스 폴록은 윌슨-고맨법이 연 4,000달러 이상의 소득자에 대해 2퍼센트의 소득세를 부과한 것은 이 조항을 어긴 것이라는 주장을 펼친 것이다.

세수를 확보할 수 있었다. 하지만 16차 수정안이 비준되면서 이제는 개인의 소득에까지 과세가 가능해졌다. 마침내 현대적인 미국 소득세가 태어난 것이다.

하지만 당시 소득세는 지금 우리가 알고 있는 것과는 달랐다. 1913년에는 1퍼센트에 불과할 정도로 세율이 낮았던 것은 차치하더라도 면제되는 사람도 워낙 많다 보니 소득세를 내는 미국 가정은 2퍼센트에 불과했다.[96] 참으로 힘든 여정이었다.

소득세의 역사를 짚어본 이유는 미국의 조세 정책이 바뀐다는 것을 보여주기 위해서다. 워낙 자주 바뀌다 보니 조세 정책에 관한 일관성 있는 글을 쓰기가 힘들 정도다. 미래에도 법은 바뀔 것이므로 이 법을 근거로 한 최적의 결정 또한 바뀔 것이다.

이러한 이유로 나는 여러분에게 세무사나 컨설턴트에게 전문적인 도움을 구하라고 충고하는 바이다. 왜 그럴까? 세금 문제에서는 각 개인의 상황이 중요한 변수이기 때문이다. 여러분의 연령, 가족 구조, 주거 형태 등이 모두 투자 관련 세금 문제에 영향을 미친다.

안타깝게도 세금에 관해서라면 누구에게나 들어맞는 단 하나의 해결방안이란 것이 없다. 따라서 지금부터 나는 세금에 관한 구체적인 조언이 아니라 세금에 관한 유용한 '사고방식'을 제시해보려고 한다.

우선 아주 오래된 질문부터 살펴보겠다. 로스에 투자해야 할까? 아니면 전통적인 퇴직연금계좌에 투자해야 할까?

## 로스인가, 로스가 아닌가

재테크를 하려는 사람들이 가장 많이 하는 질문 중 하나가 퇴직연금계좌를 전통적인 401(k)로 할 것인가, 로스 401(k)로 할 것인가의 문제이다. 혹시 모르는 분들을 위해 설명하자면, 401(k) 계좌에는 세전금액을 넣는 반면에 로스 401(k) 계좌에는 세후금액을 넣는다. 이 두 계좌의 유일한 차이는 세금을 '언제' 내는가 하는 점밖에 없다.

이 두 계좌가 작동하는 방식을 살펴보기 전에 한 가지 짚어볼 점이 있다. 지금 우리가 전통적인 401(k)와 로스 401(k)의 차이를 논하고 있지만, 똑같은 논리를 403(b)나 개인연금계좌IRA에도 똑같이 적용할 수 있다는 점을 기억해두길 바란다.

자, 이제 시작해보자.

- **전통적인 401(k)** : 케이트는 100달러를 벌어 소득세를 내지 않고 그 돈 모두를 전통적인 401(k)에 바로 넣는다. 30년이 지나 100달러가 3배로 늘어 300달러가 되었다고 하자.

은퇴할 때 케이트는 이 300달러를 인출하는데 그중 30퍼센트를 소득세로 내야 한다. 그녀가 은퇴할 때 받는 세후 연금은 총 210달러(300달리의 70퍼센트)이다.

- **로스 401(k)** : 케빈은 100달러를 벌어 30퍼센트의 소득세를 제한 세후금액인 70달러를 로스 401(k) 계좌에 넣었다. 30년이 지나 이 돈은 3배가 늘어 210달러가 되었다. 은퇴할 때 케빈은 추가적인 소득세를 내지 않고 210달러를 인출할 수 있다.

케이트와 케빈 모두 은퇴하며 210달러를 받았다. 투자금액도 같고 투자수익률도 같다. 또 소득 대비 세금의 비율인 '실효세율effective tax rate'도 같다. 수학적으로도 당연하다. 여러 수를 곱할 때 그 수의 순서는 중요하지 않다.

$$3 \times 2 \times 1 = 1 \times 2 \times 3$$

케이트와 케빈의 경우는 다음과 같다.

$$(100 \times 3) \times 70\text{퍼센트} = (100 \times 70\text{퍼센트}) \times 3$$

둘 사이에 차이가 있다면 세금을 내는 시기다. 케이트는 세금을 나중에 냈고, 케빈은 먼저 냈다. 이러한 이유로 근무기간과 실효세율이 같다면 전통적인 401(k)와 로스 401(k) 중 어떤 것으로 결정해야 하는가는 중요한 문제가 아니다.

사실 여기에서 실효세율은 간단하게 비교하기 위해 사용했다. 현실의 투자 세계에서 중요한 것은 실효세율보다 소득증가액에 대한 세금증가액의 비율인 '한계세율marginal tax rates'이다. 한계세율은 구간별 차등세율이다. 즉 소득증가액 9,875달러까지는 10퍼센트의 세율이 적용된다. 9,875달러를 넘어서면 세율도 10퍼센트를 넘어선다. 이것이 한계세율이다. 하지만 앞으로 내가 세율을 언급할 때 특별한 경우가 아니면 모두 실효세율을 가리키는 것이란 점을 미리 말해둔다.

정해진 기간에 실효세율이 같다면 전통적인 401(k)와 로스 401(k)는 수익에서 전혀 차이가 없다. 하지만 소득세율은 변화하기 마련이므로 두 퇴직연금계좌 중 어떤 것을 선택해야 하느냐의 문제는 아직 해결되지 않았다. 그렇다면 좀 더 단순하게 생각해보자.

## 전통적인 401(k) vs. 로스 401(k)

세금 내는 타이밍이 전통적인 401(k)이냐 아니면 로스

401(k)이냐를 결정하는 데 가장 중요한 조건이라면, 이 문제를 다음과 같은 문제로 환원할 수 있다.

실효세율이 지금 일하는 동안 더 높을까? 아니면 나중에 은퇴한 후가 더 높을까?

다른 모든 조건이 같다고 가정하고, 나중에 은퇴한 후보다 지금의 소득세가 더 높다면 전통적인 401(k)에 투자하면 된다. 그렇지 않고 나중에 은퇴한 후의 소득세가 더 높을 것 같으면 로스 401(k)에 투자해야 한다.

그렇다. 대답은 쉽다. 하지만 사실은 그렇게 쉬운 문제는 아니다. 문제를 단순화해서 보기 위해 세율이 더 높을 때 세금을 내지 않은 것만을 목표로 해서 답을 제시했지만, 사실 이는 그렇게 단순한 문제가 아니다. 왜냐하면 연방, 주, 지방정부가 부과하는 소득세율이 앞으로 어떻게 바뀔지도 고려해야 하기 때문이다.

## 미래의 세율 생각하기

미래의 세율이 전통적인 401(k)와 로스 401(k) 둘 중 하나를 선택하는 데 중요한 기준이 된다고 가정하면, 다음 질문은 "그러면 미래의 세율은 어떻게 될까?"이다.

안타깝게도 모른다. 나뿐 아니라 그 누구도 모른다. 역사적인 추세를 통해 연방 세율 혹은 주 세율이 다음 수십 년에 걸쳐 더 높아질지 낮아질지 짐작할 수도 있겠지만, 실제로 그렇게 쉬운 일은 아니다.

예를 들어 2012년에 나는 미국 연방 소득세율이 올라 유럽 소득세율과 비슷해질 것으로 생각했다. 하지만 2017년 '세금 감면 및 일자리 법안'이 통과되며 놀랍게도 연방 소득세율은 오히려 내려갔다. 미래 예측이란 쉽지 않다.

여러분에게 미래의 소득세율이 어떻게 될지 예측해보라는 이야기는 아니다. 다만 시간을 내서 여러분의 은퇴 후 상황을 예측해본다면 전통적인 401(k)와 로스 401(k) 사이의 선택에 도움을 줄 것이다.

예를 들어 여러분이 내야 할 연방 실효세율이 지금 일하고 있는 현재 20퍼센트에서 은퇴 후 23퍼센트까지 올라가리라 예상된다고 가정해보자. 다른 모든 조건이 같다면, 이 상황에서는 로스 401(k)가 더 나은 선택이다. 은퇴한 후에 23퍼센트의 세금을 내는 것보다는 지금 당장 20퍼센트의 낮은 세금을 내는 편이 낫기 때문이다.

하지만 과연 모든 조건이 같을까? 여러분이 현재는 캘리포니아처럼 소득세율이 높은 곳에서 일하고 있지만, 나중에 은퇴한 후에는 플로리다처럼 소득세율이 더 낮은 주로 이사할 계획을 세우고 있다고 하자. 그렇다면 전통적인 401(k)가 더 낫다. 지금 일하는 동안 내야 하는 소득세가 장차 은퇴한 후에 내야 할 소득세보다 더 많을 것이기 때문이다.

미국에서는 주마다 세입법과 소득세율이 다르므로 위의 논리를 일괄적으로 적용할 순 없다. 예를 들어 현재 뉴욕에 거주하는 59.5세의 사람은 몇몇 기준을 충족시키는 경우 퇴직연금에 대해 2만 달러까지 소득세 공제를 받는다. 이런 이야기는 은퇴자금 계산하느라 바쁜 여러분을 더 혼란스럽게 한다는 것도 알지만, 어쨌든 주목할 가치는 있다.

비록 미래의 소득세율을 예측할 순 없지만 은퇴 후 어느 정도의 수입이 필요할지, 은퇴한 후 어디에서 살지는 생각해볼 수 있다. 이 두 가지 정보는 전통적인 401(k)와 로스 401(k) 사이의 선택에 커다란 도움을 줄 수 있다.

## 전통적인 401(k)가 나은 경우

로스 401(k)가 전통적인 401(k)보다 선호되는 경우가 조금 더 많지만, 대체로 나는 전통적인 401(k)를 선호하는 쪽이다. 왜 그럴까? 로스 401(k)에는 없는 것, 즉 몇 가지 선택 가능성이 있기 때문이다.

전통적인 401(k)는 언제 어디에 세금을 내야 할지와 관련해 더 많은 통제력을 행사할 수 있다. 이러한 통제력에 전통적인 401(k)를 로스 401(k)로 전환할 수 있는 능력까지 더한다면 흥미로운 세금 게임을 할 수 있을 것이다.

한 해 정도 수입이 아주 적거나 없다면 이 기간에 전통적인 401(k)를 로스 401(k)로 전환하며 세율을 낮출 수 있다.

내 친구 몇몇은 경영대학원에 다니며 이 전략을 이용했다. 경영대학원에 다니다 보면 당분간 버는 돈이 거의 없으리라는 사실을 알고 있었기 때문이다. 전환에 필요한 세금은 일하며 로스 401(k)에 내는 돈보다 훨씬 적었다.

그러나 이 전략을 사용하기 위해 여러분도 경영대학원에 가야 하는 것은 아니다. 육아휴직을 한다든가, 안식년을 보낸다든가 등 여러 이유로 수입이 적은 기간이 한동안 이어진다면 효율적인 세금 관리를 위해 사용할 수 있는 전략이다.

이 전략은 401(k) 계좌 잔액이 1년간의 수입보다 많지 않을 때 사용한다. 계좌 잔액이 더 많은 상황에서 전통적인 401(k)를 로스 401(k)로 전환하면 이전과 같거나 더 높은 세율을 적용받게 될 수 있다. 전환을 고려하고 있다면 반드시 명심해야 할 내용이다.

전통적인 401(k)를 선택하면 은퇴 후에 소득세가 더 낮은 지역으로 이사를 함으로써 세금을 덜 낼 수 있다. 예를 들어 뉴욕시처럼 세율이 높은 곳에 살면서 로스 401(k)를 선택하는 것은 납득할 수 없다. 물론 은퇴 후에도 그만큼 세율이 높은 지역에서 살겠다고 하면 어쩔 수 없는 일이다.

마지막으로 이 장에서는 계속 실효세율을 적용해 이야기했지만, 사실상 한계세율도 중요하다. 예를 들어 은퇴하며 전통적인 401(k)에 투자한 연금을 인출한다고 할 때 첫 번째 9,875달러에 대해서는 10퍼센트를 내고, 그다음 9,876~4만 125달러에 대해서는 12퍼센트를 내야 하는 식이다. 따라서 은퇴 이후에 현재 수입보다 더 낮은 연금을 나눠서 받을 계획이라면 전통적인 401(k)가 더 좋은 선택이다.

예를 들어 여러분이 일하며 20만 달러를 벌었고, 은퇴 이후 1년에 3만 달러씩만 인출하기로 계획했다고 가정해보자. 그렇다면 전통적인 401(k)를 선택해야 일하는 동안과 은퇴 이후에 모두 더 높은 한계세율을 피할 수 있다. 이 전략대로라면 한계세율을 32퍼센트가 아닌 12퍼센트를 적용받을 수 있다(2020년의 단일신고자세율•을 적용했을 때).

미래에 어떤 세금 전략이 유용할지 모르지만, 어쨌든 현재로서는 로스 401(k)에는 이 두 가지 선택 가능성이 없다는 것은

---

• 소득세 신고를 할 때 미혼자여서 '단독(single)'으로 소득세 신고를 제출하는 사람을 대상으로 한 소득세율을 가리킨다. 현재 단일소득자세율에 의하면 9,951~40,525달러 구간에는 10퍼센트가 부과되고, 164,926~209,425달러 구간에는 32퍼센트가 부과된다.

분명하다. 전통적인 401(k)는 그 유연성 덕분에 고용주가 지원하는 퇴직연금 계좌들 가운데 더 좋은 선택이 될 수 있다.

## 로스 401(k)가 나은 경우

로스 401(k)에는 여러 선택지를 제공하는 유연성이 없지만, 로스 401(k)가 특별히 더 나은 선택이 되는 때도 있다. 저축을 많이 하고 싶은 사람이라면 당연히 로스 401(k)를 택해야 한다. 그 이유는 로스 401(k) 계좌에 최대한도로 투자하면 전통적인 401(k) 계좌를 최대한도로 키우는 것에 비해 더 많은 세금을 감면받을 수 있기 때문이다. 이는 간단한 수학으로 입증할 수 있다.

샐리와 샘이 2020년에 각각 로스 401(k)와 전통적인 401(k)에 각각 최대한도 금액인 1만 9,500달러를 넣었다. 30년이 지나 두 계좌 모두 3배의 수익을 올리며 5만 8,500달러가 되었다. 샐리는 이미 세금을 냈기 때문에 5만 8,500달러를 고스란히 받는 데 반해 아직 소득세를 내지 않은 샘은 30퍼센트 세금을 제외하고 4만 950달러밖에 받지 못한다.

어떻게 샐리는 샘보다 더 나은 결과를 얻게 되었을까? 퇴직연금 계좌는 원래 불어난 돈에 대해서 별도의 양도소득세를 부과하지 않는 TSA[tax-sheltered account] 계좌이다. 그런데 전통적인 401(k)는 불어난 돈까지 모두 합해서 30퍼센트의 소득세를 부과하는 반면에 로스 401(k) 계좌는 미리 세금을 내기 때문에 불어난 돈에 해서는 세금이 부과되지 않는 혜택을 얻는 셈이 된다.

샘이 전통적인 401(k)에 투자하고 은퇴한 다음 세후 5만 8,500달러를 받기 위해서는 처음부터 계좌에 2만 7,857달러를 넣었어야 했다. 하지만 2020년에는 전통적인 401(k) 계좌의 연간 최대한도가 1만 9,500달러였기 때문에 샘으로서는 운이 없었던 셈이다.

이 간단한 예는 퇴직연금계좌에 많은 돈을 투자하려는 사람에게는 세금공제 혜택을 더 많이 받는 로스 401(k)가 더 나은 선택이라는 점을 분명히 보여준다.

게다가 앞서 말했듯이 은퇴 후에 소득세율이 현재의 소득세율보다 더 오를 것이라는 확신이 있는 경우에도 로스 401(k)가 더 나은 선택이다. 실제로 그런 경우라면 로스 401(k)를 이용해 세율이 비교적 낮은 현재 세금을 내는 편이 훨씬 이득이기 때문이다.

## 둘 다 이용하면 안 될까

이제까지 나는 마치 전통적인 401(k)와 로스 401(k)가 아주 오랜 라이벌 관계인 것처럼 둘을 경쟁시켰다. 하지만 둘은 경쟁 관계가 아니다. 여러분이 두 유형의 계좌에 모두 투자하겠다고 한들 막을 수 있는 사람은 없다.

사실 로스 401(k) 계좌에 고용주가 직원이 넣는 금액에 상응하는 돈을 넣으면 자동적으로 그 계좌는 전통적인 401(k) 요소를 갖게 된다. 따라서 여러분은 둘 다 잘 이용할 수 있어야 한다. 나쁜 일이 아니다. 두 계좌 유형에 익숙해지면 하나의 계좌만 이용하는 것에 비해 더 많은 유연성을 갖게 되니까 말이다.

예를 들어 은퇴전문가들은 나이가 젊어 수입이 많지 않을 때는 로스 401(k)를 이용하고, 나중에 수입이 늘면 전통적인 401(k)로 전환하라고 충고한다.

훌륭한 전략이다. 가장 돈을 많이 벌 때 높은 세율을 피할 수 있고, 은퇴 후에는 추가적인 유연성을 얻을 수 있기 때문이다.

미국은 주마다 퇴직자금 인출에 부과하는 세율이 달라서 이토록 복잡한 지형을 효과적으로 뚫고 나가기에는 두 계좌를 모두 활용하는 이중 전략이 최고의 방안일 수 있다.

이제는 전통적인 401(k)와 로스 401(k) 계좌를 이용함으로써 얼마나 많은 세금 혜택을 받을 수 있는지를 정량화해보자.

## 퇴직연금계좌의 혜택

투자와 관련해서 걱정해야 할 세금은 두 종류가 있다. 하나는 지금까지 이야기한 소득세이고, 다른 하나는 양도소득세이다. 퇴직연금 계좌가 매력적인 이유는 바로 이 양도세를 피할 수 있기 때문이다.

예를 들어 S&P500 인덱스펀드에 100달러를 투자하고 2년 후에 120달러가 되었을 때 현금화하면 자본의 매도로 발생하는 이익, 즉 20달러에 대해 부과하는 장기양도소득세를 내야 한다. 하지만 401(k), IRA 등의 퇴직연금 계좌에 투자하면 은퇴 이후에 현금화(매도)를 하더라도 투자수익에 대한 양도소득세를 내지 않아도 된다.

이렇게 양도소득세를 피할 수 있는 퇴직연금계좌에서 얻는 수익은 얼마나 될지 알아보자. 한 번에 1만 달러를 유형이 다른 세 계좌에 투자했다고 가정하자.

- **비과세 계좌** : 모든 소득세를 이미 낸 로스 401(k), 로스 IRA

등 비과세 계좌

- **일회성 과세 계좌 :** 계좌를 해지할 때 단 한 번 양도소득세를 내는 과세 가능한 투자계좌. 배당금은 없고 모든 수익은 마지막에 실현된다고 가정한다.
- **매년 과세 계좌 :** 양도소득세(자본차익)가 매년 부과되는 과세 가능한 투자계좌. 모든 포트폴리오를 해마다 매도하고 재매입한다고 가정한다.

세 개의 계좌 모두 30년간 연간 수익률이 7퍼센트이고, 두 개의 과세 계좌에 부과되는 2020년 장기양도소득세율은 15퍼센트라고 가정하자. 여기에서 로스 401(k)와 로스 IRA를 이용하는 이유는 소득세를 내고 난 후의 과세 효과를 비교하기 위해서이다.

또 시뮬레이션에서 양도소득세에 초점을 맞추기 위해 소득세는 배제했다. 이 시뮬레이션의 목표는 양도소득세를 회피했을 때의 장점(비과세 vs. 한 번 과세)을 정량화하고, 더 나아가 해마다 계좌를 사고팔지 않아도 되는 방식의 장점(한 번 과세 vs. 매년 과세)도 살펴보는 것이기 때문이다.

[표 19-1]은 30년 동안 비과세 계좌와 일회성 과세 계좌에 각각 투자한 1만 달러의 가치가 얼마나 증가했는지를 보여준다.

30년이 지나자 비과세 계좌에는 7만 6,000달러로, 일회성

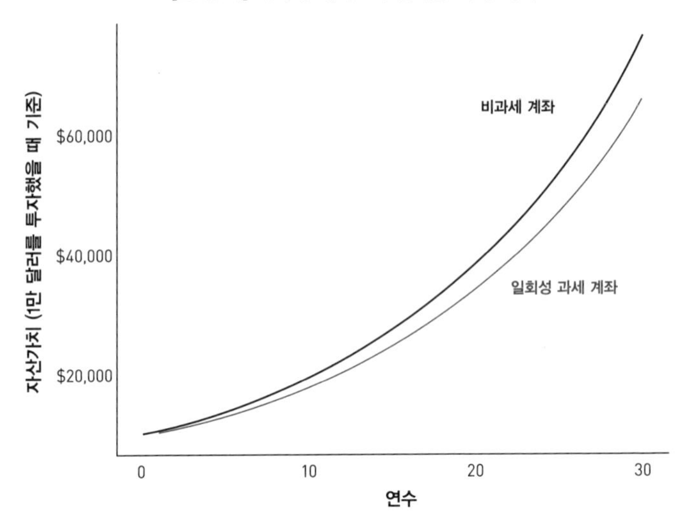


과세 계좌에는 6만 6,000달러로 돈이 불어나 있다. 비과세 계좌가 일회성 과세 계좌와 비교해 총 15퍼센트 더 높은 수익을, 연간으로는 0.50퍼센트 더 높은 수익을 올린 셈이다.

401(k)와 같은 비과세 퇴직연금 계좌를 통해 양도소득세를 피하면 (수익률을 7퍼센트로, 장기양도소득세율을 15퍼센트로 가정할 때) 매년 0.50퍼센트 정도 혜택을 볼 수 있다. 다른 모든 조건이 같다고 가정할 때 401(k) 계좌는 다른 과세 계좌에 비해 세후소득에서 0.5퍼센트 정도 앞서는 셈이다.

다만 이러한 비교는 여러분이 투자계좌를 30년 동안 계속 유지한다는 것을 전제로 함을 기억하길 바란다. 그렇게 오랫

동안 유지하지 못한다면 결과는 크게 달라진다. 예를 들어 매년 과세 계좌에 1만 달러를 투자하면 30년 후에 여러분의 투자계좌에는 6만 6,000달러가 아닌 5만 7,000달러가 남게 된다. 매년 거래를 함으로써 30년간 총 17퍼센트의 소득을, 연간으로는 약 0.55퍼센트의 소득을 추가로 잃게 되는 셈이다.

이를 비과세 계좌가 아닌 일회성 과세 계좌를 이용했을 때 발생하는 연간 손실률 0.5퍼센트와 합치면 여러분은 양도소득세로만 연간 1퍼센트 이상의 손실을 보는 셈이다. 그 손실의 절반은 퇴직연금계좌가 아닌 과세 계좌를 이용했기 때문에, 그리고 나머지 절반은 과세 계좌를 통해 너무 자주 거래했기 때문에 발생한 것이다.

매년 과세 전략이 투자수익에 이렇게 커다란 타격을 입히는 이유는 무엇일까? 과세 계좌를 통해 지나치게 자주 매입과 매도를 하게 되면 수익이 복리로 늘어나지 못하기 때문이다. 수학적으로 보면, 비과세 계좌가 연간 15퍼센트의 수익을 실현한다고 가정할 때 매년 과세 계좌는 기대수익의 85퍼센트만 거두게 된다(1-0.15=0.85). 매년 세금 때문에 7퍼센트가 아닌, 5.95퍼센트의 복리로 자산을 운용한 셈이 된다.

자산을 사고팔지 못해 전전긍긍하는 사람이라면 그 돈을 401(k)에 묶혀두는 편이 해마다 1퍼센트가 넘는 세후소득을 더 올리는 방법이다. 장기간이라면 이 방법은 대단히 효과적이다.

하지만 인내심이 큰 사람이라면 많은 돈을 퇴직연금 계좌에 넣어두는 전략이 최고라고는 할 수 없다. 그렇다면 투자 전문가들이 흔히 하는 조언과 달리 여러분이 401(k)에 최대한도로 투자하지 말아야 하는 이유를 지금부터 설명하겠다.

## 퇴직연금에 최대한도로 투자해선 안 되는 이유

가능하면 401(k) 계좌에 최대한도로 돈을 넣어두라는 조언을 여러 차례 들어보았을 것이다. 재테크 전문가라면 누구나 하는 충고이다. 사실 나도 예전에는 이런 충고를 했었다.

하지만 면밀한 계산을 해보고는 마음을 바꾸었다. 401(k)에 최대한도로 투자하는 것은 생각보다는 수익이 적다. 401(k) 계좌는 고용주가 여러분과 똑같은 금액을 투자해주는 '고용주 매칭employer matching'의 혜택이 있다. 이 혜택을 놓치지 않기 위해 여러분은 고용주가 지원하는 금액에 상응하는 정도만 투자하면 된다. 고용주가 지원해주는 금액을 초과해서 더 투자하는 것은 신중하게 생각해야 한다.

앞에서 설명했듯이 비과세 계좌에 돈을 넣어두는 편이 다른 과세 계좌에 투자하는 것보다 매년 0.5퍼센트 정도 더 많은 세금 혜택을 받는다. 하지만 이는 계좌에 돈을 한꺼번에 넣어두고 매년 배당금도 받지 않는다는 전제에서 나온 결과이다. 물론 이러한 가정은 현실에서는 매우 드문 일이다.

사람들은 보통 그들의 증권계좌를 통해 시간이 지나면 돈을 더 투자하고 배당금 수령에 따른 세금도 낸다. 만약 30년간 2퍼센트의 연간 배당금과 연간 기여금을 사용해 조정한다면 401(k) 계좌의 세후 혜택은 연간 0.73퍼센트까지 증가할 것이다.

0.73퍼센트는 상당한 프리미엄이지만, 이는 아직 401(k) 계좌의 수수료를 감안하지 않았을 때의 수치라는 점을 기억하자. 지금까지의 계산은 다른 과세 계좌와 401(k) 계좌의 수수료가 같다는 전제로 이루어졌다. 하지만 실제론 그렇지 않다. 401(k) 계좌는 투자 옵션이 제한적인 데다 투자 보수비용에 서비스 수수료까지 더해져 일반 다른 과세 계좌에 비해 더 많은 수수료를 내야 한다.

만일 여러분의 401(k) 계좌 수수료가 다른 과세 계좌보다 0.73퍼센트만 더 비싸도 401(k)의 비과세 혜택은 완전히 상쇄될 것이다.

여러분이 분산투자 포트폴리오를 위한 다른 증권계좌에서 펀드 수수료를 매년 0.1퍼센트 지불해야 한다면 401(k) 계좌의 수수료까지 합쳐 0.83퍼센트(0.73퍼센트+0.1퍼센트) 이상의 수수료를 내야 하고, 이런 경우에도 장기적인 세금 혜택은 전혀 누릴 수 없다.

투자중개회사 TD 에머리트레이드TD Ameritrade에 따르면, 2019년 미국의 일반적인 401(k) 계좌에 대한 평균 운영총비용all-in cost은 0.45퍼센트였다.[97] 다시 말해 평균적인 미국인은 401(k) 계좌를 통해 매년 0.38퍼센트(0.83퍼센트 - 0.45퍼센트)의 혜택을 본다는 말이다.

안타깝게도 59.5세까지 자본을 묶어두어야 하는 것을 생각하면 큰 액수는 아니다. 몇몇 상황에서는 로스 401(k)에서 돈을 인출할 수도 있지만, 401(k)에 있는 돈은 쓸 수 없는 돈이라고 생각하는 편이 좋다.

그런데 운영총비용이 0.45퍼센트 이상이면 어떨까? 여러분이 401(k) 계좌 운영총비용이 1퍼센트가 넘는 소규모 회사에 다니고 있다면, 고용주 매칭 금액을 넘어서는 돈을 투자해서 얻을 수 있는 장기적인 혜택은 오히려 마이너스가 될 것이다! 이는 고용주 매칭 금액을 넘어서는 돈을 다른 과세 계좌에 투자했을 때와 비교해 손해를 볼 수 있다는 의미다.

반면에 여러분의 401(k) 계좌 운영총비용이 0.2퍼센트 이하로 낮다면 최대한도로 투자하더라도 수익이 발생할 수 있다.

하지만 그 전에 먼저 자문해봐야 한다. 여러분이 은퇴할 때까지 자산의 상당 부분을 연간 0.6~0.7퍼센트를 벌자고 묶어 놓을 만한 가치가 있는가? 나로서는 잘 모르겠다.

내가 이 질문을 던진 이유는 어릴 때 나 자신이 401(k)에 지나치게 많은 돈을 넣는 실수를 저질렀기 때문이다. 지금 나의 은퇴 계획은 근사하지만, 돈으로 할 수 있는 일에는 한계가 있다.

20대의 대부분에 나는 돈이 생기는 대로 401(k) 계좌에 최대한도로 넣는 바람에 맨해튼에 집 한 채 살 계약금조차 수중에 없었다. 조만간 살 수 있을 것 같지도 않았다. 살 수 있다 하더라도 지나치게 많은 돈을 401(k)에 넣었기 때문에 꽤 많은 시간이 필요했을 것이다.

이는 미래를 제대로 설계하지 못한 내 탓이지만, 어릴 때 들었던 "401(k)에 최대한도로 넣어라."는 조언이 매우 그럴듯하다고 여겼던 탓이기도 하다.

따라서 나로서는 1년에 0.5퍼센트나 혹은 그 이하를 더 벌겠다고 401(k)에 최대한도까지 넣으려는 결정을 지지하기 힘들다. 아무리 당장 집을 살 계획이 없어 목돈 같은 것이 필요하지 않더라도 401(k)의 비유동성프리미엄illiquidity premium은 너무 보잘것없는 수준이다.

물론 이제까지의 계산에서 전제조건으로 삼았던 몇 가지를 수정한다면 401(k)에 최대한도를 투자하는 것도 합리적인 결정일 수 있다. 예를 들어 장기양도소득세율이 15퍼센트에서 30퍼센트까지 오른다면 401(k) 계좌의 연간 수익은 다른 과세 계좌와 비교해 0.73퍼센트에서 1.5퍼센트까지 오를 것이다. 이 정도면 401(k)에 최대한도로 투자해도 괜찮은 선택이 될 수 있다.

그 밖에 다른 이유도 있다. 여러분이 재테크를 잘하지 못하는 사람이라면 401(k) 계좌가 제공하는 관리 서비스와 비유동성이 여러분이 잘못된 길로 들어서는 것을 사전에 확실히 차단하는 방법이 되어준다. 이는 엑셀 파일의 수치로는 표시할 수 없지만 돈 관리를 잘하지 못하는 사람이 401(k)에 최대한도로 투자했을 때 얻을 수 있는 중요한 장점이다.

결국 401(k)에 최대한도를 투자하겠다는 결정은 개인적 상황에 달려 있다. 여러분의 성격, 재정 목표, 401(k)의 운영총비용 모두가 그 결정에 어느 정도 영향을 미칠 것이다. 결정하기 전에 이러한 요소들을 반드시 세심하게 살펴보기를 바란다.

지금까지 401(k) 최대한도의 장단점을 알아보았으니, 이어서 자산을 구성하는 가장 좋은 방법을 논의하며 세금 이야기의 결론으로 향해보자.

## 최적의 자산로케이션 전략

정말 중요한 것은 여러분이 무엇을 소유하고 있느냐가 아니라 '어디'에 소유하고 있는가이다. 지금부터 자산로케이션asset location[●]에 대해 살펴보려 한다. 자산로케이션은 자산을 과세 계좌, 비과세 계좌 등 다양한 형태의 계좌에 나눠서 배치하는 방식을 뜻한다. 예를 들어 채권을 과세 계좌에 넣어두고 있는가, 아니면 401(k)나 IRA와 같은 비과세 계좌에 넣어두고 있는가? 아니면 둘 다에 있는가? 주식의 경우는 어떤가?

이제까지의 통념에 따르면 채권을 비롯해 이익 배당이 잦은 자산은 비과세 계좌에, 그리고 주식을 비롯한 다른 고수익 자산은 과세 계좌에 넣어야 한다. 이는 채권투자로 올리는 수익(이자소득)이 주식투자로 올리는 수익(배당금)보다 많다면 그 수익을 세금으로부터 보호해야 한다는 논리다.

하지만 더 중요한 것이 있다. 채권투자수익(일반소득)에 대한 세율은 주식투자수익(자본이득)에 대한 세율보다 높으므로 채권을 비과세 계좌에 넣어야 높은 세율을 피할 수 있을 것이다.

역사적으로 볼 때 채권 이자수익이 주식 배당수익보다 훨씬 높을 때는 통용될 수 있던 논리다. 하지만 채권이 낮은 수익률을 보일 때 그 수익을 세금으로부터 보호하는 것은 좋은 선택이 아닐 수도 있다.

사실 세후소득을 극대화하고 싶다면 수익률이 가장 높은

---

● 자산로케이션이란 개인금융에서 세후수익을 극대화하기 위해 가지고 있는 돈을 과세 계좌, 면세 계좌, 세금 유예 계좌, 신탁 계좌 등에 전략적으로 분배해 보관하는 것을 가리킨다. 이는 어떤 종류의 자산에 얼마를 투자할 것인가에 관한 자산배분(asset allocation)과는 다른 개념이다.

자산을 401(k)나 IRA와 같은 비과세 계좌에 넣고 수익률이 가장 낮은 자산은 과세 계좌에 넣어야 한다.

2020년처럼 이자소득을 포함한 일반소득에 대한 세율이 자본이득에 대한 세율보다 높을 때도 적용될 수 있는 이야기다. 수익률이 높은 자산을 비과세 계좌에 두는 게 왜 바람직한지 이해가 되지 않는 사람을 위해 예를 하나 들어보겠다.

1만 달러를 두 개의 다른 자산에 투자한다고 가정하자. 하나는 자산 A, 다른 하나는 자산 B라고 부르겠다. 자산 A는 매년 7퍼센트씩 수익을 올리고 배당금과 이자를 지급하지 않는다. 자산 B는 매년 2퍼센트를 이자로 지급한다. 1년이 지난 후 자산 A 계좌에는 세전 1만 700달러가 들어있고, 자산 B 계좌에는 세전 1만 200달러가 들어있을 것이다.

장기양도소득세율을 15퍼센트로, 이자소득세율을 30퍼센트라고 가정하면, 자산 A의 세금은 105달러(700달러×15퍼센트)이고, 자산 B의 세금은 60달러(200달러×30퍼센트)가 될 것이다. 지금 우리는 세금을 줄이는 게 목적이므로, 자산 A를 비과세 계좌에 두는 편이 낫다. 이자나 배당금은 받지 않아도 상관없다.

이 예를 보면 각 자산의 기대수익률을 고려해서 자산로케이션을 결정해야 하는 이유도 알 수 있다. 게다가 수익률이 높은 (따라서 리스크도 큰) 자산을 비과세 계좌에 넣으면 계좌에 접근하기 힘들기 때문에 시장이 폭락할 때도 팔아치우고 싶은 유혹을 덜 받게 될 것이다.

이 전략에 또 다른 장점이 있다면 채권과 같은 저수익 자산은 그 가치를 유지하며 필요할 때 별도의 유동성을 제공할 수 있다는 점이다. 수익률이 낮은 (따라서 리스크도 작은) 자산을 과세 계좌에 두면 비과세 계좌보다 훨씬 쉽게 접근할 수 있다. 따라서 시장이 폭락할 때 그 가치를 유지할 가능성이 가장 큰 자산이 가장 접근성이 좋은 상태에 있는 것이다.

하지만 수익률이 높은 자산과 수익률이 낮은 자산을 과세 계좌와 비과세 계좌에 나누어둔다면 두 계좌 간의 재조정이 어렵다는 문제가 있다.

예를 들어 모든 주식을 401(k)나 IRA 계좌에 넣어두었다면 자산가치가 반으로 줄어들더라도 일반 투자계좌에서 이 계좌로 돈을 보내 재조정을 하는 것이 불가능하다. 따라서 수익률이 높은 자산을 비과세 계좌에 넣는 것이 수학적으로는 최적의 전략이지만, 개인적으로는 이 재조정 문제 때문에 그리 선호하지 않는 전략이다.

그래서 나는 모든 계좌를 똑같이 나눠놓는 편을 택하고 있다. 나는 일반 투자계좌, IRA, 401(k) 모두를 비슷한 비율로 비슷한 자산으로 채워놓고 있다. 각각은 서로 똑같이 닮았다.

내가 이 방식을 선호하는 이유는 하나의 계좌에 한 종류의 자산만 넣어두는 것보단 관리하기가 훨씬 더 용이하기 때문이다. 세금 효율성 면에서 최고라고는 할 수 없지만 재조정 문제를 해결하기 위한 내 나름의 차선책이다.

조금이라도 더 많은 수익을 원하는 사람이라면 수익률이 높은 자산을 비과세 계좌에 두는 쪽을 선택해야 한다. 하지만 수익이 조금 더 많이 나는 게 그리 중요하지 않다고 생각한다면, 모든 유형의 계좌에 비슷하게 자산을 배치하는 편이 투자 관리를 훨씬 더 쉽게 하는 방법이다.

지금까지 어떤 자산을 어떤 계좌에 넣어둬야 세금 혜택을 최대한 받을 수 있는지에 대해 얘기했다. 이어서 아무리 돈이 있어도 부자라는 생각이 들지 않는 이유에 대해 알아보기로 한다.

**감수자의 해설**

# 자산 로케이션과 연금계좌

자산배분, 마켓 타이밍, 그리고 종목 선택. 이 세 가지 요인 중 투자 성과에 가장 결정적인 역할을 하는 것은 무엇일까? 1980년대 이후 투자수익의 결정 요인에 대한 연구가 본격화되면서 지금은 자산배분이 압도적인 역할을 한다는 것이 정설로 받아들여지고 있다. 초기 연구자들의 주장에 의하면 투자 성과의 90퍼센트는 자산배분으로 설명할 수 있다고 한다. 심지어 연기금 업계의 슈퍼스타이자 자산배분의 대가인 고(故) 예일대 기금 최고투자책임자 데이비드 스웬슨 박사는 "자산배분이 수익률에 미치는 영향력은 100퍼센트 이상이다."라고 말했다. 스웬슨 박사는 개인 투자자들이 쓸데없이 시장 타이밍을 맞추려 하거나 종목을 골라서 돈을 벌려고 하는 것은 결국 실패로 이어진다고 말하며, 절대적으로 자산배분에 초점을 맞추는 것이 중요하다고 강조했다.

최근에는 사정이 많이 나아졌지만 개인 투자자들 중에는 여전히 마켓 타이밍과 종목 선택에 열을 올리는 이들이 적지 않다. 여기에는 몇 가지 사정이 있는 것 같다. 먼저 자산배분 이론이 초기에 주로 연기금의 성과를 분석하는 과정에서 등장했음을 감안해야 한다. 대규모 자금을 운용해야 하는 연기금은 주식, 채권, 원자재 등 여러 자산에 분산투자할 수밖에 없다. 근본적으로 한곳에 집중투자하는 것이 불가능한 구조이다. 이에 반해 투자 금액이 많지 않은 개인 투자자들이 주식과 채권 등에 비율을 정해놓고 리밸런싱하는 것은 사실 따분하고 재미없는 투자 방법이다.

자산배분은 투자 성과도 눈앞에 빨리 드러나지 않는다. 게다가 예전에는 자산배분을 하고 싶어도 개인 투자들에게는 마땅한 수단이 부족했다. 자산배분을 위해서는 기본적으로 주식과 채권, 그것도 국내와 해외, 해외도 선진시장과 이머징 마켓에 나눠 투자해야 하는데 저비용으로 이용할 수 있는 방법이 없었다. 하지만 지금은 ETF(상장지수펀드)와 다양한 펀드 상품이 등장해 개인 투자자들도 마음만 먹으면 언제든지 자산배분을 할 수 있는 시대가 됐다.

개인 투자자들은 자산배분에서 한 걸음 더 나아가 자산 로케이션asset location에 대한 고민을 해야 한다. 자산 로케이션이란 자산asset을 어디에 위치location시키는 것을 말한다. 그 '어디에'

에 해당하는 것이 바로 '연금계좌'이다. 이 책의 저자 닉 매기울리도 연금계좌를 설명하면서 자산 로케이션 전략을 잘 짜는 것이 중요하다고 강조한다. 즉 세제 혜택이 있는 계좌에서 자산배분을 해나가는 것이 효율적인 전략이라고 설명하는 것이다. 이를 이해하기 위해 먼저 세제 혜택이 주어지는 연금계좌에 대해 알아보자.

### 미국과 한국의 퇴직연금 제도

어느 국가든지 국민들이 나이 들어 곤궁하게 사는 것을 바라지 않는다. 그래서 국민연금 제도를 도입하고, 국민들이 스스로 노후자금을 준비할 수 있도록 각종 인센티브를 제공한다. 대표적인 인센티브 방식이 세제 혜택이다. 이것은 미국이든 우리나라든 마찬가지이다.

미국의 연금제도는 정부에서 제공하는 사회보장연금Social Security Benefit(우리로 얘기하면 국민연금)과 우리나라의 퇴직연금에 해당하는 401(k) 플랜과 개인이 직접 가입하는 IRA가 있다. 미국인들이 노후자금 마련을 위해 가장 많이 활용하는 것이 401(k)이다. 401(k)는 미국 국세청IRS 코드 401(k)에 기록된 이름으로 불리는 개인 은퇴 프로그램을 의미한다. 가장 중요한 특징은 '매칭matching 프로그램'이라는 점이다. 예를 들어 회사에서 연봉의 5퍼센트까지 매칭해주는 프로그램을 운용한다면 근로자는 그에 해당하는 금액, 즉 자신의 연봉에서 5퍼센트를 납부해야 한다. 물론 한도는 있다. 직원의 소득 중 연간 19,500달러(2021년 기준, 50세 이상 추가 6,500달러)까지만 401(k) 플랜에 불입할 수 있다.

401(k) 플랜은 1978년 세법에 의해 도입된 제도인데 2006년에 이르러 새로운 형태의 제도가 도입됐다. 바로 로스 401(k)이다. 2006년 이전만 해도 401(k)라고 하면 하나의 제도만을 의미했는데 2006년 이후에는 사정이 달라진 것이다. 로스 401(k)라는 또 하나의 401(k) 제도가 생겼다. 이 둘을 구분하기 위해 예전부터 있어왔던 401(k) 앞에는 '전통적인(traditional)'이란 수식어를 붙여 '전통적 401(k)'로, 2006년 도입된 제도는 '로스 401(k)'로 부르고 있다.

두 제도의 결정적인 차이는 세금 적용 시점이다. 전통적 401(k)는 세전(Pre-tax) 방식이고, 로스 401(k)는 세후(After-tax) 방식이다. 즉 전통적 401(k)는 납입할 때는 세금을 내지 않고(Pre-tax) 추후에 연금을 수령할 때 세금을 낸다. 로스 401(k)는 납입할 때 소득세를 내고(After-tax) 연금을 받을 때는 세금을 내지 않는 방식이다.

사실 401(k)는 우리나라의 퇴직연금 제도 중 DC형과 비슷하다. 한국의 퇴직연금 제도는 크게 확정급여형DB, Defined Benefit, 확정기여형DC, Defined Contribution으로 구분된다. 두 제도의 가장 큰 차이는 '운용 주체가 누구냐'이다. 확정급여형은 회사에서 알아서 운용을 해준다. 이에 비해 확정기여형은 근로자가 스스로 알아서 상품을 선택해서 운용해야 한다. 운용 책임이 DB형은 회사에, DC형은 근로자 개인에게 있는 셈이다.

미국도 DB형과 DC형이 존재하는데 우리와는 성격이 조금 다르다. 미국 DB형은 종신형 연금에 가깝다. 회사가 직원들이 퇴직한 이후에도 계속 연금을 지급해주는 프로그램이다. 이 프로그램이 유지되기 위해서는 회사가 계속 돈을 잘 벌고 직원들이 너무 오래 살아서는 안 된다. 그런데 회사 사정이 나빠지고 퇴직 직원들이 장수를 해버리면, 회사 입장에는 엄청난 부채, 다시 말해 연금 부채를 지니게 된다. 연금은 회사 자산이 아니라 언젠가는 근로자들에게 지급해야 할 돈이므로 회사 입장에서는 부채라고 할 수 있다. 자동차 회사 GM과 같은 회사들의 연금 부채가 사회 문제가 된 이유에는 이런 배경이 자리잡고 있다. 그래서 미국 기업들은 기업에게 부담이 큰 DB형을 DC형인 401(k)로 바꾸거나 새로 도입하게 된 것이다.

예전부터 법정 퇴직금 제도가 있어온 우리나라는 상황이 조금 다르다. 미국은 퇴직연금 제도가 법정, 즉 법으로 정한 제도가 아니다. 노사가 합의하는 제도에 가깝다고 봐야 한다. 우리나라는 퇴직금을 지급하지 않으면 경영자가 법적 처벌을 받는다.

매년 발생하는 퇴직급여는 대략 한 달 급여 정도라고 보면 된다. 연봉을 12분의 1로 나눈 금액이 매년 퇴직급여로 적립된다. 적립된 퇴직급여를 회사가 잘 보관하고(?) 있다가(회사 내에 보관하고 있다는 의미는 아니다) 근로자 퇴직할 때 지급하는 제도가 우리나라의 DB형이다. DC형은 매년 발생하는 퇴직급여를 직원들의 계좌에 불입해주고, 그 돈을 근로자가 운용하는 것을 말한다. DB형은 퇴직급여의 총액이 정해져 있지만 DC형은 운용 수익에 따라 같은 급여, 같은 연차의 직원이라도 그 금액이 달라진다. 일종의 실적 배당 상품인 셈이다. 미국과 비교해보면 미국식 매칭 프로그램과 달리 법에서 정해지는 퇴직 급여를 직원의 계좌에 넣어주는 것이 한국의 DC형 제도라고 보면 된다.

### 자산 로케이션과 자산배분

세제 혜택을 받으면서 강제적으로(?) 저축할 수 있는 가장 강력한 수단이 퇴직연금과 연금저축계좌이다. 이 두 계좌에서 발생한 수익은 모두 과세이연되고 세율도 낮은 편이다. 게다가 연말정산을 할 때 소득공제 혜택도 받을 수 있다(참고로 미국은 우리처럼 세금신고를 회사에 하는 것이 아니라 개인이 서류를 회사에서 받아서 직접 한다). 전문가마다 생각이 다르지만 필자의 경우엔 여유가 있다면 가입 한도까지 연금계좌에 불입하는 것을 권하고 싶다. 현재 한국 사회에서 가입할 수 있는, 조세에 있어서 가장 효율적인 수단이기 때문이다.

세제 혜택뿐만 아니라 나중에 연금을 수령할 때의 혜택도 만만찮다. 국민연금 등 공적연금은 다른 소득과 합산해 종합소득세 과세 대상이 되고(물론 분리과세를 신청할 수도 있다), 건강 보험료 산정 시 다른 소득과 합산해 보험료를 내야 한다. 반면 퇴직연금이나 연금저축계좌는 모두 연금소득세만 내면 세금 문제가 종결되고, 다른 소득과 합산하지도 않을 뿐만 아니라 건강보험료 산정 대상에서도 빠진다.

더 나아가 최근에는 ETF(상장지수펀드)와 같은 새로운 투자 수단이 등장해 얼마든지 이들 계좌를 통해 자산배분을 할 수 있게 되었다. 국내 투자와 해외 투자뿐만 아니라 주식과 채권 등 다양한 자산에 분산 투자할 수 있는 시대가 열린 것이다. 그것도 낮은 비용으로 말이다.

이제 자산 로케이션을 통한 자산배분은 노후 준비를 하는 모든 사람에 해야 하고, 모르면 배워야 하는 일이 되었다. 전설적인 투자가 피터 린치의 얘기처럼 자본주의와 투자를 학교에서는 가르치지 않는다. 스스로 배우고 익혀야 한다. 연금 투자도 예외는 아닌 것 같다.

The Just Keep Buying's rules

## No.19

# 무엇을 사느냐도 중요하지만 어디에 두느냐도 중요하다

사람들이 쉽게 간과하는 한 가지가 있다.
세금이다.
투자를 한 지 얼마 안 된 사람들은
엑셀파일 상의 숫자나 수익률 그래프에 울고 웃으며
자신의 투자 성과를 판단한다.
하지만 오랫동안 투자 실전 경험이 있는 사람은
그것이 전부가 아님을 알 것이다.

*

중요한 것은 실제 손에 쥐어지는 세후수익이다.
세금은 투자를 함에 있어 대단히 중요한 요소다.
이것이 목적과 상황에 맞게 적절한 투자계좌를 선택해야 하는 이유다.

제20장

# 부자가 부자라고 느끼지 못하는 이유

어쩌면 당신은 이미 부자일지도 모른다

부자라고 하면 상위 10퍼센트는 되어야 할까?

상위 1퍼센트인가? 상위 0.01퍼센트인가?

기준은? 전 세계에서? 한 나라에서? 한 도시에서?

2002년 크리스마스였다. 웨스트버지니아주 사람들은 미친 듯이 돈을 써댔다. 크리스마스 선물이나 파티를 위한 맥주를 사는 건 아니었다. 왜 그렇게 난리였을까?

바로 복권 때문이었다.

오후 3시 26분 복권 구매 열풍은 절정에 달해 무려 초당 15명이 복권을 샀다. 째깍. 째깍. 째깍. 한몫 잡을 생각에 부푼 사람들이 열기에 편승했다.

잭 휘태커Jack Whittacker도 그중 한 사람이었다. 평상시에는 복권에 눈길도 주지 않던 사람이라도 당첨금이 무려 1억 달러라면 무시하기 어려웠을 것이었다. 잭은 복권을 사서 아내 주얼Jewell이 기다리는 집으로 향했다. 둘은 결혼 40년 차였다.

밤 11시에 당첨 번호가 발표되었다. 주얼은 잠들어 있던 잭을 깨웠다. 기적이 일어났다. 다섯 숫자 중 네 개를 맞춘 것이다. 잭팟을 터트렸다곤 할 수 없지만 수만 달러쯤은 받을 것이라 기대하며 둘은 잠자리에 들었다.

다음 날 아침, 잭은 일하러 가기 전 잠깐 TV를 켰다가 소스라치게 놀랐다. 전날 밤 번호 하나가 잘못 발표되었다는 방송이 나오고 있었다. 잭은 복권을 꺼내 비교하다가 이내 낯빛이 창백해지며 아무런 말을 하지 못했다.

잭은 미국 역사상 가장 큰 당첨금을 받은 사람이 되었다. 무려 3억 1,400만 달러였다. 그는 당첨금을 일시불로 받기로 했다. 세금을 제외하고서 1억 1,300만 달러였다.[98]

여러분은 이 이야기의 결말을 이미 짐작하고 있을 것이다.

1억 1,300만 달러를 한꺼번에 받은 지 2년도 채 되지 않아 잭의 손녀는 (아마도 약물 남용으로) 사망했고, 잭과 아내의 관계는 소원해졌다. 잭은 고액 도박과 매춘, 음주운전을 하며 최악의 나날을 보냈다. 결국에 잭은 당첨금을 모두 탕진했다.

여러분이 어떤 생각을 하고 있을지 알고 있다.

"아이고, 또 복권 당첨자가 망한 이야기네. 지겨워."

글쎄, 한 가지만 빼놓으면 그렇다. 그 한 가지는 바로 잭 휘태커는 원래 부자였다는 사실이다.

그렇다. 잭은 자신의 삶을 완전히 바꿔놓은 복권을 사기 이전에 이미 1,700만 달러가 넘는 순자산을 보유한 부자였다. 어떻게 부자가 되었을까? 그는 웨스트버지니아의 다이버시파이드엔터프라이즈컨스트럭션Diversified Enterprise Construction이라는 회사의 성공적인 경영자였다.

이 이야기를 하는 이유는 훌륭한 사회적 위치에 있는 매우 선하고 판단력이 뛰어난 사람도 돈의 위력에 굴복하는 바람에 삶이 바뀔 수 있다는 교훈 때문이다.

존 휘태커는 나쁜 사람이 아니었다. 그는 아내와 손녀를 잘 보살폈다. 교회도 다녔다. 심지어 복권 당첨금을 수령한 직후에는 비영리재단에 수천억 달러를 선뜻 기부하기도 했다.

그렇다. 그는 단지 돈이라는 유혹을 떨치지 못했을 뿐이다. 돈은 이렇게 사람을 바꿔놓는다.

아이러니한 일이지만, 잭이 자신이 이미 충분히 부자라는 사실을 자각했다면 이 같은 불행은 일어나지 않았을 것이다.

잭이 자신이 부자가 아니라고 생각했는지 어떻게 알 수 있냐고? 이미 1,700만 달러가 넘는 돈이 있으면서도 복권을 산 것만 보아도 알 수 있다! 잭의 탐욕이 지나쳤다고 손쉽게 결론짓고 넘어갈 수도 있는 문제지만, 내 경험상 자신이 부자라는 사실을 인정하기란 생각보다 만만찮은 일이다.

## 저들이 부자인 거지, 나는 아니다

2010년대 중반 나는 한 친구와 미국에서 어떤 사람을 부자라고 할 수 있는지를 두고 토론한 적이 있다. 편의상 친구 이름을 존이라고 하겠다. 존은 그 도시에서 가장 부유한 동네에서 자랐다. 부모님 모두 대학원까지 공부한 엘리트에 의학과 교육 분야에서 유명한 분들이었다. 하지만 존은 자신이 그렇게 부자가 아니라며 그렇게 느끼는 이유를 말해주었다.

존이 16세가 되었을 때, 그의 아버지는 투자계좌를 열어 주식을 배워보라며 1,000달러를 선물로 주었다. 그날 밤 존은 가장 가까운 친구였던 마크에게 선물 받은 이야기를 했다. 그리고 마침 생일이 비슷한 마크에게 생일선물로 뭘 받았는지 물었다. 마크는 자신도 아버지로부터 똑같은 선물을 받았다고 대답했다.

존은 그 말을 듣고 충격을 받았다. 자신의 아버지와 마크 아버지가 친하다는 사실은 알고 있었다. 따라서 두 분이 각자의 아들에게 같은 선물을 주기로 합의했을 수 있다. 하지만 마크의 집은 훨씬 더 부유했다. 실제로 마크 집안은 갑부 수준이었다.

마크의 할아버지는 누구나 알 만한 투자회사의 설립자였고, 마크의 아버지는 거대 IT 기업의 이사였다. 서류상으로 마크 가족은 억만장자였다. 그래서 존은 마크도 자신처럼 겨우 1,000달러를 받았다는 사실을 믿을 수 없었다.

그래서 존은 마크에게 물었다.

"너도 1,000달러를 받았단 말이야?"

마크는 쭈뼛거리며 말했다.

"사실은 아냐. 10만 달러였어. 하지만 기본적으로는 같은 선물이잖아."

그렇다. 부자에도 등급이 있는 법이다.

2002년에서 2007년까지는 나도 내가 부자인 줄 알았다. 혹은 최소한 부자에 가깝다고 생각했다.

집에는 커다란 텔레비전이 있었다. 해안을 달릴 수 있는 레저용 차량도 있었고 스포츠카도 있었다. 외부인 출입통제 구역에 있는 3층 집에 살았는데, 학교 친구들은 내가 사는 지역을 '성문'이라고 불렀다. 하지만 이러한 사치스러운 삶은 순식간에 끝났다.

2002년 3층 집을 살 때 엄마와 계부는 27만 1,000달러를 냈다. 2007년 초가 되자 집의 가치는 62만 5,000달러까지 올랐다. 그 가격이 될 때까지 은행에서는 계속 재융자를 해주었다. 우리는 주택담보 대출을 통해 더 많은 돈을 빌릴 수 있었다. 집값이 계속 올랐다면 우리 가족은 대출금으로 풍족하게 살았을 것이다.

그렇지만 불행히도 그런 일은 일어나지 않았다. 2007년 후반 집값이 폭락하기 시작하면서 모든 것이 엉망이 되었다. 우리는 집을 잃었고, 레저용 차량과 커다란 텔레비전과 스포츠카까지 팔아야 했다. 우리가 한때 집이라 부르던 '성문'은 이제는 우리를 들어오지 못하게 가로막는 장벽이 되었다. 우리는 더 이상 부자가 아니었다.

하지만 나는 대학에 들어간 다음에야 비로소 우리가 부자가 아니었다는 사실을 깨달았다. 대학에 들어간 첫 주에 일어났던 일을 잊을 수 없다. 나는 신입생 20명 중 유럽에 가보지 못한 두 명 중 한 명이라는 사실이 밝혀졌다. 사실 당시 내가 살았던 캘리포니아에서 가장 멀리 가본 곳이라고는 뉴멕시코 정도였다. 그것도 장학금 덕분에 다녀올 수 있었다.

돌이켜 생각해보면, 2002년에서 2007년 사이에 내가 부자라고 생각했던 것도 이해가 간다. 더 끔찍한 상황을 겪은 경험이 있었기 때문이다. '성문'에서 살기 바로 전 우리 가족은 바퀴벌레가 기어 다니는 아파트에서 살았다. 오븐에 음식을 데우면 어느 구석에선가 바퀴벌레들이 마구 튀어나와 오븐 손잡이 부근에서 따뜻한 온기를 즐기곤 했다. 음식을 쌓아놓은 곳마다 바퀴벌레가 끊임없이 출몰해선 갈색의 작은 물건을 흔적으로 남겨놓곤 했다. 정말 역겨웠다. 지금도 바퀴벌레라면 진저리부터 난다.

하지만 그렇게 나쁜 상황에서도 나에겐 좋은 일이 많았다. 굶은 적도 없었고, 나를 믿고 지지해주는 가족이 있었으며, 심지어 2001년에도 나에게는 개인 컴퓨터란 게 있었다! 그런 이유로 실제로 내가 얼마나 잘살았는지는 모르겠다. 이런 기억밖에 없으니 말이다.

내 친구 존이 자라면서 다른 친구들과 비교해 자신이 상대적으로 가난하다는 것만 알았을 뿐 스스로 얼마나 부자인지는 몰랐다는 것과 비슷한 이야기다. 하지만 이 상대적으로 가난하다는 느낌은 나중에 그들보다 더 부유해진다고 해도 사라지지 않을 것 같다.

## 억만장자도 자신이 부자라고 느끼지 못하는 이유

억만장자 정도 되면 누구나 자신을 부자로 여기겠거니 생각할 것이다. 하지만 꼭 그렇지만도 않다. 골드만삭스Goldman Sachs의 전 CEO이자 억만장자 로이드 블랭크파인Lloyd Blankfein은 엄청난 자산을 가졌음에도 불구하고 2020년의 한 인터뷰에서 자신은 부자가 아니라고 주장했다.

> 블랭크파인은 자신은 '그저 잘사는 정도'지 부자는 아니라고

주장했다. 그는 "저는 부자라는 말도 안 해요. 그렇게 느끼지도 않고, 그렇게 행동하지도 않거든요."라고 말했다. 그는 뉴욕에는 물론 마이애미에도 아파트를 가지고 있지만 부를 과시하는 물건은 질색이라고 말했다. "페라리를 사면 어디 긁히지나 않을까 걱정하지 않겠어요?"라는 농담도 했다.[99]

블랙크파인의 이야기는 정말 놀랍지만, 한편으론 이해가 안 가는 것도 아니다.

제프 베이조스Jeff Bezos나 데이비드 게펜David Geffen 같은 사람들과 어울려 다니고, 레이 달리오Ray Dalio와 켄 그리핀Ken Griffin을 친구로 두었다면 10억 달러가 그리 큰돈으로 느껴지지 않을 수 있다.

하지만 객관적으로 볼 때 블랙크파인은 미국에서 소득 상위 0.01퍼센트에 속한다. 다시 말해 1퍼센트 중에서도 1퍼센트다. 가브리엘 쥐크만Gabriel Zucman과 이매뉴얼 사에즈Emmanuel Saez에 따르면 미국 상위 0.01퍼센트 가정은 2012년 기준 최소 1억 1,100만 달러에 달하는 순자산을 갖고 있다.[100] 2012년 이후 자산가치 상승폭을 고려하더라도 블랙크파인은 어렵지 않게 소득 상위 0.01퍼센트에 포함될 것이다.

하지만 블랙크파인만이 이런 인식을 가진 것은 아니다. 최상류층에 속하는 사람들 중 상당수가 자신이 실제보다 그리

[표 20-1] 소득분포에 따른 실제 상대소득 vs. 인식된 상대소득

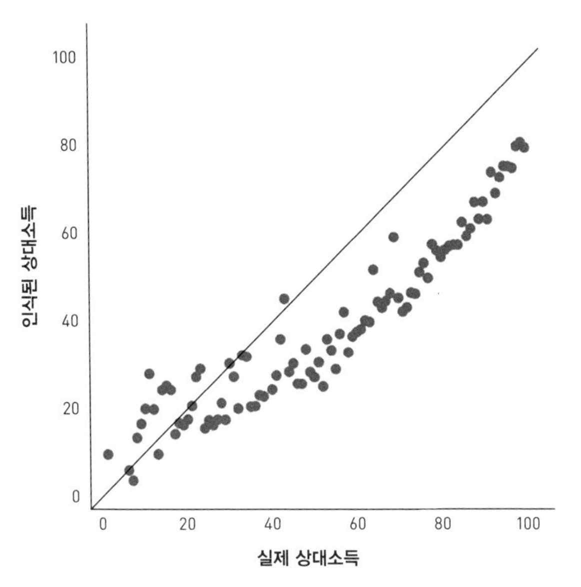


표는 첫 번째 응답자들 사이에서 실제 상대소득 및 및 인식된 상대소득의 관계를 보여준다. 45도 실선은 평균값이다. 총 응답은 1,242차례였다.

잘살지 못한다고 생각했다.

예를 들어 학술지 〈경제학·통계학 리뷰〉의 한 조사에 따르면 소득 스펙트럼의 상단에 있는 사람들 대다수는 자신이 부유하다고 인식하지 않았다.[101] [표 20-1]에서 볼 수 있듯이 소득백분위 상위 50의 사람들은 다른 사람들에 비해 자신들이 얼마나 잘살고 있는지를 과소평가하는 경향이 있다.

[표 20-1]에서 볼 수 있듯이 실제 상대소득 백분위 90 이

상의 사람들조차 자신들이 백분위 60~80에 속한다고 믿었다. 이런 결과가 나타나는 이유를 네트워크 인식의 문제로 접근하면 조금은 이해하기 쉬울 것이다. 매슈 잭슨Matthew Jackson은 《휴먼 네트워크》에서 이 개념을 잘 설명했다. 그는 많은 사람들이 스스로 자신의 친구보다 인기가 없다고 느낀다면서 이렇게 설명했다.

> 다른 사람이 여러분보다 친구가 많다는 느낌이 든 적이 없는가? 그런 느낌이 드는 사람은 당신만이 아니다. 사실 우리의 친구들은 다른 평범한 사람들에 비해 평균적으로 친구가 더 많다. 이를 '우정의 역설friendship paradox●'이라고 부른다. 인기 있는 사람은 다른 많은 사람의 친구 목록에 나타나는 데 반해 친구가 적은 사람은 상대적으로 적은 목록에 나타난다. 친구가 많은 사람은 인구에서 차지하는 비율에 비해 친구 목록에 훨씬 자주 등장하는 반면, 친구가 거의 없는 사람들은 친구 목록에 더 적게 등장한다.[102]

똑같은 논리를 여러분의 개인 네트워크에 적용해보면 대다

---

● 이는 일종의 '표본 편향'으로도 설명할 수 있다. 친구가 많은 사람일수록 더 눈에 많이 띄는 것처럼 부자일수록 더 눈에 많이 띄게 마련이다. 따라서 자신의 네트워크나 부유함을 판단할 때 인기가 더 많은 사람 혹은 더 부유한 사람을 표본으로 삼아서 비교할 가능성이 커진다.

수의 사람들이 실제보다 자신이 부유하지 않다고 느끼는 이유도 짐작할 수 있을 것이다.

예를 들어 최소한 여러분 자신보다 부유한 사람을 한 명 생각해보자. 자, 그 부자는 자신보다 더 부유한 사람들을 알고 있을 테고 그들을 자신보다 더 부자라고 생각할 것이다. 혹시 그런 사람이 주변에 없다 하더라도 빌 게이츠Bill Gates나 제프 베이조스 같은 돈 많은 유명인사를 쉽게 떠올릴 수 있다.

이 논리를 확장해보자면 (세계 최고의 부자는 제외하고) 모든 사람이 다른 사람을 가리키며 "나는 부자가 아닙니다. 저런 사람이 부자죠."라고 말하는 그림을 상상할 수 있을 것이다. 그러니 블랭크파인 같은 엄청난 부자도 자신이 그저 '잘사는 정도'라고 느낄 수 있다.

놀랄 만한 이야기를 하나 하겠다. 여러분도 블랭크파인과 그리 다르지 않을 가능성이 크다.

어떻게 아느냐고? 여러분은 사실 생각보다 훨씬 부자일 수 있기 때문이다. 예를 들어 〈크레딧스위스세계부자보고서〉에 따르면 순자산 4,210달러 이상이면 세계 절반의 사람들보다 부자이다.[103]

순자산 9만 3,170달러 이상이라면 미국에서도 중위 순자산에 가깝고, 전 세계적으로 보자면 상위 10퍼센트에 속하는 부자이다. 나는 여러분을 모른다. 하지만 상위 10퍼센트에 속하는 사람이라면 부자라고 생각한다.

여러분은 말도 안 되는 이야기라고 고개를 젓고 있을 것이다. 어딘지도 모르는 개발도상국 두메산골에서 농사를 짓는 사람과 여러분을 비교하다니, 공정하지 못하다고 생각하진 않는가?

글쎄, 로이드 블랭크파인도 아마 자신을 여러분이나 나와 같은 사람과 비교한다면 억울해하지 않겠는가!

그렇다. 객관적으로 볼 때 자신이 부자가 아니라는 블랭크파인의 주장은 전 세계 소득 상위 10퍼센트의 사람들이 부자가 아니라는 주장보다는 그럴듯하다. 하지만 두 주장은 근본적으로는 같다. 사실 구분할 가치도 없는 주장이다.

어쨌든 부자라고 하면 상위 10퍼센트는 되어야 할까? 상위 1퍼센트인가? 상위 0.01퍼센트인가? 기준은? 전 세계에서? 한 나라에서? 한 도시에서?

정답은 없다. 부자란 상대적인 개념이기 때문이다. 이제껏 그래왔고, 앞으로도 그럴 것이다. 적어도 여러분이 살아있는 동안 그 상대성은 유지될 것이다.

예를 들어 2019년 미국 소득 상위 1퍼센트에 들기 위해서는 가구당 순자산이 1,110만 달러는 돼야 했다. 하지만 나이와 교육 수준에 따라 상위 1퍼센트는 최소 34만 1,000달러가 되기도 하고 최고 3,050만 달러가 되기도 한다.

[표 20-2] 연령 및 교육 수준별 백분위 99의 순자산

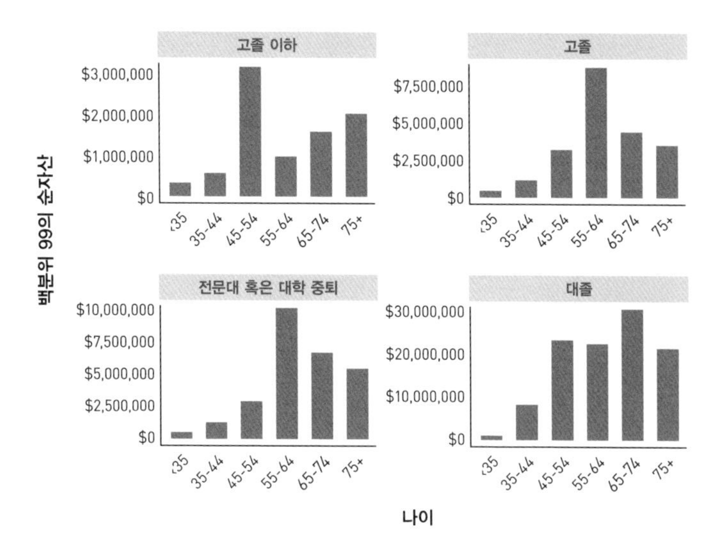


[표 20-2]는 교육 수준과 나이에 따른 소득 상위 1퍼센트의 서로 다른 순자산 규모를 보여준다.

이제는 자신이 부자라고 느끼는 사람이 그토록 적은 이유를 이해할 수 있을 것이다. 자신보다 잘사는 다른 사람을 가리키는 것은 언제나 쉬운 일이니 말이다. 다만 여러분을 가리키는 사람도 많을 수 있음을 명심하라.

마지막으로 다음 장에서는 여러분을 다른 어떤 사람보다 부자라고 느끼게 해줄 한 가지 자산에 대해 다뤄보기로 하겠다.

The Just Keep Buying's rules

## No.20

# 당신은 이미 부자일지도 모른다

골드만삭스의 전 CEO이자 억만장자인 로이드 블랭크파인은
이런 말을 했다.
"나는 부자가 아닙니다. 그저 잘사는 정도죠."
보통의 사람들에게 있어 블랭크파인의 말은 경악할 만한 얘기지만
본인은 진심일 것이다.
그만큼 부자의 개념은 상대적인 것이기 때문이다.
아무리 성공한 사람이라도 그보다 더 크게 성공한 사람이 있기 마련이다.

*

절대적인 부자도, 절대적인 빈자도 없다.
그러니 스스로 부자로 느껴지지 않아도 괜찮다.
자신의 삶의 목적, 투자의 철학, 투자의 원칙을 지켜나가는 것이
훨씬 더 중요함을 기억하자.

# 제21장

# 가장 중요한 자산은 시간이다

시간이라는 자산을 어떻게 활용할 것인가

내가 최적화하지 못했던 것은

결국 돈이 아니라 나의 시간이었다.

암 치료 분야의 세계적 권위자인 피터 아티아Peter Attia는 2017년 수명을 늘리는 방법을 주제로 강연하던 중에 청중들에게 다음과 같은 사고실험을 제안했다.

"저는 감히 말하건대, 워런 버핏이 모든 돈을 준다고 해도 여러분은 그 사람과 당장 자리를 바꾸지 않으리라 생각합니다. 그리고 버핏은 자신이 파산하는 대가로 스무 살이 될 수 있다면 기꺼이 그러리라 생각합니다."[104]

아티아의 제안, 즉 지구상 가장 위대한 투자자인 워런 버핏의 부와 명성과 지위를 모두 내 것으로 만들 수 있다고 상상해보자. 원하는 곳은 어디든 갈 수 있고, 원하는 사람은 누구나 만날 수 있고, 원하는 것은 모두 살 수 있다. 하지만 여러분은 (강연이 있던 당시 버핏의 나이인) 87세가 되어야 한다. 자, 이 거래에 응하겠는가?

현실성이 없는 황당한 이야기로 들리겠지만, 어쨌든 나라면 거래하지 않겠다. 여러분은 이미 내가 이 이야기를 꺼낸 이유를 알아차렸을 것이다. 어떤 상황에서는 돈보다 시간이 훨씬 더 중요하다. 돈으로는 할 수 없는 일을 시간으로는 할 수 있기 때문이다. 사실 충분한 시간만 있다면 심지어 산도 옮길 수 있다.

## 산을 옮긴 사람의 이야기

이제부터 소개할 인류 역사상 가장 놀라운 인내를 보여준 사람의 이야기는 어쩌면 여러분이 한 번도 들어보지 못한 이야기일지도 모른다.

이 이야기는 1960년 인도 북동쪽 겔라우르라는 마을에서 시작된다. 당시 겔라우르는 고립된 마을이어서 마을 사람들은 먹을 것이 필요하거나 의학적인 도움이 필요할 때마다 산등성이를 돌아 무려 50킬로미터에 달하는 위험천만한 길을 걸어가야 했다.

어느 날 마을 사람 하나가 그 길을 걷다가 발을 헛디뎌 넘어지며 크게 다쳤다. 그녀의 남편이었던 다쉬라트 만지히 Dashrath Manjhi는 아내의 사고를 계기로 겔라우르 사람들이 더 이상 위험한 길로 다니지 않도록 산을 관통하는 길을 만들어야겠다고 생각했다.

당장 다음 날부터 만지히는 망치와 정만을 이용해 산을 파내기 시작했다. 마을 사람들은 불가능한 일이라며 만지히를 만류하거나 조롱했다. 하지만 그는 멈추지 않았다.

그 후 22년이라는 기간 동안 만지히는 혼자서 조금씩 산을 파헤치며 길을 만들었다. 낮이고 밤이고 가리지 않았다. 마침내 길이 110미터, 너비 9.1미터, 높이 7.6미터의 길이 만들어졌다.

1980년대 초 마침내 이 길이 만들어졌을 때 그가 옮긴 바위의 전체 부피만 해도 27만 세제곱피트 이상이었다. 그는 '마운틴맨mountin man'이라는 별명을 얻었다.

이 길 덕분에 가까운 마을까지의 거리가 55킬로미터에서 15킬로미터로 줄었다. 여러분도 구글 지도에서 '다쉬라트만지히터널Dashrath Manjhi Passthrough'을 검색해보면 그가 20년 동안 만든 최종 결과물을 거리뷰로 볼 수 있다. 슬픈 이야기지만 이 길이 만들어지는 계기를 제공했던 만지히의 아내는 남편이 일을 끝내기 몇 년 전에 세상을 떠났다.

만지히의 이야기는 시간의 보이지 않는 가치를 증명하는 좋은 예이다. 만지히는 공사 인부를 동원해 산을 허물고 길을 만들 만한 돈은 없었지만, 그럴 시간은 갖고 있었다.

시간은 가장 중요한 자산이다. 이제까지도 그랬고 앞으로도 그럴 것이다. 여러분이 20대, 30대, 40대에 시간을 어떻게 쓰느냐에 따라 50대, 60대, 70대는 크게 달라질 것이다. 안타깝지만 이 교훈을 익히는 데는 상당한 시간이 필요하다. 나는 개인적 경험을 통해 알았다.

이 책의 서두에서 나는 내가 대학원생일 때 돈 걱정하던 이야기를 했다. 이젠 내가 그즈음 설정했던 목표를 이야기하며 책을 마치려 한다. 중요한 목표는 아니었다. 하지만 그 목표를 추구하며 나는 시간의 가치에 대해, 그리고 우리 삶을 판단하는 방식에 대해 배울 수 있었다.

## 우리는 성장주로 시작해서 가치주로 인생을 마친다

나는 스물세 살 되던 해에 서른까지는 50만 달러를 모으겠다는 목표를 세웠다. 당시 내가 가진 돈이라고는 2,000달러도 되지 않았다. 내가 50만 달러를 목표로 삼은 것은 워런 버핏이 서른에 100만 달러를 모았다는 이야기를 어디선가 들었기 때문이다.

버핏은 1960년대에 100만 달러를 모았다. 지금 가치로는 900만 달러가 넘을 것이다. 하지만 내가 워런 버핏은 아니므로 그 절반으로 목표를 세우고 인플레이션율 따위는 잊기로 했다.

2020년 11월 31세가 되었을 때 내 순자산은 50만 달러에 한참 모자랐다. 얼마나 모자랐냐고? 원했던 액수에 훨씬 못 미쳤다.

하지만 그게 중요한 건 아니다. 영화 〈패스트&퓨리어스〉에서 빈 디젤이 분한 도미닉 토리노는 이런 말을 한다.

"1인치를 이기건 1마일을 이기건 그건 중요하지 않아. 이겼다는 자체가 중요한 거지."

그의 말이 옳다. 나의 경우엔 졌다는 사실이 중요할 뿐이다. 몇 달러가 부족했건 몇십만 달러가 부족했건 중요하지 않다. 하지만 이 패배가 가슴 아팠던 이유는 당시 시장이 활활 타오르는 강세장이었기 때문이다. 그러니 S&P500지수를 탓할 수는 없었다. 내 투자에 문제가 있었을 뿐이다.

어디에서 실수했냐고? 글쎄, 어쨌든 노력이 부족해서는 아니었다. 나는 8년을 풀타임으로 일했고, 거의 4년간 변함없이 1주일에 10시간은 블로그를 통해 글을 쓰고 발표했다. 2020년까지는 블로그를 이용해 돈을 벌지는 않았지만, 그랬다고 하더라도 여전히 50만 달러에는 못 미쳤을 것이다.

그렇다고 지출을 탓할 수도 없었다. 여행을 줄이고 외식을 덜 할 수도 있었겠지만, 내가 정말 즐기는 일들이었고 또 그 비용을 줄였다고 해도 목표액에는 한참 모자랐을 것이다. 그러면 대체 무엇이 문제였을까?

좀 더 일찍 내 경력에 관한 결정을 내렸어야 했다. 내가 최적화하지 못했던 것은 결국 돈이 아니라 나의 시간이었다. 여러 친구가 페이스북, 아마존, 우버와 같은 거대 IT 기업에 취직해서 달콤한 스톡옵션을 받는 동안 나는 6년간 한 컨설팅 회사에서 일했다. 월급은 후했지만 주식 같은 건 없었다. 나는 뒤늦게야 내가 무엇을 놓치고 있는지 깨달았다.

친구들은 스톡옵션으로 받은 IT 기업 주가가 엄청나게 오르면서 백만장자 혹은 그보다 조금 덜 미치는 정도의 부자가 되었다. 그렇다. 그 친구들은 운이 좋았다고 치부해버리긴 쉽다. 사실이기도 하다. 하지만 그게 변명이라는 것도 알고 있다. 나도 IT라는 이름의 배가 곁을 지나갈 때 승선할 기회가 많았다. 하지만 그 기회를 모두 놓쳐버렸다.

그렇다고 해서 내가 거대 IT 기업에서 일했어야 했다는 식의 후회담은 아니다. 사실 그럴 생각도 없었다. 문제는 내가 스물일곱이 되어서야 내 경력을 진지하게 생각해보기 시작했다는 점이다. 뉴욕연방준비은행 연구자들에 따르면 미국의 경우 개인의 소득은 일을 시작한 지 첫 10년 동안(25~35세) 가장 빠르게 늘어난다.[105] 이 사실을 염두에 두고 돌이켜보면, 23세의 나는 투자 포트폴리오 따위보다는 나의 경력에 초점을 맞춰야 했다.

내가 실수를 저지른 이유는 시간보다 돈이 더 중요한 자산이라는 잘못된 믿음을 갖고 있었기 때문이다. 나중에서야 바보 같은 믿음이라는 사실을 깨달았다. 돈이야 언제든 벌 수 있지만 시간은 무엇으로도 살 수 없다.

나는 사실 겉으로 보이는 것만큼 나 자신에게 엄격하지 않다. 어린 시절에 기대했던 것보다 지금 훨씬 더 나은 삶을 살고 있다는 것도 잘 알고 있다. 내가 만일 거대 IT 기업에 들어가서 일했더라면 이 책을 쓸 기회도 없었을 것이다. 세상일이 다 그런 법이다.

어쨌든 50만 달러라는 목표를 달성했더라도 내 삶이 유의미하게 바뀌지는 않았을 것이다. 부유함은 단계적으로 대략 10배씩 증가한다. 이것이 1만 달러에서 10만 달러를 번 사람이 2만 달러에서 3만 달러를 번 사람보다 크게 삶이 바뀌는 이유다. 내가 서른 살에 50만 달러를 벌었더라도 삶에 큰 변화는 없었을 것이다.

내 말이 허황하게 들릴 수 있다는 것도 알고 있다. 먹고살기 바쁜 사람들도 많은데 어린 나이에 엄청난 목표를 세우곤 거기에 도달하지 못했다고 불평이나 하고 있으니 말이다. 하지만 앞에서 설명했듯이 부자가 되는 것은 절대적인 게임이 아니라 상대적 게임이다.

어쨌든 나는 나의 기대와 나 자신을 주변의 동료들과 비교했다. 여러분도 비슷할 것이다. 이는 받아들이기 싫겠지만 어쩔 수 없는 사실이다. 여러 압도적인 연구결과들이 그렇게 말하고 있다.

조너선 라우시Jonathan Rauch는 《인생은 왜 50부터 반등하는가》에서 사람의 행복감은 20대 후반부터 낮아지기 시작해서 50세에 바닥을 치고 그 후에는 상승한다고 설명했다. 평생에 걸친 행복의 정도를 그래프로 그리면 마치 웃는 표정처럼 U자 곡선을 보인다.

이는 노스웨스턴대학 경제학 조교수인 하네스 슈반트Hannes Schwandt의 실증적 연구를 통해서도 확인할 수 있다. 그는 나이에 따른 5년 후 삶의 예상 만족도와 같은 연령대의 실제 삶의 만족도를 그래프로 보여주었다.[106]

[표 21-1]을 보면 30세의 사람들은 현재 (10점 만점에) 7점의 만족도를 갖고 있다. 이들은 자신이 35세가 되는 5년 후 삶의 만족도를 (10점 만점에) 7.7점이 되리라고 예상한다. 하지만 현재 35세인 사람들의 실제 만족도는 30세에 비해 오히려 더 낮다. 현재 35세의 만족도는 6.8점으로, 30세에 예상하는 7.7점과는 많은 차이가 있다. 30세 사람들은 평균 0.7점 정도 만족도가 올라갈 것으로 예상하지만, 5년 후 실제 만족도는 오히려 0.2점 내려간다.

[표21-1] 연령별 5년 후 예상 삶의 만족도 vs. 실제 삶의 만족도

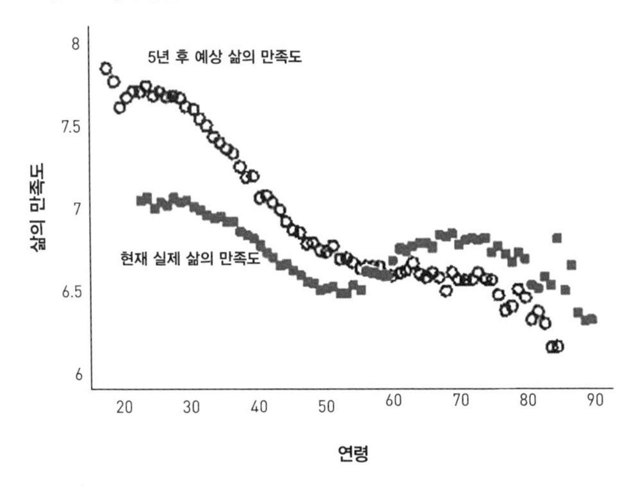


현재 삶의 만족도를 나타내는 선만 보면, 25세에서 70세까지 그 유명한 '행복한 미소 곡선'을 볼 수 있다.

하지만 왜 행복이 20대 후반부터 감소하기 시작할까? 나이가 차츰 들면서 젊은이가 가진 높은 기대치를 삶이 충족시켜주지 못하기 때문이다.

라우시는 《인생은 왜 50부터 반등하는가》에서 이렇게 말한다.

> 젊은이들은 미래의 삶의 만족도를 끊임없이 과장하는 경향이 있다. 이들은 거의 필연적으로 커다란 예측 오류를 저지른다. 마치 시애틀에 살면서 매일 쨍한 햇빛을 기대하는 셈이다. 20대 젊은이들은 평균 10퍼센트 정도 미래 삶의 만족도를 과대평가

한다. 하지만 시간이 지나며 이 지나친 낙관성은 점차 줄어든다. 그렇다고 해서 이들이 우울증에 빠지는 것은 아니다. 다만 현실적이 되어간다.[107]

이 연구는 내가 스물세 살에 세운 목표에 도달하지 못했을 때 약간의 낙심에 그쳤던 이유를 잘 설명해준다. 또 애초에 그 목표가 얼마나 허황한 것이었는지도 말해준다. 그 목표는 너무나 낙관적이었다.

여러분도 역시 살면서 같은 패턴을 발견할지 모른다. 어릴 때 너무 높은 목표를 세웠다가 좌절한 경험이 있는가? 괜찮다. 이 연구에 따르면 아주 정상적인 일이니까.

시간이 흘러감에 따라 기대가 낮아지는 것도 정상적이다. 노년이 되면서 즐거운 놀라움이 행복한 경험이 되는 정도까지 낮아질 수 있다.

우리는 삶을 성장주로 시작해서 가치주로 마감한다. 성장주는 우리가 어릴 때 자신을 생각하는 방식과 마찬가지로 가치가 매겨진다. 기대치도 높고 미래에 대한 희망도 크다. 하지만 우리 중 상당수는 여러 성장주가 그러하듯이 결국은 이 높은 기대치를 충족시키지 못한다.

시간이 지남에 따라 우리는 기대치를 낮출 만큼 낮추며 미래에 상황이 좋아질 것이란 생각 자체를 접어버린다. 투자자들이 가치주에 가격을 책정하는 방식과 비슷하다.

하지만 기대보다 상황은 좋아지기 마련이고, 우리는 가치주 투자자들이 그런 것처럼 즐거운 놀라움을 경험할 수 있다. 물론 평균적으로 그렇다는 말이다. 모든 사람은 각자 다른 삶을 살고, 삶의 굴곡도 저마다 다르다. 우리는 현재 알고 있는 것에 근거해서 결정을 내려야 한다. 그게 우리가 할 수 있는 전부다.

The Just Keep Buying's rules

## No.21

# 시간은 당신의 가장 중요한 자산이다

돈은 언제나 더 벌 수 있다.

하지만 그 무엇으로도 더 많은 시간은 살 수 없다.

에필로그

# 시간 여행자의 게임에서 이기는 방법

여러분 앞에 시간 여행자가 나타났다. 그는 부자가 되는 법을 알고 싶어 안달이다. 그래서 그는 여러분에게 하나의 게임을 제안한다. 게임의 규칙은 다음과 같다.

내일 여러분은 지난 100년 전 중 어느 날 하루에 깨어난다. 현재의 삶에 대해서나 미래에 대해서는 모르는 상태이다. 하지만 여러분은 과거로 돌아간 자신에게 몇 가지 재정적인 충고는 해줄 수 있다. 여러분이 자산을 축적할 확률을 극대화하길 원한다고 가정할 때, 어떤 충고를 해주겠는가?

"애플을 사라."라거나 "1929년 9월에서 1932년 6월까지는 주식시장을 멀리하라."는 충고를 해주고 싶겠지만, 역사가 똑같이 반복되지는 않는다고 가정하자. 여러분이 1929년에 돌아가더라도 대공황을 경험하지 않고, 1976년으로 가더라도 애플이 차고에서 뭔가를 뚝딱거리며 성공의 길을 준비하고 있지는 않을 것이라는 말이다.

이렇게 제한적인 정보만 있는 상태에서 오늘날의 여러분이라면 과거로 돌아간 자신에게 어떤 충고를 하겠는가? 어떻게 하면 시간 여행자의 게임에서 이길 수 있을까?

이 문제에 대한 해답은 모두 이 책 안에 있다. 나는 여러분을 전혀 모르지만, 이 책의 목표는 그런 배경과 아무 상관 없이 여러분의 재정적 성공 가능성을 극대화하려는 것이다. 이를 염두에 두고 시간 여행자의 게임에서 이기기 위해 과거의 나에게 해줄 충고들을 구체적으로 복습해보자.

바로 '그냥 계속 사라'의 규칙들이다.

### No.1

### 가난한 사람은 저축을 하고, 부유한 사람은 투자를 한다

어디에 시간과 에너지의 초점을 맞출지 결정하기 전에 자산을 축적하고 부자가 되기 위한 여정에서 현재 여러분이 있는 정확한 위치를 알아야 한다. 여러분의 예상 저축이 예상 투자 수익보다 크다면 저축에 집중하고, 그렇지 않다면 투자에 집중하라. 양쪽이 비슷하다면 둘 다에 집중하라. (제1장)

## No.2

### 할 수 있는 만큼만 하는 것이 저축이다

여러분의 소득과 지출이 고정되는 경우는 거의 없다. 따라서 여러분의 저축률도 고정되기 힘들다. 재테크로 인한 스트레스를 줄이기 위해 그때그때의 상황에서 할 수 있는 만큼만 저축하라. (제2장)

## No.3

### 지출을 줄이는 것이 아닌, 소득을 늘리는 것에 집중하라

지출을 줄이는 데는 한계가 있지만, 소득을 늘리는 데는 한계가 없다. 오늘 당장 소득을 늘리기 위한 작은 방법부터 찾아보자. 그것이 내일 소득을 크게 증대시키는 방법이 될 수 있다. (제3장)

## No.4

### 소비 죄책감을 없애려면 '2배의 규칙'을 활용하라

비싼 물건을 사는 등 자신만을 위한 지출에 죄책감이 느껴진다면 같은 금액의 돈을 수익창출자산에 투자하라. 걱정 없

이 소비하는 가장 쉽고 효율적인 방법이다. (제4장)

### No.5

### 소득증가분이 있다면 여기서 최소 50퍼센트는 저축하라

소득이 늘어나면 지출도 늘어나게 마련이다. 이때 약간의 라이프스타일 크리프는 괜찮다. 하지만 미래에 현재 삶의 수준을 유지하고 싶다면 소득증가분의 최소 50퍼센트는 저축하라. (제5장)

### No.6

### 부채는 좋고 나쁨의 영역이 아니다, 어떻게 사용하느냐에 달려 있을 뿐이다

어떤 투자 시나리오인가에 따라 부채는 해로울 수도 있고 이로울 수도 있다. 여러분의 재테크에 도움이 되는 부채는 현명하게 잘 이용하기를 바란다. (제6장)

## No.7

### 때가 되면 집은 사야 한다

주택 매입은 여러분이 내리는 재정적 결정 중 가장 중요한 결정이다. 그러니 여러분의 재정 상황이나 현재 라이프스타일로 볼 때 정말 적절하다고 생각할 때만 그 결정을 내려야 한다. (제7장)

## No.8

### 시간지평이 2년 이내일 때는 현금저축을, 2년 이상일 때는 주식과 채권 투자를 이용하라

시간지평이 길다면 채권과 주식이 더 많은 돈을 벌어줄 것이다. 하지만 2년 이내에 결혼, 내집마련 등 큰돈이 필요한 일이 있다면 현금의 형태로 돈을 모으는 것이 가장 좋은 방법이다. (제8장)

## No.9

### 은퇴에서 가장 중요한 것은 돈이 아니다

은퇴를 결정하기 전, 은퇴 후 생활에 대한 확실한 계획이 있어야 한다. (제9장)

## No.10

### 인적자본을 금융자산으로 전환하는 투자를 하라

영원히 일할 수는 없으므로 너무 늦기 전에 인적자본을 금융자산으로 대체해야 한다. 이런 목적으로는 투자가 가장 좋은 방법이다. (제10장)

## No.11

### 스스로 주인이 되는 오너십 개념의 수익창출자산을 준비하라

소득을 늘리기 위해서는 오너처럼 생각하고, 자신의 돈을 수익창출자산을 매입하는 데 써야 한다. (제11장)

## No.12

### 개별 종목 주식은 매수하지 말 것

개별 주식을 사고 좋은 실적을 바라는 것은 마치 동전 던지기 게임을 하는 것과 같다. 성공할 수도 있지만, 그저 운 덕분은 아니었다고 확신할 수 있는가? (제12장)

## No.13

### 빨리 사고 천천히 팔아라

대부분의 시장은 장기적으로는 상승하기 마련이므로 빨리 사서 천천히 파는 것이 부를 극대화하는 최적의 방법이다. 이 방법이 편하게 느껴지지 않는다면 여러분에게 사고팔기 자체가 지나치게 리스크가 큰 방법이라는 의미다. (제13장)

## No.14

### 가능하면 빨리 투자하라, 그리고 자주 투자하라

현금을 저축해서 적기에 시장에 들어가겠다고 생각한다면, 이제라도 생각을 바꿔라. 아무리 신이라도 평균단가분할매입법보다 더 나은 수익을 올릴 순 없다. (제14장)

## No.15

### 투자는 어떤 패를 손에 쥐느냐가 아니라, 그 패로 어떤 게임을 하느냐의 문제다

투자를 하다 보면 운이 좋을 때도 있고 나쁠 때도 있게 마

련이다. 하지만 가장 중요한 것은 장기적으로 여러분이 어떻게 행동하느냐이다. (제15장)

### No.16

### 변동성은 필연이다, 두려워하지 마라

주식시장은 무임승차할 수가 없다. 가다 보면 험한 길도 있기 마련이다. 수익을 올리기 위해선 손실도 감수해야 한다는 사실을 잊지 마라. (제16장)

### No.17

### 시장 폭락은 매입의 기회다

심각한 폭락장 이후의 수익이 가장 높은 법이다. 이러한 폭락이 주기적으로 일어날 때는 두려워하지 말고 이 기회를 적극적으로 활용하라. (제17장)

### No.18

### 자산을 매도해도 되는 경우는 단 세 가지뿐이다

지속적으로 '그냥, 계속, 살 것'을 주장해왔다. 하지만 때로는 팔아야 할 때도 있다. 가지고 있는 돈을 필요할 때 쓰지도 못한다면 도대체 투자를 하고 돈을 버는 목적이 무엇이겠는가. 단 자산 매도는 세 가지 경우에만 정당화될 수 있음을 기억하자. (제18장)

## No.19

### 무엇을 사느냐도 중요하지만 어디에 두느냐도 중요하다

투자자 중 세금 관리를 제대로 하고 있는 사람이 얼마나 될까? 어떤 투자 상품을 사느냐도 중요하지만 어느 계좌에 두어 최선의 수익을 내느냐도 중요하다. (제19장)

## No.20

### 당신은 이미 부자일지도 모른다

부자는 상대적인 개념이다. 당신이 스스로 부자가 아니라고 생각할지 모르지만 당신은 이미 누군가의 눈에는 부자일지도 모른다. 이 말은 곧 그 반대의 경우도 성립한다는 뜻이다. 결국 절대적인 부자도 빈자도 없다. 투자 게임의 승자가 되더라도 그 과정에서 자기 자신을 잃지 않는 것이 중요할 뿐이다. (제20장)

## No.21

### 시간은 당신의 가장 중요한 자산이다

돈은 언제나 더 벌 수 있다. 하지만 그 무엇으로도 더 많은 시간은 살 수 없다. (제21장)

다행히도 시간 여행자 게임을 위해 타임머신은 필요하지 않다. 이미 우리는 그런 게임을 하고 있기 때문이다. 사실 우리는 어른이 된 후 줄곧 그 게임을 해왔다. 바로 투자게임이다.

매일 우리는 미래를 전혀 모르는 상태에서 재정적인 결정을 해야 한다. 우리가 따라야 할 구체적인 충고가 주어지지 않는데도 할 수 있는 한 최고의 정보를 찾으려 끊임없이 노력한다. 여러분이 이 책을 읽고 있다는 사실이 바로 그러한 충고를 찾으려는 의지를 반영하고 있다.

부디 이 책에서 여러분에게 필요한 최고의 정보와 조언을 찾을 수 있기를 바란다.

# 감사의 말

나의 인생에는 행운이 많았다. 이 책을 쓰게 된 계기도 다르지 않다. 오랜 시간에 걸쳐 나를 돕고 지지해주고 이끌어준 여러 사람이 없었더라면 이 책은 태어나지 못했을 것이다. 그중에서도 특히 도움을 준 사람이 있다.

거티 갤레이스Gherty Galace는 아주 오래전 이 책에 대한 영감을 불어넣어 주었다.

마이클 배트닉Michael Batnick은 다른 누구보다 나를 믿어주었다.

모건 하우절Morgan Housel은 굳이 말을 하지 않으면서도 내게 길을 보여주었다.

크레이그 피어스Graig Pearce는 내가 필요할 때마다 명확한 방법을 알려주며 자신감을 불어넣어주었다.

벤 칼슨Ben Carlson, 제임스 클리어James Clear, 칼 조지프-블랙Car Joseph-Black, 짐 오쇼너시Jim O'Shaughnessy는 이 책의 편집 과정에서

소중한 피드백을 주었다.

내 근사한 친구들, 특히 저스틴Justin, 타일러Tyler, 그리고 샘Sam으로 이루어진 '보스턴 보이즈'는 지치지 않고 격려를 아끼지 않았다.

매기울리 가족과 몬테네그로 가족에게도 고맙다. 이들은 한 아이를 키우려면 온 마을이 나서야 한다고 말했다. 이 마을 사람들이 없었더라면 나는 지금 이 자리에 없었을 것이다.

마지막으로 지금까지 오랜 시간 나와 연구를 공유했던 분들 그리고 내 연구를 지지해주었던 분들에게 감사한다. 진심으로 고맙다. 그러한 공유와 지지가 내게 얼마나 큰 의미를 지니는지 그분들은 모를 것이다.

# 참고문헌

1 Miller, Matthew L., "Binge 'Til You Burst: Feast and Famine on Salmon Rivers," Cool Green Science (April 8, 2015).

2 Nichols, Austin and Seth Zimmerman, "Measuring Trends in Income Variability," Urban Institute Discussion Paper (2008).

3 Dynan, Karen E., Jonathan Skinner, and Stephen P. Zeldes, "Do the Rich Save More?" Journal of Political Economy 112:2 (2004) 397–444.

4 Saez, Emmanuel, and Gabriel Zucman, "The Distribution of US Wealth: Capital Income and Returns since 1913." Unpublished (2014).

5 "Stress in America? Paying With Our Health," American Psychological Association (February 4, 2015).

6 "Planning & Progress Study 2018," Northwestern Mutual (2018).

7 Graham, Carol, "The Rich Even Have a Better Kind of Stress than the Poor," Brookings (October 26, 2016).

8 Leonhardt, Megan, "Here's How Much Money Americans Say You Need to Be 'Rich'," CNBC (July 19, 2019).

9 Frank, Robert, "Millionaires Need $7.5 Million to Feel Wealthy," The Wall Street Journal (March 14, 2011).

10 Chris Browning et al., "Spending in Retirement: JUST KEEP BUYING Determining the Consumption Gap," Journal of Financial Planning 29:2 (2016), 42.

11 Taylor, T., Halen, N., and Huang, D., "The Decumulation Paradox: Why Are Retirees Not Spending More?" Investments & Wealth Monitor (July/August 2018), 40–52.

12 Matt Fellowes, "Living Too Frugally? Economic Sentiment & Spending Among Older Americans," unitedincome. capitalone.com (May 16, 2017).

13 Survey of Consumer Finances and Financial Accounts of the United States.

14 19th Annual Transamerica Retirement Survey (December 2019).

15 The 2020 Annual Report of the Board of Trustees of the Federal Old-Age and Survivors Insurance and Federal Disability Insurance Trust Funds (April 2020).

16 Pontzer, Herman, David A. Raichlen, Brian M. Wood, Audax Z.P. Mabulla, Susan B. Racette, and Frank W. Marlowe, "Hunter-gatherer Energetics and Human Obesity," PLoS ONE 7:7 (2012), e40503.

17 Ross, Robert, and I.N. Janssen, "Physical Activity, Total and Regional Obesity: Dose-response Considerations," Medicine and Science in Sports and Exercise 33:6 SUPP (2001), S521–S527.

18 Balboni, Clare, Oriana Bandiera, Robin Burgess, Maitreesh Ghatak, and Anton Heil, "Why Do People Stay Poor?" (2020). CEPR Discussion Paper No. DP14534.

19 Egger, Dennis, Johannes Haushofer, Edward Miguel, Paul Niehaus, and Michael W. Walker, "General Equilibrium E8ects of Cash Transfers: Experimental Evidence From Kenya," No. w26600. National Bureau of Economic Research (2019).

20 Stanley, Thomas J., The Millionaire Next Door: The Surprising Secrets of America's Wealthy (Lanham, MD: Taylor Trade Publishing, 1996).

21 Corley, Thomas C., "It Takes the Typical Self-Made Millionaire at Least 32 Years to Get Rich," Business Insider (March 5, 2015).

22 Curtin, Melanie, "Attention, Millennials: The Average Entrepreneur is This Old When They Launch Their First Startup," Inc.com (May 17, 2018).

23 Martin, Emmie, "Suze Orman: If You Waste Money on Co8ee, It's like 'Peeing $1 Million down the Drain'," CNBC (March 28, 2019).

24 Rigby, Rhymer, "We All Have Worries but Those of the Rich Are Somehow Di8erent," Financial Times (February 26, 2019).

25 Dunn, Elizabeth, and Michael I. Norton, Happy Money: The Science of Happier Spending (New York, NY: Simon & Schuster Paperbacks, 2014).

26 Pink, Daniel H, Drive: The Surprising Truth about What Motivates Us (New York, NY: Riverhead Books, 2011).

27 Matz, Sandra C., Joe J. Gladstone, and David Stillwell, "Money Buys Happiness When Spending Fits Our Personality," Psychological Science 27:5 (2016), 715–725.

28 Dunn, Elizabeth W., Daniel T. Gilbert, and Timothy D. Wilson, "If

Money Doesn't Make You Happy, Then You Probably Aren't Spending It Right," Journal of Consumer Psychology 21:2 (2011), 115–125.

29 Vanderbilt, Arthur T, Fortune's Children: The Fall of the House of Vanderbilt (New York, NY: Morrow, 1989).

30 Gorbachev, Olga, and María José Luengo-Prado, "The Credit Card Debt Puzzle: The Role of Preferences, Credit Access Risk, and Financial Literacy," Review of Economics and Statistics 101:2 (2019), 294–309.

31 Collins, Daryl, Jonathan Morduch, Stuart Rutherford, and Orlanda Ruthven, Portfolios of the Poor: How the World's Poor Live On $2 a Day (Princeton, NJ: Princeton University Press, 2009).

32 "The Economic Value of College Majors," CEW Georgetown (2015).

33 Tamborini, Christopher R., ChangHwan Kim, and Arthur Sakamoto, "Education and Lifetime Earnings in the United States," Demography 52:4 (2015), 1383–1407.

34 "The Economic Value of College Majors," CEW Georgetown (2015).

35 "Student Loan Debt Statistics [2021]: Average + Total Debt," EducationData (April 12, 2020).

36 Radwin, David, and C. Wei, "What is the Price of College? Total, Net, and Out-of-Pocket Prices by Type of Institution in 2011–12," Resource document, National Center for Education Statistics (2015).

37 Brown, Sarah, Karl Taylor, and Stephen Wheatley Price, "Debt and Distress: Evaluating the Psychological Cost of Credit," Journal of Economic Psychology 26:5 (2005), 642–663.

38 Dunn, Lucia F., and Ida A. Mirzaie, "Determinants of Consumer Debt Stress: Di8erences by Debt Type and Gender," Department of Economics: Columbus, Ohio State University (2012).

39 Sweet, Elizabeth, Arijit Nandi, Emma K. Adam, and Thomas W. McDade, "The High Price of Debt: Household Financial Debt and its Impact on Mental and Physical Health," Social Science & Medicine 91 (2013), 94–100.

40 Norvilitis, J.M., Szablicki, P.B., and Wilson, S.D., "Factors Influencing Levels of Credit-Card Debt in College Students," Journal of Applied Social Psychology 33 (2003), 935–947.

41 Dixon, Amanda, "Survey: Nearly 4 in 10 Americans Would Borrow to

Cover a $1K Emergency," Bankrate (January 22, 2020).

42 Kirkham, Elyssa, "Most Americans Can't Cover a $1,000 Emergency With Savings," LendingTree (December 19, 2018).

43 Athreya, Kartik, José Mustre-del-Río, and Juan M. Sánchez, "The Persistence of Financial Distress," The Review of Financial Studies 32:10 (2019), 3851–3883.

44 Shiller, Robert J., "Why Land and Homes Actually Tend to Be Disappointing Investments," The New York Times (July 15, 2016).

45 Bhutta, Neil, Jesse Bricker, Andrew C. Chang, Lisa J. Dettling, Sarena Goodman, Joanne W. Hsu, Kevin B. Moore, Sarah Reber, Alice Henriques Volz, and Richard Windle, "Changes in US Family Finances from 2016 to 2019: Evidence From the Survey of Consumer Finances," Federal Reserve Bulletin 106:5 (2020).

46 Eggleston, Jonathan, Donald Hayes, Robert Munk, and Brianna Sullivan, "The Wealth of Households: 2017," U.S. Census Bureau Report P70BR-170 (2020).

47 Kushi, Odeta, "Homeownership Remains Strongly Linked to Wealth-Building," First American (November 5, 2020).

48 "What is a Debt-to-Income Ratio? Why is the 43% Debt to-Income Ratio Important?" Consumer Financial Protection Bureau (November 15, 2019).

49 Bengen W.P., "Determining Withdrawal Rates Using Historical Data," Journal of Financial Planning 7:4 (1994), 171–182.

50 Kitces, Michael, "Why Most Retirees Never Spend Their Retirement Assets," Nerd's Eye View, Kitces.com (July 6, 2016).

51 Bengen, William, Interview with Michael Kitces, Financial Advisor Success Podcast (October 13, 2020).

52 "Spending in Retirement," J.P. Morgan Asset Management (August 2015).

53 Fisher, Jonathan D., David S. Johnson, Joseph Marchand, Timothy M. Smeeding, and Barbara Boyle Torrey, "The Retirement Consumption Conundrum: Evidence From a Consumption Survey," Economics Letters 99:3 (2008), 482–485.

54 Robin, Vicki, Joe Dominguez, and Monique Tilford, Your Money or Your Life: 9 Steps to Transforming Your Relationship with Money and Achieving Financial Independence (Harmondsworth: Penguin, 2008).

55 Zelinski, Ernie J., How to Retire Happy, Wild, and Free: Retirement Wisdom That You Won't (Visions International Publishing: 2004).

56 O'Leary, Kevin, "Kevin O'Leary: Why Early Retirement Doesn't Work," YouTube video, 1:11 (March 20, 2019).

57 Shapiro, Julian, "Personal Values," Julian.com.

58 Maggiulli, Nick, "If You Play With FIRE, Don't Get Burned," Of Dollars And Data (March 30, 2021).

59 "Social Security Administration," Social Security History, ssa.gov.

60 Roser, M., Ortiz-Ospina, E., and Ritchie, H., "Life Expectancy," ourworldindata.org (2013).

61 Hershfield, Hal E., Daniel G. Goldstein, William F. Sharpe, Jesse Fox, Leo Yeykelis, Laura L. Carstensen, and Jeremy N. Bailenson, "Increasing Saving Behavior Through Age Progressed Renderings of the Future Self," Journal of Marketing Research 48 SPL (2011), S23–S37.

62 Fisher, Patti J., and Sophia Anong, "Relationship of Saving Motives to Saving Habits," Journal of Financial Counseling and Planning 23:1 (2012).

63 Colberg, Fran, "The Making of a Champion," Black Belt (April 1975).

64 Seigel, Jeremy J., Stocks for the Long Run (New York, NY: McGraw-Hill, 2020).

65 Dimson, Elroy, Paul Marsh, and Mike Staunton, Triumph of the Optimists: 101 Years of Global Investment Returns (Princeton, NJ: Princeton University Press, 2009).

66 Biggs, Barton, Wealth, War and Wisdom (Oxford: John Wiley & Sons, 2009).

67 U.S. Department of the Treasury, Daily Treasury Yield Curve Rates (February 12, 2021).

68 Asness, Cli8ord S., "My Top 10 Peeves," Financial Analysts Journal 70:1 (2014), 22–30.

69 Jay Girotto, interview with Ted Seides, Capital Allocators, podcast audio (October 13, 2019).

70 Beshore, Brent (@brentbeshore). 12 Dec 2018, 3:52 PM. Tweet.

71 Wiltbank, Robert, and Warren Boeker, "Returns To Angel Investors In Groups," SSRN.com (November 1, 2007); and "Review of Research

on the Historical Returns of the US Angel Market," Right Side Capital Management, LLC (2010).

72 "Who are American Angels? Wharton and Angel Capital Association Study Changes Perceptions About the Investors Behind U.S. Startup Economy," Angel Capital Association (November 27, 2017).

73 Altman, Sam, "Upside Risk," SamAltman.com (March 25, 2013).

74 Max, Tucker, "Why I Stopped Angel Investing (and You Should Never Start)," Observer.com (August 11, 2015).

75 Wiltbank, Robert, and Warren Boeker, "Returns To Angel Investors in Groups," SSRN.com (November 1, 2007).

76 Frankl-Duval, Mischa, and Lucy Harley-McKeown, "Investors in Search of Yield Turn to Music-Royalty Funds," The Wall Street Journal (September 22, 2019).

77 SPIVA, spglobal.com (June 30, 2020).

78 Bessembinder, Hendrik, "Do Stocks Outperform Treasury Bills?" Journal of Financial Economics 129:3 (2018), 440–457.

79 West, Geo8rey B., Scale: The Universal Laws of Life, Growth, and Death in Organisms, Cities, and Companies (Harmondsworth: Penguin, 2017).

80 Kosowski, Robert, Allan Timmermann, Russ Wermers, and Hal White, "Can Mutual Fund 'Stars' Really Pick Stocks? New Evidence from a Bootstrap Analysis," The Journal of Finance 61:6 (2006), 2551–2595.

81 "The Truth About Top-Performing Money Managers," Baird Asset Management, White Paper (2014).

82 Powell, R., "Bernstein: Free Trading is Like Giving Chainsaws to Toddlers," The Evidence-Based Investor (March 25, 2021).

83 Stephens-Davidowitz, Seth, Everybody Lies: Big Data, New Data, and What the Internet Can Tell Us About Who We Really Are (New York, NY: HarperCollins, 2017).

84 Rosling, Hans, Factfulness (Paris: Flammarion, 2019).

85 Bu8ett, Warren E., "Buy American. I Am," The New York Times (October 16, 2008).

86 "Asset Allocation Survey," aaii.com (March 13, 2021).

87 This is the median outcome for investing every month for a decade into U.S.

stocks from 1926–2020.

88 For more detail see: ofdollarsanddata.com/in-defense of-global-stocks.

89 Zax, David, "How Did Computers Uncover J.K. Rowling's Pseudonym?" Smithsonian Institution, Smithsonian.com (March 1, 2014).

90 Hern, Alex, "Sales of 'The Cuckoo's Calling' surge by 150,000% after JK Rowling revealed as author," New Statesman (July 14, 2013).

91 Kitces, Michael, "Understanding Sequence of Return Risk & Safe Withdrawal Rates," Kitces.com (October 1, 2014).

92 Frock, Roger, Changing How the World Does Business: FedEx's Incredible Journey to Success – The Inside Story (Oakland, CA: Berrett-Koehler Publishers, 2006).

93 Anarkulova, Aizhan, Scott Cederburg, and Michael S. O'Doherty, "Stocks for the Long Run? Evidence from a Broad Sample of Developed Markets," ssrn.com (May 6, 2020).

94 Zilbering, Yan, Colleen M. Jaconetti, and Francis M. Kinniry Jr., "Best Practices for Portfolio Rebalancing," Valley Forge, PA: The Vanguard Group.

95 Bernstein, William J., "The Rebalancing Bonus," www.efficientfrontier.com.

96 Brownlee, W. Elliot, Federal Taxation in America (Cambridge: Cambridge University Press, 2016).

97 Leonhardt, Megan, "Here's What the Average American Typically Pays in 401(k) Fees," CNBC (July 22, 2019).

98 Witt, April, "He Won Powerball's $314 Million Jackpot. It Ruined His Life," The Washington Post (October 23, 2018).

99 Luce, Edward, "Lloyd Blankfien: 'I Might Find It Harder to Vote for Bernie than for Trump'," Financial Times (February 21, 2020).

100 Saez, Emmanuel, and Gabriel Zucman, "Wealth Inequality in the United States Since 1913: Evidence from Capitalized Income Tax Data," The Quarterly Journal of Economics 131:2 (2016), 519–578.

101 Karadja, Mounir, Johanna Mollerstrom, and David Seim, "Richer (and Holier) Than Thou? The E8ect of Relative Income Improvements on Demand for Redistribution," Review of Economics and Statistics 99:2

(2017), 201–212.

102 Jackson, Matthew O., The Human Network: How Your Social Position Determines Your Power, Beliefs, and Behaviors (New York, NY: Vintage, 2019).

103 "Global Wealth Report 2018," Credit Suisse (October 18, 2018).

104 Petter Attia, "Reverse Engineered Approach to Human Longevity," YouTube video, 1:15:37 (November 25, 2017).

105 Guvenen, Fatih, Fatih Karahan, Serdar Ozkan, and Jae Song, "What Do Data on Millions of US Workers Reveal About Life-cycle Earnings Dynamics?" FRB of New York Sta8 Report 710 (2015).

106 Schwandt, Hannes, "Human Wellbeing Follows a U-Shape over Age, and Unmet Aspirations Are the Cause," British Politics and Policy at LSE (August 7, 2013).

107 Rauch, Jonathan, The Happiness Curve: Why Life Gets Better After 50 (New York, NY: Thomas Dunne Books, 2018).

**옮긴이** 오수원

서강대학교에서 영어영문학과를 졸업하고 같은 대학원에서 석사학위를 받았다. 동료 번역가들과 '번역인'이라는 공동체를 꾸려 전문 번역가로 활동하면서 경제경영, 과학, 철학, 역사, 문학 등 다양한 분야의 책을 우리말로 옮기고 있다. 《디자인 너머》, 《플랫폼 비즈니스의 모든 것》, 《인성의 힘》, 《잘 쉬는 기술》 등을 번역했다.

저스트. 킵. 바잉
**당신을 부자로 만들어줄 3개의 단어**

초판 1쇄 발행 2022년 9월 21일
초판 4쇄 발행 2022년 10월 7일

**지은이** 닉 매기울리 **옮긴이** 오수원 **감수한이** 이상건
**펴낸이** 이정아 **경영고문** 박시형
**펴낸곳** 서삼독

**책임편집** 이정아 **마케팅** 이주형, 양근모, 권금숙, 양봉호 **온라인마케팅** 신하은, 정문희, 현나래
**해외기획** 우정민, 배혜림 **디지털콘텐츠** 김명래, 최은정, 김혜정
**경영지원** 홍성택, 임지윤, 김현우, 강신우 **제작** 이진영

**출판신고** 2006년 9월 25일 제406-2006-000210호
**주소** 서울시 마포구 월드컵북로 396 누리꿈스퀘어 비즈니스타워 18층
**전화** 02-6712-9861 **팩스** 02-6712-9810 **이메일** info@smpk.kr

ISBN 979-11-6534-547-1 03320

• 서삼독은 ㈜쌤앤파커스의 임프린트입니다.